1ª edição - Agosto de 2023

Coordenação editorial
Ronaldo A. Sperdutti

Capa
Juliana Mollinari

Imagem Capa
Shutterstock

Projeto gráfico e diagramação
Juliana Mollinari

Revisão
Alessandra Miranda de Sá
Maria Clara Telles

Assistente editorial
Ana Maria Rael Gambarini

Impressão
Centro Paulus de Produção

Proibida a reprodução total ou parcial desta obra sem prévia autorização da editora.

© 2023 by Boa Nova Editora.

Av. Porto Ferreira, 1031 | Parque Iracema
CEP 15809-020 | Catanduva-SP
17 3531.4444

www.**lumeneditorial**.com.br
www.**boanova**.net

atendimento@lumeneditorial.com.br
boanova@boanova.net

Dados Internacionais de Catalogação na Publicação (CIP)
(Câmara Brasileira do Livro, SP, Brasil)

Marco Aurélio (Espírito)
    O tempo nunca esquece : vol. 2 / [ditado pelo espírito] Marco Aurélio, [psicografado por] Marcelo Cezar. -- 1. ed. -- Catanduva, SP : Lúmen Editorial, 2023. -- (Trilogia o poder do tempo ; 2)

    ISBN 978-65-5792-080-0

    1. Espiritismo - Doutrina 2. Psicografia
3. Romance espírita I. Cezar, Marcelo. II. Título.
III. Série.

23-162251   CDD-133.93

Índices para catálogo sistemático:

1. Romance espírita psicografado   133.93

Tábata Alves da Silva - Bibliotecária - CRB-8/9253

Impresso no Brasil – Printed in Brazil
01-08-23-7.000

MARCELO CEZAR
ROMANCE PELO ESPÍRITO
MARCO AURÉLIO

TRILOGIA **O PODER DO TEMPO** - VOL.2

O TEMPO NUNCA ESQUECE

LÚMEN
EDITORIAL

> "A reencarnação é tão e somente um fenômeno da natureza. Em seus ciclos, tudo se processa de forma equilibrada e no tempo certo."

APRESENTAÇÃO

A maior parte dos fatos que ora narramos se situa entre as décadas de 1970 e 2020. Nesse recorte de época, alguns dos personagens apresentados em *O tempo cuida de tudo*[1] reencarnaram com o objetivo de estreitarem os laços de afeto, bem como esclarecerem situações mal resolvidas, mágoas e rancores de uma vida passada, ocorridos, num primeiro momento, na primeira metade do século XX.

Interessante notar que alguns dos personagens anteriormente apresentados podem estar ou reencarnados ainda, ou então na erraticidade, ou seja, no mundo espiritual. Ademais, algumas das passagens aqui descritas são

---
1 Livro 1 da trilogia *O poder do tempo*, publicado pela Lúmen Editorial.

desdobramentos de situações vividas não só na primeira metade do século XX, mas também em outra época, no século XIX (que lhe serão apresentadas no terceiro e último volume), quando praticamente todos os personagens tiveram permissão para reencarnar com o propósito de acertarem os ponteiros com a própria consciência e unirem ainda mais os laços de afeição e amizade que perduram desde tempos imemoriais.

A bem da verdade, esses relatos de vida nos levam a refletir sobre o tempo, visto que é através dele que temos condições de compreender e, desse modo, evitar ao máximo os equívocos cometidos, os tropeços e os desvarios praticados, restaurando o equilíbrio perdido.

Outrossim, o tempo é uma espécie de remédio que nos ajuda a esquecer o sofrimento e cicatrizar feridas, indicando quanto nosso espírito avançou rumo à perfeição de si mesmo. À vista disso, realçamos que o verdadeiro caminho da evolução é o que percorremos com o intuito de nos libertar da negatividade, da amargura e da falta de perdão. Quanto mais nos desprendermos de críticas e julgamentos que nos rebaixam ou nublam a percepção de nossa autoestima, mais capazes e conscientes estaremos para entender o bem como medicamento milagroso e vital para a manutenção de nossa saúde física, emocional e espiritual. Porque a ajuda espiritual sempre nos chega quando estamos de mãos dadas com o bem, vivendo e praticando coisas boas.

Além de tudo, o tempo mostra que apenas o amor por nós mesmos e consequentemente pelo próximo será capaz de nos conduzir ao verdadeiro estado de paz de espírito que tanto almejamos.

CAPÍTULO 1

Estas primeiras linhas narram fatos ocorridos no dia onze de agosto de um ano qualquer da década de oitenta, quando uma jovem deu à luz duas bebezinhas...

Mãe de primeira viagem, Antonieta sentia-se aflita. O marido, Eurico, prometera acompanhá-la ao hospital assim que a bolsa rompesse. Prometeu, mas as promessas de Eurico... bom, ele não era muito de cumprir o que prometia. No entanto, ele não fazia isso por maldade. De jeito algum. Era um bom rapaz, vinha de família humilde, crescera com dificuldades financeiras e emocionais. O pai abandonara a mãe e os irmãos por conta de um rabo de saia. A mãe tirou Eurico e os irmãos da escola e eles começaram a trabalhar cedo a fim de ajudar nas despesas de casa. A duras penas, conseguiu terminar o curso técnico e formou-se torneiro mecânico. Atualmente, trabalhava numa pequena metalúrgica localizada no bairro da Saúde, no centro do Rio de Janeiro, onde crescera e vivera por toda a vida.

Eurico transformara-se de garoto franzino em um belo homem. Praticante de halterofilismo, tinha estatura mediana e um corpo bem-feito; o rosto era quadrado, os olhos eram negros como a noite. Os cabelos escuros contrastavam com a pele alva. Nos momentos de lazer, era fácil encontrá-lo na Pedra do Sal, *point* do samba na cidade. Cheio de ginga, era membro de uma pequena escola de samba. Era namorador; envolvia-se com mulheres jovens, maduras, casadas... ele não tinha um tipo específico, apenas gostava de praticar o jogo da conquista amorosa. Gostava de seduzir. Tinha a fala mansa, um jeitinho meigo e encantador de se aproximar das mulheres.

Embora trocasse de namorada como de roupa, Eurico tinha boa índole; entretanto, cabe ressaltar que seu relacionamento com Antonieta se iniciara de forma atribulada e desgostara ambas as famílias. A dele, porque não simpatizavam com Antonieta. A dela, porque acreditavam que Eurico agira de forma leviana e irresponsável.

Discorreremos sobre esse assunto mais à frente. O fato é que a união deles se dera de maneira inesperada e o resultado de ruidosa paixão revelou-se por meio do barrigão de Antonieta.

Sem sombra de dúvidas, sentindo-se vulnerável e pressentindo que logo a bolsa iria estourar, Antonieta ligou para o trabalho do marido, conforme combinado. Fora informada de que Eurico, justamente nesse dia, saíra mais cedo. Era sexta-feira, a tarde se despedia com um lindo pôr do sol. Provavelmente, Eurico deveria estar numa roda de samba, cercado de belas mulheres. Antonieta desligou o telefone possessa.

— Eurico já saiu do trabalho. Aposto que se esqueceu de que os bebês poderiam vir hoje.

— Calma, Antonieta — a voz da mãe lhe transmitia serenidade. — Vai ver ele foi ensaiar. Sabe como ele é apaixonado por samba. E as bebês não vão nascer daqui a meia hora. A bolsa nem estourou.

— Por que a senhora insiste em dizer "as" bebês? Na ultrassonografia, não quis saber o sexo. Só falta me dizer que foi a intuição... — disse num tom irônico.

— Pode zombar de minha sensibilidade. Eu digo "as" bebês porque você vai dar à luz duas meninas.

— Sei. Não vou discutir com a senhora. — Mudou de assunto. — Cadê o Eurico? Os filhos *dele* vão nascer — ressaltou.

— Você fez suas escolhas. Agora durma com elas.

— Mamãe! — ela protestou.

— Pois bem. Não foi você que foi atrás dele? Não o provocou? Não o seduziu? Não meteu os pés pelas mãos? Agora, a irresponsável exige que ele seja responsável?

— Antes de estar comigo, ele namorou a... bem, a senhora sabe. Se ele não vale muita coisa, por que permitiu que nos casássemos?

— Você é maior de idade, pôde decidir se queria casar ou não. E não é questão de discutir se ele vale ou não alguma coisa. Afinal de contas, Eurico não fez as crianças sozinho. Não gosto de julgar. A meu ver, Eurico é um bom homem. Tenho certeza de que será um bom pai.

— E eu? Serei boa mãe?

— Tenho certeza de que será uma mãe excelente. Contudo...

— Contudo o quê? — instigou Antonieta. — Pode falar. Eu sou a rebelde que aprontou e praticamente rachou a família, não?

— Pois não foi? Como pôde ter feito o que fez? Eu e seu pai não a educamos para isso. Nunca, nem com toda a minha sensibilidade, poderia imaginar que você fosse capaz de algo assim.

Antonieta bufou, enquanto andava de um lado para o outro do quarto.

— Onde será que ele se meteu?

— Melhor não se exasperar.

— Não aguento mais ficar parada. De mais a mais, não me sinto bem nesta casa.

— Você nasceu *nesta* casa — enfatizou Dirce. — Dê graças a Deus por ter onde morar, depois desse casamento relâmpago.

— Não gostei de Eurico ter aceitado viver aqui. A gente tinha de ter o nosso canto.

— Como? — quis saber Dirce. — Não percebe que tudo aconteceu muito rápido? Você precisou trancar matrícula na faculdade por conta da gravidez. Eurico não é um rapaz de posses. O bom é que a casa é grande o suficiente para abrigar, por enquanto, vocês dois e as bebês que vão chegar.

— Disse bem: a casa é grande, mas *esta* edícula — ressaltou — é minúscula. Não gosto da ideia de viver na edícula. Isso aqui — olhou ao redor — não é para uma família

— E daí? É uma bela edícula. O Eurico aprovou.

— E tinha alternativa? Ele é assalariado. A minha mesada é uma merreca.

— Sorte sua ter mesada.

— Viver aqui? Não mereço.

— Pare de reclamar. Este espaço — observou Dirce — é o ideal. Aqui vocês terão privacidade, poderão criar as bebês com maior liberdade.

— Como vou dar conta de duas crianças? Preciso, no mínimo, de uma babá.

— Não tem condições de escolher isso por ora.

— O primo Marcílio bem que podia me ajudar. Tem tanto dinheiro... é um muquirana, mão-fechada. Podia ter me dado uma casa como presente de casamento.

— Perdeu o juízo de vez, Antonieta?

— Que mal há nisso? Marcílio pode usar notas de dólar como substitutas de papel higiênico. Tem dinheiro de montão.

— Primeiro, não fale assim de seu primo. E, segundo, não seja sarcástica e mal-agradecida com quem lhe ajuda. Graças a Marcílio, você vai ter as bebês numa maternidade particular, não vai gastar nada por isso. Ele fez questão de pagar as consultas particulares com a obstetra, o hospital, o enxoval...

— Grande coisa.

— Além do mais, mocinha — salientou Dirce —, você tem uma gorda poupança, fruto da generosidade de Marcílio.

— De que adianta? Acabei de completar dezenove anos e só poderei meter a mão no dinheiro quando completar trinta. O que farei nesses próximos anos e com duas filhas para alimentar? Até lá, já serão quase adultas.

— Exagerada. Seu primo foi bem sensato. Se dependesse de você, já teria gastado todo o dinheiro em futilidades.

— Gosto do bom e do melhor. Vocês me educaram assim.

— Não senhora! — protestou Dirce. — Nós sempre lhe demos do bom e do melhor, mas isso não quer dizer que tenha de se tornar uma pessoa tão fútil, que não dá valor às coisas. Espero que essa gravidez inesperada lhe traga um pouco de bom senso. Você precisa crescer, Antonieta.

Ela nada disse. Odiava quando a mãe lhe vinha com esse tipo de discurso, exigindo que ela se tornasse adulta. Ah, se o pai ali estivesse, tinha certeza de que ele a ajudaria no que fosse preciso. Mas Alfredo morrera havia uns anos, quando ela estava excursionando com a turma do colégio pela Disney. Antonieta sentira muito não poder participar do velório e enterro do pai. Pensando nisso, seu semblante entristeceu-se.

Dirce percebeu e intuiu:

— Sente saudades de Alfredo, não?

— Saudades. Muitas saudades do meu pai — ela tornou, verdadeiramente entristecida.

Dirce sentiu os olhos marejarem. Ainda era penoso seguir adiante sem Alfredo a seu lado. Mas a vida escolhera que ele deveria partir primeiro. Ela apenas estava tentando lidar com o luto.

Nesse instante, a bolsa estourou. Antonieta apavorou-se e Dirce a acalmou:

— Passei quatro vezes por essa situação. Calma, vou apanhar a maleta no quarto ao lado e, de maneira tranquila, vamos ao hospital. Antes, vamos limpá-la e trocar de vestido. As bebês não vão chegar agora.

— Sim, senhora — disse Antonieta, visivelmente aflita.

CAPÍTULO 2

Tão logo dera entrada no hospital, Antonieta foi conduzida ao quarto. Uma enfermeira veio vê-la e, na sequência, a obstetra que acompanhara a gravidez entrou.

— Está chegando a hora, Antonieta.

— Estou sentindo dores.

— As contrações começaram. A enfermeira vai acompanhar essas dilatações.

— Quando meus bebês virão ao mundo?

— Logo. — Ela consultou o relógio e a acalmou: — O importante é manter a calma, respirar e expirar profundamente.

— É o que eu disse a ela — interveio Dirce. — Tive quatro filhos, todos vieram ao mundo de parto normal.

— Antonieta é mãe de primeira viagem. É normal que se sinta frágil e insegura.

— Eu me sinto frágil, insegura e com raiva — revelou Antonieta.

— De quê? — a médica quis saber.

— Meu marido sumiu. — Dirce encarou a médica e fez não com a cabeça.

— Quem some, geralmente, aparece — brincou a médica. — O importante é que você está no hospital, será bem cuidada. Fique tranquila que vai dar tudo certo.

A doutora solicitou alguns exames, trocou umas palavras com a enfermeira e saiu. Antonieta pediu:

— Ligue de novo para o trabalho.

— Já é noite — observou Dirce.

— Se houvesse telefone na casa da mãe dele — Antonieta bufou, raivosa.

— Olha o nervosismo — alertou Dirce. — Você não pode passar esse estresse para as meninas.

— Como sabe?

— O quê?

— Que são meninas, mãe? Eu nunca quis saber o sexo dos bebês. Quero surpresa.

— Falei por falar — desconversou Dirce. — E fique calma porque Eurico vai aparecer.

— Obrigada, mamãe — disse sincera. — A bem da verdade, não sei o que seria dessa gravidez sem a sua ajuda. Meus irmãos me viraram as costas. Só a Rosana é que veio me visitar.

— Sua cunhada é fora de série. Os passes que dela recebeu ajudaram você a se manter emocionalmente estável. Além do mais, eu lhe peço que tenha um pouco de paciência. Seus irmãos ainda estão digerindo o ocorrido.

— Eles me odeiam.

— Não fale assim, meu bem — tornou Dirce, amorosa. — O que aconteceu entre você e Eurico abalou a família e...

Antonieta a interrompeu:

— Cleonice não vai me perdoar nunca, né?

— Dê tempo ao tempo. A bem da verdade, deixe o tempo fazer seu trabalho. O tempo cuida de tudo, no entanto, não nos deixa esquecer as atitudes desagradáveis que nasceram de nossas escolhas. Enquanto não as olharmos com a real vontade de modificá-las para melhor, tudo ao redor permanecerá o mesmo.

— Entendo — tornou Antonieta, entristecida.

Em seguida, Antonieta baixou a cabeça como se dissesse sim e concordasse com tudo o que a mãe havia lhe dito. Internamente, porém, sentia-se satisfeita. Nunca se dera bem com Cleonice. Em sua cabeça de garota fútil e irresponsável, acreditara que tinha dado uma lição na irmã.

Entre dores e dilatações cada vez mais curtas, Antonieta foi encaminhada para a sala de parto. Dirce despediu-se dela com um suave beijo.

— Vai dar tudo certo. Vá com Deus.

— Obrigada, mãe. Até breve.

Já na sala de parto, suando em bicas, tomada por intensa dor, Antonieta afirmava, categórica:

— Não vou conseguir!

— Como não? Você é uma moça forte, saudável.

— Cadê o Eurico? — Antonieta estava nervosa.

— Não pense no seu marido por ora. Vamos, concentre-se. Força.

A dor veio arrebatadora e a médica gritou:

— Vamos, querida! Uma cabecinha já está aparecendo! Você consegue, Antonieta. Força, garota!

Ela deu novo urro de dor e a primeira criancinha saiu. Logo o choro característico inundou o ambiente. A médica cortou o cordão umbilical e entregou a bebezinha para uma enfermeira.

— A sua primeira filha! — exclamou a médica.

A enfermeira que carregava a criança ia falar, mas Antonieta apertou as mãos contra a maca e gritou com toda a força que seus pulmões permitiam. A médica exultou:

— Veio a outra!

O choro da outra bebê se fez presente. Antonieta também chorava, mas de cansaço, de dor e de alegria. Eram lágrimas com emoções e sentimentos variados. A médica, feliz com mais um parto bem-sucedido, considerou:

— Pronto. Deu tudo certo, minha querida.

— Quero ver minhas meninas, doutora.

— As enfermeiras já vão lhe trazer — disse, enquanto tirava as luvas.

Duas enfermeiras aproximaram-se, cada qual segurando uma bebezinha. Antonieta as beijou e chorou de emoção.

— Minhas filhas! Obrigada, Deus. Minhas filhinhas...

Cabe ressaltar que esse momento foi extremamente importante para a jornada evolutiva de Antonieta. Sabe por quê? Porque, antes de reencarnar, ela prontificara-se a receber esses dois espíritos como filhos, no caso, filhas. Se tudo corresse bem, ela teria a chance de se acertar com o passado...

Parada em frente ao berçário, Dirce observava os bebezinhos que ali estavam. Sorriu ao ver aqueles seres iniciando nova etapa reencarnatória.

Que eles superem os desafios e vençam na vida, alcancem a felicidade. Esse é o meu desejo a todos esses bebezinhos, pensou. Logo em seguida, emocionou-se com um rapaz que era pai pela primeira vez. Os olhos dele para o filho, que acabara de chegar ao berçário, transmitiam um amor profundo.

Dali a alguns minutos, duas enfermeiras entraram no berçário e uma delas fez sinal para Dirce. Eram suas netas. Suas netas! Ao olhar com minúcia para as bebezinhas, no entanto, Dirce foi tomada de um misto de emoções. Cenas antigas lhe abraçaram a mente e ela abriu e fechou os olhos, de forma rápida, como maneira de afastar os pensamentos.

O rapaz que ali estava perguntou:

— Algum problema, minha senhora?

Dirce ia responder, mas Eurico chegou, ofegante.

— Cadê minhas filhas?

— São aquelas duas da ponta — Dirce indicou com um dos dedos.

— Eu achei que essa bolsa fosse estourar só na semana que vem e...

Dirce o interrompeu:

— Não há necessidade de se desculpar. Deu tudo certo.

— Ainda bem que a senhora estava com ela. Obrigado, dona Dirce — agradeceu, um tanto envergonhado.

Eurico foi sincero. Dirce elevou os lábios num sorriso.

— Sei disso. O que passou, passou, Eurico.

— A senhora nunca me repreendeu pelo que fiz, pelo que aconteceu.

— Você não fez sozinho. Ainda é preciso que um homem e uma mulher se juntem para fazer um bebê.

— Não é só sobre isso. Eu não deveria ter sido tão venal. Cedi aos encantos de Antonieta e...

Ela o cortou com amabilidade na voz:

— Aconteceu o que tinha de acontecer, Eurico. Só peço que seja um bom pai. Apenas isso.

Ele ia falar algo, mas a chegada de outro pai ao recinto interrompeu seus pensamentos. O rapaz estava demasiadamente alegre e ofereceu um charuto a Eurico:

— Para fumar quando sair daqui.

Eurico agradeceu e, voltando o rosto para o berçário, foi tomado de extrema emoção. Ele deixou que as lágrimas escorressem livremente e lavassem seu rosto. Encarou as filhas e sentiu os pelos do corpo se eriçarem. Dirce percebeu a emoção, sorriu e disse para si: *Eu tinha certeza de que esse reencontro estava para acontecer. Elas voltaram. Juntas. Que possam desfazer o ressentimento e a hostilidade que nutrem uma pela outra. O tempo cuida de tudo e não esquece de juntar afetos e desafetos para um significativo acerto de contas...*

CAPÍTULO 3

Para entendermos o que se sucedeu até o nascimento das gêmeas, é preciso que voltemos alguns anos no tempo, em meados da década de 1960.

No planeta, as mudanças sociais e de comportamento afetariam nosso modo de viver, até os dias de hoje. Infelizmente, porém, fatos nada agradáveis deram um tom cinzento à década. Países antes democráticos eram abraçados à força pela ditadura e seus efeitos nefastos, como repressão, censura e tortura. O mundo ocidental dividia-se em meio à Guerra Fria. A possibilidade de uma terceira guerra mundial era concreta. Por outro lado, havia coisas boas, de fato. A segregação racial que vigorava havia décadas e separava brancos e negros nos Estados Unidos era posta em xeque. A rebeldia juvenil obrigava o mundo a repensar posturas rígidas de comportamento e aceitar que determinados valores morais estavam mortos havia muito tempo. Depois dessa década, o mundo jamais seria o mesmo.

Já em outra dimensão, no plano espiritual, um espírito que fora mulher em última existência estava aflito. Conforme o tempo de preparação para o reencarne se aproximava, Antonieta já não tinha certeza de se estava pronta para voltar. De temperamento forte e acostumada a fazer o que lhe desse na telha, a insegurança bateu forte e ela refletia se valeria a pena reencarnar. De repente, decidiu que não era a hora. Nem mesmo depois de reuniões com os mentores e com o casal que se prontificara a recebê-la como filha ela mudou de ideia. Mas... era preciso seguir adiante, visto que todo espírito que deseja trilhar o caminho da evolução precisa retornar ao planeta.

Todavia, muitos acreditam que morrer seja equivalente a ganhar uma espécie de passagem que os conduza ao paraíso, ou que, depois da morte, vivendo num mundo tão caótico como o nosso, nada mais justo que tirar férias eternas, ter direito a um descanso interminável, ou, numa linguagem popular, ser agraciado com o sono dos bons e dos justos. Ledo engano. O fato de o mundo físico ser denso e, por isso, palpável é que nos mantém mais ou menos emocionalmente equilibrados. Isso porque, ao desencarnar, o nosso perispírito, livre do corpo de carne, consegue materializar o pensamento num piscar de olhos. Imagine você, tomado pela raiva, desejando matar — mentalmente — alguém que tenha lhe magoado, ferido, lhe causado algum mal. No mundo físico, a cena se desenrola apenas na cabeça. Se você tiver razoável equilíbrio mental, não vai sair por aí descontando sua raiva sobre seus desafetos e fazendo uso indiscriminado de violência. É como dita a cartilha de "ser civilizado", isto é, você sente raiva, tem chiliques interiores, mas... nada demonstra. E, se demonstra, não realiza.

No plano astral, por outro lado, tudo o que você imagina se materializa instantaneamente. Imagine-se num alto grau de raiva... o que vai acontecer? Primeiramente, você será tomado por um desequilíbrio violento, que poderá arrancar-lhe a paz por muito tempo. Incapazes de controlar os pensamentos nefastos que rondam a mente — ou o aparelho psíquico —, muitos espíritos clamam pelo regresso à Terra. Tal pedido se dá porque é neste abençoado planeta que desenvolvemos condições de aprimorar o intelecto e filtrar melhor os pensamentos que devem ser expressos daqueles que não revelaremos nem sob tortura. Por tudo isso, agradeça por ainda estar no mundo físico.

Antonieta sabia disso tudo. Depois de uma vida repleta de dramas e angústias, e um tanto voluntariosa, ela se refez psiquicamente no mundo astral. Acertada a nova etapa reencarnatória, participou da reunião em que conheceria os futuros pais. Nunca houvera vínculo entre eles antes. O casal que se prontificara a recebê-la como filha estava contente de ajudá-la no processo reencarnatório. Arriscaram abraçar uma experiência dolorosa para diminuir suas insatisfações interiores. Em última existência, eles formaram um casal que ludibriava as pessoas com medicamentos "milagrosos". Farejavam famílias com algum ente querido doente e lhes ofereciam a cura do enfermo por meio de tônicos feitos à base de água e corantes. Ganharam muito dinheiro, mas também, ao desencarnarem, tiveram de lidar com os desafetos que morreram acreditando na cura que o casal lhes prometia. Portanto, para esses dois espíritos, renascer e enfrentar uma série de desafios e obstáculos os ajudaria a eliminar camadas de culpa e remorso. Queriam, depois da breve experiência terrena, retornar à pátria espiritual mais leves. Eles reencarnariam e viveriam como um casal simples, humilde, cuja trajetória de vida seria, portanto, repleta de poucos altos e muitíssimos baixos.

Voltando a Antonieta... Em última existência terrena, ela nascera com boas condições físicas e financeiras. Durante anos, teve uma vida perfeita, parecida àquela dos contos de fadas. Crescera mimada pela mãe e exigia que os outros fizessem o que ela queria. Ao atingir a maioridade, porém, a realidade mostrou-se diferente: ela se casou com um homem que a amava, sem dúvida, mas que amava mais o trabalho. Com dificuldades para engravidar, em virtude de atitudes impensadas no passado, ela se alimentou de tristezas, medos e inseguranças. Por fim, fora abençoada com a gravidez, contudo, dera à luz um filho que nasceu doentinho, exigindo dela muitos cuidados. Sentindo-se só e sem o apoio da família, Antonieta deixou-se abraçar por uma tristeza sem fim e veio a desencarnar muito jovem.

Logo após o desencarne, ela compreendera o motivo pelo qual se envolvera com Rami e tivera um filho com saúde frágil. Tudo esclarecido, desejava retornar para viver mais livre, sem ter de seguir padrões rígidos de comportamento. Estava farta de viver dessa forma havia algumas existências, visto que seguir esses padrões a forçavam a tomar atitudes descabidas, impensadas. Antonieta, portanto, queria ter a chance de viver num mundo sem tanta cobrança de padrões morais rígidos e, a partir desse novo ambiente, que pudesse tentar, ou ser, ela mesma, quer dizer, ter uma postura que fosse mais afim com sua essência espiritual. No entanto, ao saber que a data de preparação para voltar ao planeta estava próxima, sentiu medo.

— Não sei. Bateu uma insegurança!

— É normal sentir-se assim — ponderou Corina, voz doce e tranquilizadora. — Quando o tempo de retornar ao planeta se aproxima, é natural que haja um tiquinho de insegurança.

— Além do mais, não faz tantos anos que retornei...

Corina esboçou doce sorriso:

— Apenas entenda que você voltará ao mundo terreno numa época de enormes mudanças sociais. Os eventos que ocorrem no planeta estão colocando em xeque determinadas crenças e valores arraigados que por lá estão há muito tempo. Seu espírito, com certeza, vai gostar de viver num tempo de grandes liberdades. No entanto — salientou Corina —, é preciso inteligência para lidar com a liberdade. Muitas vezes nos perdemos pelo fato de não sabermos como agir diante de autonomia e independência.

— Mesmo que nos sintamos muito bem preparados para regressar ao planeta, é comum essa insegurança — completou Deodato. — Embora faça anos que eu não reencarno, ainda me lembro da última vez... portanto, é natural sentir o que sente.

— Vocês são amigos muito queridos — Antonieta disse com emoção. — Ambos me despertam coisas boas. Ao lado de vocês, eu me sinto forte.

— Continuaremos juntos — tornou Corina. — Eu e Deodato ficaremos mais alguns anos deste lado de cá da vida.

— Sei que, ao reencarnar, vou esquecer praticamente tudo o que vivi até agora. Como vou me recordar de vocês?

— Há inúmeras maneiras de estabelecer conexão com os amigos espirituais — respondeu Deodato. — Há, por exemplo, a possibilidade de encontros durante o seu sono, por meio dos sonhos.

— Caso tenha dificuldade em registrar esses encontros através dos sonhos — esclareceu Corina —, saiba que a oração é maneira eficaz de ligar-se a nós e demais companheiros que estarão vibrando para que você alcance sucesso nessa nova etapa.

— Meus futuros pais não são religiosos — confessou Antonieta. — Como vou...

Corina a silenciou pousando delicadamente um dedo em seus lábios.

— Já sabe que não será educada por seus genitores. A família que vai criá-la tem forte ligação com a espiritualidade — lembrou Deodato, tentando acalmar Antonieta.

— Tem razão. Às vezes me esqueço dos planos que tracei. Estou ansiosa.

Um médico simpático apareceu no recinto.

— Olá, Antonieta.

— Olá, doutor.

— Como se sente?

— Estava ansiosa e me sentindo muito insegura. Corina e Deodato têm o dom de me acalmar.

O médico passou dos olhos dela para os do casal. Sorriu.

— Essa dupla é patrimônio da nossa cidadezinha astral. Enquanto puder mantê-los aqui...

— Por que não reencarnam? — Antonieta quis saber.

— Porque estamos aguardando o desenrolar de alguns acontecimentos no mundo terreno.

— Ah, entendi...

Em seguida, conversaram amenidades e, antes que Antonieta pensasse em formular nova pergunta, um adolescente com largo sorriso entrou no quarto. Passos rápidos, ele aproximou-se de Antonieta e a abraçou, comovido:

— Vá em paz, mamãe.

Ela deixou que as lágrimas escorressem livremente. Beijou-o várias vezes no rosto.

— Abdul! Meu amado filho. Meu peito se aperta só de eu saber que vamos nos separar. Novamente.

— Vocês já se separaram tantas vezes — emendou Deodato. — Logo vão se reencontrar.

— Você promete que, se houver a possibilidade de reencarnar, voltará para perto de mim? — suplicou Antonieta.

— Sim, mamãe. Minha última encarnação, embora curta, trouxe-me grandes ensinamentos. Agora que meu perispírito encontra-se em equilíbrio, em breve vamos nos reencontrar.

Outro rapaz entrou no recinto. Abdul sorriu para ele e o abraçou.

— Pai!

Rami o abraçou com ternura. Em seguida, aproximou-se de Antonieta e apertou delicadamente sua mão.

— Vim me despedir de você. Torcer para que tudo corra bem.

Eles se abraçaram e Antonieta, voz embargada, disse:

— Rami, meu querido. Você chegou há pouquíssimo tempo... queria ficar ao seu lado. Descobri que eu o amo de verdade.

— Eu também te amo — respondeu, sincero. — Conversei com Corina e Deodato. Abri meu coração — revelou. — Eu poderia ficar aqui e reciclar ideias ou... voltar.

Antonieta arregalou os olhos, emocionada:

— Vai voltar? Tem certeza?

Ele fez sim com a cabeça.

— Decidi que vou regressar ao planeta um pouco depois de você.

— Rami, essa resposta muito me alegra, todavia, você sempre disse que um tempo aqui o ajudaria a rever...

Ele a silenciou com delicado gesto nos lábios dela:

— Não. Desencarnei há pouco, no entanto, tenho sede de me refazer. Os desentendimentos que tive com Abdul no passado, os nossos desencontros, enfim, eu já me dei conta de quanto tempo perdi com coisas às quais não quero mais dar importância. Vocês dois — apontou para ela e para o filho — são indispensáveis para o meu crescimento espiritual. Quero voltar e ter a chance de, juntos, formarmos nossa família. Só que, dessa vez, com muito amor, carinho, compreensão, harmonia...

— O mundo espiritual tem essa serventia — observou Deodato. — É bom passar um tempo aqui refletindo sobre os acertos, os erros, o que gostaria de fazer de novo e, principalmente, o que não gostaria mais de fazer. No seu caso — disse com ar pensativo — tenho certeza de que retornar e poder reencontrar Antonieta numa nova existência lhe fará tremendo bem.

— Refleti bastante e procurei Magda para uma conversa séria. Sinto-me pronto. — Rami transmitia firmeza. — Tenho a plena convicção de que agora, mais do que nunca, vou colocar a minha vida afetiva acima do trabalho. Quero me dar nova chance e ter a oportunidade de reencontrar Antonieta.

— Conversamos bastante sobre isso — comentou Abdul. — Eu também quero fazer parte desta nova empreitada.

Corina comoveu-se:

— Vocês passaram por tantos problemas! Fico feliz em saber que o amor de vocês é genuíno, muito parecido com o nosso. — Ela piscou para eles e em seguida apertou delicadamente a mão de Deodato.

Antonieta deixou que uma lágrima escapasse do canto do olho.

— Não tem ideia de como me arrependo de não ter amado você na mesma intensidade que...

Rami a interrompeu com doçura:

— Meu amor, já lhe disse que tudo correu da maneira como tinha de ser. Parece meio óbvio falar assim, mas me incomoda o fato de eu ter falhado comigo e com meus propósitos. Tive a chance de reencarnar para nos acertarmos e sucumbi diante de tanto poder. Dei mais valor ao dinheiro do que a você. Dediquei-me mais ao trabalho do que à família. O que mais me dói, de verdade, é que aceitei receber Abdul como filho e fracassei como pai.

— Não! — Abdul protestou. — Depois que mamãe desencarnou, você cuidou de mim com muito amor.

— Eu sei. — Rami se emocionou. — Mas errei muito.

— Não fale em erros — a voz doce de Corina se fez ouvir. — Um dos motivos que nos levam a reencarnar é superar os pontos que acreditamos nos serem fracos. Jamais se esqueça de que você fez o melhor que pôde. Do mesmo modo que Antonieta e Abdul. Cada um deu o melhor de si. A prova disso é que estão aqui reunidos, com laços afetivos mais consistentes.

— Em vez de lamento — era a voz de Deodato —, agradeça. A vida vai novamente reuni-los para viverem outra experiência. Percebam o amor que de vocês emana. — Apontou com o queixo para Antonieta e Rami.

— Se tudo caminhar de acordo com o planejado — era a voz de Abdul —, não ficarei longe de vocês.

— Apenas não se esqueçam de que Antonieta escolheu tentar, ao menos, fazer as pazes com Eurico. Depois que eles se entenderem, vocês dois poderão fazer parte da vida dela — finalizou Corina.

— Já que está decidido, me diga, quando você vai iniciar o processo de retorno? — indagou Antonieta a Rami.

— Logo depois que você for embora. Ficarei com Abdul mais um tempinho.

— Então, não demore muito — pediu Antonieta.

O médico os interrompeu com graça:

— É preciso se despedirem de vez. Está na hora, Antonieta.

Ela concordou. Despediu-se emocionada de Rami, chorou ao abraçar Abdul. Deu um abraço apertado em Deodato e outro em Corina. Mais uma vez ela iria se separar daqueles espíritos tão importantes em sua trajetória evolutiva. Uma lágrima teimou em descer. Todavia, a energia de amor que ali pairava era alimento que lhe dava força e estímulo para seguir adiante. Antonieta respirou fundo, caminhou até a porta do quarto. Amparada pelo médico, logo ela dobrou o corredor e partiu.

Rami respirou fundo e quis saber:

— Ela sabe que será irmã de Cleonice?

— Não — respondeu Corina.

— Acreditam que elas poderão se perdoar? — quis saber Abdul.

— Tudo vai depender do livre-arbítrio delas — tornou Deodato. — No entanto, como tenho conhecimento de suas últimas vidas, não sei se terão condições de se perdoarem por ora. Veremos. Vamos torcer para que elas se deem a chance de ser amigas.

— Vamos orar por elas? — sugeriu Abdul.

Concordaram com ele. Corina, Deodato, Rami e Abdul deram-se as mãos e fizeram sentida prece em prol de Antonieta e de Cleonice.

CAPÍTULO 4

Antonieta finalmente reencarnou; viera ao mundo depois de horas de trabalho de um parto complicado. Um olhar espírita sobre a situação revelaria que o espírito prestes a reencarnar se recusava a sair do ventre da mãe, como se aquela *insegurança* ainda estivesse presente, dificultando o renascimento, o tão esperado reencarne. A mãe, Damaris, cansadíssima, não teve forças para ver a filhinha. Adormeceu. E não voltou a abrir os olhos. Morreu horas depois de dar à luz.

Damaris era mulher de corpo frágil, pequenininha. Trabalhava como cozinheira na casa de Dirce e Alfredo havia alguns anos. Dirce gostava muito dela e, quando engravidou, ela a acalmou:

— Fique tranquila, Damaris. Eu e Alfredo vamos ajudá-la.

— Clécio ficou feliz e triste ao mesmo tempo.

— Por quê?

— Ele está radiante porque vai ser pai. Ao mesmo tempo, está preocupado. Afinal, sempre tive um corpo frágil. Não sei se vou conseguir segurar a gravidez até o fim.

Dirce sentiu leve tontura. Cenas vieram-lhe à mente. Ela pressentiu que Damaris corria risco de vida. Mas respondeu:

— É natural que haja preocupação. Clécio é autônomo, não tem salário fixo. No entanto, gostaria que conversasse com ele para virem em casa. Eu e Alfredo vamos lhes fazer uma proposta. A gestação precisa ocorrer da forma mais tranquila possível. É importante que tanto você quanto Clécio fiquem bem, na medida do possível, a fim de que o bebê nasça forte e saudável.

Assim foi feito. Chamaram Clécio para conversarem sobre a gravidez. Alfredo os tranquilizou:

— Vai dar tudo certo.

— Não tenho ganho fixo — tornou Clécio, visivelmente preocupado. Alfredo fez sim com a cabeça e prosseguiu:

— Nada vai faltar a vocês nesses meses. Vamos cuidar de Damaris como se fosse uma irmã querida. Independentemente de seu salário ser fixo ou não, vamos lhes dar uma ajuda financeira até o nascimento do bebê.

— Não, senhor — protestou Clécio. — Eu não me sentiria bem em receber dinheiro sem nada fazer para merecer.

— É apenas uma ajuda — insistiu Dirce.

— Não, senhora. Vocês já fizeram muito por nós. Ajudam Damaris, nos dão alimentos...

— Então — interveio Alfredo —, poderemos fazer assim: nós pretendemos mudar de casa. Não sabemos ao certo quando isso vai acontecer. Mas — ele pensou e prosseguiu — você poderia pintar este apartamento.

— Queremos deixar o apartamento com bom aspecto para quem vier a adquiri-lo — ajuntou Dirce. — Você está trabalhando no momento?

— Sim. Graças a Deus peguei um servicinho de reforma de uma casa no Andaraí. Vai levar uns quatro meses para terminar.

— Pronto! — comemorou Alfredo. — Daqui a quatro meses você vem para cá. Quanto tempo acha que levará para pintar o apartamento?

— Todinho? — indagou Clécio, levando o dedo ao queixo, pensativo.

— Sim — respondeu Alfredo. — Vai ser preciso tirar das paredes a tinta velha, raspar, lixar... há cômodos que vão precisar de mais atenção.

— O apartamento é bem grande — comentou Clécio, olhando para as paredes da sala. — Talvez uns dois meses. Atrapalha um pouco o fato de estar mobiliado, e, além do mais, vocês têm filhos. O cheiro da tinta é muito forte.

— Não tem problema — interveio Dirce. — Vamos fazendo tudo aos poucos, sem pressa. Vai levar um bom tempo para executar o trabalho de pintura, contudo, acho que você vai terminar o serviço praticamente quando a criança nascer.

— Obrigada — tornou Damaris. — Estão sendo muito generosos conosco.

— Queremos que o bebê nasça bem e que vocês possam ficar mais tranquilos — observou Alfredo.

— Mais à frente, poderão morar conosco — tornou Dirce.

— Imagine! — protestou Damaris. — O apartamento mal dá para vocês e os quatro filhos.

— Nosso barraco é bem construído — ressaltou Clécio. — Se Deus quiser, um dia a gente constrói uma casinha de tijolos.

— Fico contente que pense assim, Clécio. — Era a voz de Alfredo. — O meu escritório, inclusive, projeta e constrói casas. De repente, poderemos ajudá-lo nessa empreitada.

— Agradeço, seu Alfredo.

— Só que eu e a Dirce...

— Nós... — Dirce interrompeu o marido — não vamos nos mudar imediatamente. Estamos ainda visitando alguns imóveis. No entanto — ela olhou para Alfredo e ele fez sim com a cabeça —, se tudo der certo, vamos nos mudar para uma casa. Ontem visitamos uma bela casa no Jardim Botânico. Nós nos apaixonamos por ela.

— É verdade — concordou Alfredo. — Não fizemos proposta, mas estamos bem empolgados.

Dirce sorriu:

— É bem espaçosa, com quintal, jardim, piscina e uma edícula maravilhosa.

— A edícula tem dois quartos, sala, cozinha, banheiro — completou Alfredo. — É praticamente uma casa do tamanho deste apartamento.

Clécio sorriu emocionado.

— Muito obrigado pela gentileza. Mas...

Damaris interrompeu o marido e indagou, voz preocupada:

— E se não conseguirem comprar essa casa, o que será de nós? Se deixarmos o barraco... depois, bem, não teremos como retornar. Iremos morar debaixo de uma ponte.

— Nada de negatividade nessa hora — respondeu Dirce. — Eu tenho plena convicção de que tudo vai dar certo, e sua filha vai nascer forte e saudável.

— Filha?! — indagou Damaris, surpresa. — Acabei de descobrir que estou grávida e...

Alfredo a interrompeu, rindo:

— Dirce tem essa capacidade especial de perceber o sexo biológico do bebê.

— Uma menina. — Os olhos de Clécio brilharam emocionados. — Sempre quis ter uma filha. Serei o melhor pai do mundo!

Dirce sentiu um grande aperto no peito. Pretextou fazer café para que não vissem a expressão em seu rosto. Ela sabia que os pais não criariam a filha que estava por vir.

— Nada disso, dona Dirce. Eu trabalho para a senhora. Vou até a cozinha e...

— Não — protestou Dirce. — Hoje você está em nossa casa como convidada. Fique aqui com seu marido. Eu volto num instante.

Dirce afastou-se e, caminhando pelo corredor, murmurou:

— Meu Deus do céu! Meus amigos espirituais, por favor, me deem forças para suportar o que está por vir...

Damaris abraçou-se ao marido:

— Estou muito contente. Parece que essa criança vai nos trazer muitas coisas boas.

Alfredo percebeu como Dirce se dirigira à cozinha. Pediu licença.

— Façam planos. Enquanto isso, vou até a cozinha ajudar Dirce com o café. Já volto.

CAPÍTULO 5

Ao chegar próximo da cozinha, Alfredo ouviu vozes. Eram os filhos. Acabavam de voltar das brincadeiras de rua. Percebendo a expressão nada feliz no rosto de um deles, Alfredo perguntou:

— O que foi, Nicolau?

Antes de ele dizer alguma coisa, Célia, a terceira filha, meneou a cabeça negativamente:

— A Cleonice, pai.

— O que tem ela?

— Acredita que bateu na Soninha? Na escola, andavam feito unha e esmalte. Eram amigas!

— Ela não é mais minha amiga — afirmou Cleonice, brava.

— A menina não fez nada para apanhar — interveio Alberto, o filho mais velho. — O senhor pediu que eu ficasse de olho neles. Fiquei. Eu me distraí e quando vi já era tarde. A Cleonice estava montada na menina.

Cleonice tentou falar, mas Alfredo a fuzilou com os olhos:

— O que foi dessa vez, Cleonice?

— Nada.

— Como nada? Sua irmã disse que você bateu numa menina.

— Ela mereceu.

Alfredo fez não com a cabeça.

— O que aconteceu? Arrumou briga de novo?

— Eu tive de me defender.

— Mentira! — respondeu Nicolau. — Ela não teve de se defender de nada.

— Fica quieto, Nicolau. — A voz de Cleonice escalava tons de raiva. — Não se meta nas minhas coisas.

— Está vendo, pai? — ele murmurou. — Cleonice decidiu ser mal-educada. De vez!

Ela estava emburrada, com cara de poucos amigos. Empurrou Nicolau e encarou o pai:

— Em vez de me dar bronca, por que não chama a atenção do Alberto?

— O que você fez? — Alfredo indagou o filho.

Alberto se defendeu:

— Nada, pai. Não fiz nada.

Cleonice bufou de raiva:

— Estava de agarramento com a Rosana.

— Menos — interveio Nicolau. — Alberto só estava conversando com ela e...

Cleonice o interrompeu:

— Puxa-saco. Defende o Alberto e a Célia. Menos eu.

— Está sendo injusta — respondeu Nicolau. — Eu também defendo você. Mas nesse caso...

— Nesse caso, o quê? — ela bramiu.

Alfredo deu um assobio para que parassem de discutir. Encarou Cleonice e desejou saber:

— Por que você bateu numa menina?

— Já disse que tive de me defender.

— Cleonice... — A voz de Alfredo era firme.

Ela, por fim, disparou:

— Soninha é imbecil.

— Alto lá! — protestou Alfredo. — Não a ensinei a falar dessa maneira. Que modos são esses?

— Ela é imbecil, sim.

— Deixa eu explicar, papai — interveio Célia. — A Soninha apenas disse que a mãe dela não aprovava o namoro entre a Hannah e o Bienaire.

Alfredo fez ar de interrogação. Nicolau prosseguiu:

— Eu estava perto e vi, pai. As meninas estavam num grupinho, falando sobre a polêmica que envolveu dois personagens da novela *Passo dos ventos*. Elas apenas discutiam sobre o relacionamento amoroso entre uma mulher branca e um homem preto.

— Ah! — Alfredo fez sim com a cabeça. — Já li sobre isso.

— Sabemos que se trata de uma questão delicada — ajuntou Alberto. — Somos negros e sofremos preconceitos.

— Não somos negros — rebateu Cleonice. — Somos misturados. Eu sou morena, ou parda. Não sou negra.

— Está vendo, pai? — interveio Célia. — Cleonice ainda se incomoda com o fato de...

— Não é questão de incômodo. Olhem para mim. — Ela apontou para si. — Por acaso eu pareço ser negra? Pareço?

Alfredo meneou a cabeça para os lados. Ele e Dirce procuravam educar os filhos nutrindo-os de boa autoestima e para que jamais levassem em consideração, por mais difícil que fosse, os comentários maledicentes da sociedade. Cleonice, no entanto, desde cedo implicava com a cor da pele. Ele não sabia mais como agir.

Alberto o arrancou dos pensamentos:

— O senhor e a mamãe nos ensinaram a não abaixar a cabeça e combater o preconceito com atitudes que o enfraqueçam.

— É verdade, pai — completou Nicolau. — Quantas vezes não me chamaram de macaco de circo, de neguinho, de tantos nomes carregados de preconceito? Não saio batendo em quem me ofende, mas não me deixo abater.

— Somos como todo mundo — prosseguiu Célia. — Não é a cor da pele que nos faz ser mais ou menos que alguém. Somos gratos por nos alimentar com elevadas doses de autoestima e amor.

— É verdade — finalizou Alberto. — A família da Rosana me aceita como sou. Pensa que na escola já não me chamaram de Bienaire e a Rosana de Hannah? Sabe o que fazemos? Afirmamos que somos como eles, sim. Não entramos em discussão. O que aconteceu? Pararam de pegar no pé da gente.

Alfredo comoveu-se. Ele e Dirce tentavam transmitir dignidade aos filhos, ensiná-los a lidar com o preconceito de forma que não fossem diminuídos por conta da cabeça estreita de quem ainda se deixava levar pela erva daninha da discriminação.

Cleonice nada disse. Nicolau ponderou:

— A Soninha só estava dizendo que a mãe dela não gostava de ver uma branca e um negro se beijando.

— Foi aí que tudo começou — tornou Alberto.

— Mentiroso! — gritou Cleonice. — Você estava com a Rosana, nem viu o que aconteceu.

— Podem parar? Quero saber o que aconteceu — disse Alfredo, voz firme. — A Soninha falou, e então?

— Então nada — respondeu Célia.

— Mentira! Pai, a Soninha disse isso olhando pra mim — protestou Cleonice.

— E daí? — quis saber Nicolau. — Você é negra. Soninha olhou pra você como a pedir sua opinião, não para que avançasse e batesse nela.

— Eu não sou negra! — bramiu Cleonice.

— Que mal há em ser assim? — indagou Alfredo.

— Não gosto de ser motivo de piada.

— Seus irmãos acabaram de afirmar que graças a mim e sua mãe aprenderam a se defender das cabeças estreitas que há aos montes na sociedade.

— Ela não entende que, se fôssemos brancos, fariam piada sobre nosso nariz, cabelo, altura, peso... — comentou Alberto.

— Vocês são uns frouxos — Cleonice alterou novamente a voz. — Eu não gosto de ser xingada porque não sou negra.

— Eu sempre disse que...

Cleonice interrompeu Alfredo e murmurou, chorosa:

— Fala desse jeito porque é branco.

— Como é que é? — Alfredo estava estupefato. Sentia estar cada vez mais impossível lidar com Cleonice.

Ela empurrou o pai e saiu correndo pelo corredor. Ao passar pela sala, encarou Damaris e Clécio. Pensou: *Eles são pobres e feios, mas são brancos. Queria ser como eles. Odeio ser assim. Odeio!*

CAPÍTULO 6

Alguns meses se passaram. Alfredo e Dirce fizeram a proposta de compra do casarão no Jardim Botânico e, para a felicidade de todos, o proprietário aceitou a oferta. Os filhos vibraram emocionados, inclusive Cleonice, que crescia ranzinza e implicante.

— Cada um de nós vai ter o próprio quarto, papai? — quis saber Célia.

— Será igual à maneira como vivemos. Os meninos ficarão em um quarto, você e sua irmã em outro.

— São quatro quartos — protestou Cleonice. — Quero um quarto só para mim.

— Não é justo — interveio Nicolau. — Por que um quarto só para você? É a caçula, não tem direito a fazer escolhas.

— Imbecil! — Ela fez uma careta e mostrou a língua para ele.

— Que modos são esses? — indagou Alfredo, bravo. — Onde aprendeu a falar nesse tom, mocinha? Já disse que não gosto quando diz a palavra *imbecil*.

— Aprendi aprendendo — ela respondeu, mal-humorada. Em seguida, saiu correndo em direção ao elevador. — Se for para ser assim, não saio deste apartamento.

Célia levantou os olhinhos.

— Papai, sabe como Cleonice é voluntariosa. Sente-se a dona da casa.

— E muito briguenta — completou Nicolau.

— Eu vou morar pouco tempo com vocês — interveio Alberto. — Logo vou prestar vestibular e, se tudo der certo... — ele suspirou — vou me casar com a Rosana!

— Oba! — comemorou Nicolau. — Vou torcer para que tudo o que deseja se realize, porque, dessa forma, logo vou ter o quarto só para mim.

— Tomara que sim — sorriu Alberto.

Nicolau tocou o ombro do irmão em um gesto de camaradagem e acompanhou Alfredo pelo corredor.

— Pai, precisa ser mais duro com a Cleonice. Ela anda muito nervosinha, respondona, atrevida...

— Não se trata disso — interveio Célia, logo atrás. — Cada um de nós é único. Papai e mamãe nos tratam como devemos ser tratados. O amor é o mesmo, apenas a maneira de nos educar é diferente. A Cleonice tem dificuldade em se aceitar como é.

Alfredo a beijou com ternura.

— Essa é a minha Célia! Tão parecida com sua tia Estelinha.

— Por falar nisso, vou à casa dela hoje à tarde. Passarei o fim de semana com ela e tio Sérgio. A vó Angelina e o vô Felisberto foram passar uns dias no sítio, em Vassouras.

— Mal saiu das fraldas e já quer andar soltinha por aí. — Era Nicolau, que havia voltado à sala.

— E o que você tem a ver com isso? — perguntou Célia. — Já sei... está com ciúmes.

— Imagina!

— Se quiser, pode ir comigo. Sabe que tia Estelinha adora você.

— É verdade — comentou Alberto.

— Tia Estelinha gosta de todos — contemporizou Alfredo.

— Cleonice não gosta dela — disse Célia.

— Impressão sua. — Alfredo não quis alongar a conversa. Tinha convicção de que Cleonice não se sentia à vontade ao lado da tia, visto que era uma menina voluntariosa, impetuosa e pouco afetuosa com Estelinha. Cleonice já demonstrava um temperamento irascível: ou gostava ou detestava a pessoa.

Nicolau sorriu:

— Posso ir com a Célia, papai?

— Claro que pode. Vocês já combinaram tudo com sua tia?

— Vou ligar e avisar que eu e Nicolau vamos para a casa dela. — Célia saiu em direção à mesinha de telefone, no fim do corredor.

Os meninos entraram com o pai na cozinha. Dirce terminava de preparar o almoço. Enquanto isso, Damaris, já com o barrigão encostado no tanque, lavava roupas e estava distraída, ouvindo o rádio. Célia adentrou a área de serviço e a cumprimentou:

— Tudo bem, Damaris?

Ela passou a mão na testa para limpar o suor. Sorriu para Célia.

— Às vezes, me sinto cansada, mas está tudo bem.

— Estou muito feliz que você vai ter um bebê.

— Obrigada. — O sabão escorregou da mão de Damaris e Célia abaixou-se para pegar. Ao entregar a barra para ela e tocar em sua mão, Célia sentiu leve mal-estar. Ao tocar em Damaris, a garota teve certeza de que algo desagradável estava prestes a acontecer. Disfarçou, tentou sorrir e foi para seu quarto, orar em favor de Damaris e seu bebê.

A mudança do apartamento de Copacabana para o casarão do Jardim Botânico foi feita numa quarta-feira, véspera de feriado prolongado. Por conta disso, Dirce escolheu demitir-se do hospital. Após anos trabalhando como enfermeira, ela entendeu que precisava de tempo integral para dedicar-se à família. Os quatro filhos eram adolescentes e logo ajudaria Damaris na criação da filhinha prestes a nascer. Além do mais, a nova casa era bem grande e exigiria dela mais atenção no tocante à manutenção.

— Tem certeza de que é isso mesmo que quer? — indagou Alfredo, à época.

— Sim, meu amor. Tenho. Agora temos uma casa enorme para cuidar. As crianças estão crescendo... Além do mais, teremos Damaris e Clécio morando conosco. E uma bebezinha...

Alfredo concordou e não tocaram mais no assunto. Até porque, pouco tempo atrás, o salário de Dirce ajudava a completar o orçamento. No entanto, o escritório que ele montara recentemente começava a prosperar e ele teria condições financeiras suficientes de manter a família. Depois de anos trabalhando numa construtora, Alfredo decidira ter o próprio negócio. Convidara Sérgio para ser seu sócio num projeto com especial atenção à construção de residências populares. O escritório, a princípio, ficava num prédio localizado na Rua Santa Luzia, no centro da cidade.

Por ser o dono do negócio, Alfredo não trabalharia no feriadão. Também não haveria aulas e os filhos poderiam ajudar a arrumar a casa nova. Assim, quando o caminhão de mudanças chegou ao casarão, Dirce estava pronta para se dedicar às questões da casa e aos filhos.

Ao pisar na casa nova, Cleonice correu para a edícula.

— Não quero dividir quarto com a Célia. Vou morar aqui.

— Não — foi a resposta de Dirce.

— Por que não? Sou mocinha.

— Não é isso, *mocinha* — replicou. — A edícula vai ser o lar da Damaris e do Clécio. E da bebê.

Alberto, Nicolau e Célia exultaram de felicidade. Adoravam Damaris. Eles a conheciam desde que tinham se dado por gente. Cleonice, por sua vez, sentiu o sangue subir e avermelhar as faces.

— Não gosto dessa empregada. Ela é imbecil!

Dirce a repreendeu:

— Que modos são esses, garota? Quem pensa que é? Não deixaria nem que a rainha da Inglaterra falasse assim comigo.

— Reino Unido.

— O quê? — Dirce não entendeu.

— Não é rainha da Inglaterra, mas do Reino Unido da Grã--Bretanha e mais a Irlanda do Norte.

— Que seja — Dirce respondeu tentando evitar o riso. — Ao menos é estudiosa.

— E respondona — completou Nicolau.

Cleonice mostrou a língua para ele e caminhou em direção à piscina, que estava vazia. Fez menção de entrar quando ouviu a mãe comentar com Alfredo:

— Aqui vai ser o lugar perfeito para eles criarem a menina.

— Como?

Dirce voltou os olhos para trás e viu Cleonice parada na beira da piscina.

— Como o quê?

— Pensei que estava brincando com a gente quando disse que a edícula seria o lar da empregada. A Damaris vai morar aqui e ainda por cima vai criar a filha na nossa casa?

— Sim — tornou Nicolau. — Se a Damaris está grávida e vai morar com a gente, bem, é óbvio que a criança vai viver aqui.

— Então — Cleonice levou o dedo ao queixo —, quando crescer, essa criança vai servir a mim. Que bom, vou ter uma empregadinha só para mim.

— Como você é tosca — emendou Nicolau.

— E como você é imbecil — replicou Cleonice.

— Acho que está muito petulante para sua idade — observou Dirce. — Não gosto quando fala nesse tom raivoso. Nem quando diz *imbecil*.

— Aqui é para ser a *nossa* casa — enfatizou Cleonice. — Não um abrigo voltado para empregados e seus rebentos.

— Aqui, mocinha — ressaltou Dirce —, é a *minha* casa. Se não estiver com vontade de partilhar o espaço com a empregada, o marido e a filha deles, problema seu. E não quero mais que me dirija a palavra nesse tom.

— Precisa levar ela no centro espírita, mãe — comentou Nicolau. — Cleonice precisa de um passe. Ou de uma desobsessão.

— Boa ideia, filho. Acho que vamos todos.

— Não vou. Não gosto. Não quero — protestou Cleonice.

— Se eu quiser, você vai. — Dirce era terna e mansa, mas tinha um jeito firme de falar e olhos expressivos e amedrontadores quando impunha sua vontade. E, quando usava esse tom de voz, as crianças a respeitavam.

Cleonice engoliu o desaforo. Enfurecida, desceu os degraus da escadinha da piscina vazia e encolheu-se numa das paredes.

— Por que nasci nesta família? Por que tenho de dividir o quarto com Célia? Por que tenho de aturar essa empregada e essa bebê?

Eram tantos "porquês" que a cabeça de Cleonice deu um nó. Ela encolheu-se ainda mais e chorou.

CAPÍTULO 7

A mudança definitiva de Damaris e Clécio para o casarão do Jardim Botânico deveria ocorrer logo após o nascimento da bebê. Eles eram muito gratos pela ajuda que Alfredo lhes oferecia. Clécio, por sua vez, também foi generoso. Ao saírem da favela, ele deixaria o barraco pintado e ajeitado para uma vizinha. Tratava-se de uma senhora viúva que morava com sete filhos e precisava de um lugar para acomodar o sobrinho que vinha para a cidade tentar a vida.

Todavia, um fato triste alterou o rumo dos acontecimentos. Damaris e Clécio moravam na favela da Praia do Pinto, às margens da Lagoa Rodrigo de Freitas. Os governantes da época não queriam que houvesse favelas encravadas no meio da zona sul ou do centro da cidade. Só para constar... alguns anos antes, a cidade do Rio de Janeiro tinha deixado de ser a capital do país e transformara-se no estado da Guanabara. E esses governantes, aliados àqueles que estavam de olho na valorização imobiliária, que transformar-se-ia, por assim dizer, em especulação, com o aval da sociedade, removeram as favelas de forma agressiva e brutal. Os moradores eram transferidos para localidades bem distantes e sem infraestrutura, como a Cidade Alta ou a Cidade de Deus. No caso da Praia do Pinto, a maneira de remover a favela do bairro do Leblon foi por meio do fogo. Um incêndio de grandes proporções, jamais esclarecido, consumiu os barracos. Da noite para o dia, milhares de pessoas ficaram sem ter onde morar. Pior ainda: o incêndio provocou algumas mortes.

Clécio, na tentativa de salvar o pouco que tinham, morreu asfixiado assim que entrou no barraco. Depois do triste episódio, Dirce e Alfredo acomodaram Damaris na edícula; dali a uma semana, nasceu Antonieta. E mais tristeza. Dirce e Alfredo, mais uma vez, tomaram as devidas providências. Cuidaram do enterro e, no dia seguinte, apanharam a bebezinha no hospital. Chegaram à casa com Antonieta dormindo nos braços de Dirce.

— Você sabia que isso iria acontecer — segredou Alfredo.

— Sim. Eu pressentia. Mas a realidade por vezes é brutal e chocante. Ter a ideia de como algo poderá acontecer e depois experienciar o que de fato aconteceu requer muito equilíbrio emocional.

— Vamos adotá-la legalmente.

— Por certo. Sempre quisemos muitos filhos — ela tornou, emocionada. — Agora temos cinco filhos!

— Eu teria seis, sete, oito. — Ambos riram. De repente, Alfredo olhou para a bebê e se emocionou. — Eu me apaixonei logo de cara por essa menina. Parece que...

Dirce o interrompeu com doçura:

— Parece? Será? Eu sei. Você está imaginando quem ela é. Será um afeto ou desafeto do passado? — Ela riu.

— Eu sei que você sabe — tornou Alfredo. — Mas não vou insistir. Se a encarnação nos ajuda a esquecer o passado, esquecer quem fomos, por que vou insistir? Não posso negar que a presença dela me inspira ternura, me diz que teremos muita afinidade. Sei que ela é alguém por quem nutro afeto.

De fato, era alguém por quem Alfredo sentia afeto. A bem da verdade, ele tivera boa relação com a irmã Antonieta (encarnação anterior da bebezinha que agora ele e Dirce tinham nos braços). A relação azedara porque Antonieta deixara-se levar pela negatividade da mãe e da sogra. Espezinhara ele, e principalmente Dirce, apenas por uma questão de tonalidade de cor de pele! Antonieta deixara-se abraçar pelo racismo estrutural que sempre fez parte da sociedade e que só seria observado, debatido e combatido no decorrer do próximo século.

No astral, contudo, Antonieta aprendera e refletira sobre muita coisa. Percebera que a rejeição a Dirce acontecera não por serem diferentes, mas porque certas desavenças entre ambas se arrastavam havia algum tempo. A questão do racismo foi um ponto de abertura para que se deixasse levar pela maledicência de duas mulheres. Era, portanto, tempo para ela e Dirce tentarem recuperar a amizade do passado.

Havia grande possibilidade de as duas se darem bem. Ocorre que Antonieta, antes de reencarnar, não tinha uma ideia clara de que uma de suas irmãs seria Cleonice, um grande desafeto do passado. No entanto, por meio da bênção da reencarnação, a vida une os afetos e principalmente os desafetos, para alcançarem um grau de ajuste que os leve a um novo patamar de compreensão e perdão. A ideia, dentro dos moldes espíritas, é que todas as pessoas que vivem no planeta possam chegar a um grau de amizade sincera, generosidade, respeito e paz. Parece ser utópico? Talvez. Contudo, aqueles que se fiam no espiritismo sabem que, numa época não tão distante, o planeta deixará de ser um ambiente de provas e expiações para se tornar um mundo de regeneração.

Alfredo emocionou-se ao pegar a bebezinha no colo. Dirce o incentivou:

— Isso. Entre em casa com ela nos braços. Apresente nossa caçula aos irmãos.

Alberto, Nicolau e Célia correram alegres até os pais. Queriam conhecer a nova irmãzinha. Disputavam quem seria o primeiro ou a primeira a pegar a criança. Cleonice, num canto, observava tudo com raiva. Muita raiva. Enquanto os irmãos paparicavam a bebezinha, gritou:

— Eu sou a caçula!

— Não é mais — emendou Nicolau. — Perdeu o posto de princesinha do papai.

— Ela não é só a minha princesinha — disse Alfredo. — Célia também é e...

— Cale a boca, Nicolau. Seu fresquinho.

Alfredo e Dirce se entreolharam. Ele deixou a bebezinha com Dirce e os irmãos. Nicolau ia começar a chorar, mas Alfredo foi rápido e o abraçou com ternura.

— Não ligue para os comentários maledicentes de sua irmã. Ela não sabe o que diz.

— Sei, sim — Cleonice protestou. — A Isabela me disse que os meninos da escola do Nicolau chamam ele de mariquinha.

— Não sou mariquinha — protestou.

— Dizem que ele não gosta de meninas — comentou, de maneira sarcástica.

— E se não gostasse? — observou Alfredo. — Qual seria o problema?

Nicolau o olhou com espanto. Dirce sorriu e, enquanto Alberto e Célia embalavam a bebezinha, ela aproximou-se do filho e o abraçou com carinho.

— Não importa com quem você vai namorar ou casar. Só desejamos que seja alguém que lhe desperte os mais nobres sentimentos e que ame você de verdade. Só isso. Além do mais, é ainda muito jovem para pensar em namoro e coisas do tipo.

— Obrigado, mãe — Nicolau agradeceu comovido.

Alfredo seguiu na direção de Cleonice.

— Você é filha de um pai branco e de uma mãe negra. Já sofreu preconceito. Como ousa, portanto, discriminar seu irmão?

— Eu sou branca! — ela explodiu. — Eu sou branca. Minhas amigas dizem que sou normal. Não sou preta.

— Por que acham que ela nunca trouxe amiguinhas para casa? Ela tem vergonha da senhora, mãe — confidenciou Alberto.

— Isso é verdade, Cleonice? — Alfredo quis saber.

Ela não respondeu. Abaixou a cabeça, raivosa. Célia, sentada no sofá, embalando a bebezinha, comentou:

— Cleonice não fala comigo na escola. Finge que não me conhece.

— Não sabia disso — comentou Alfredo. — Educamos vocês para não se deixarem contaminar pelo preconceito e pela discriminação.

— Cleonice é preconceituosa, pai — interveio Alberto. — Como sou o filho com mais características que remetem à negritude, Cleonice não gosta de sair comigo.

— Ela também não gosta de gente pobre — confessou Nicolau. — Veem como sempre tratou Damaris e outros empregados que pela nossa casa passaram?

Dirce olhou para o marido e disse, enfática:

— Alfredo, precisamos conversar.

Na sequência, aproximou-se de Cleonice. Passou a mão pelos seus vastos cabelos. E considerou:

— Por que tanta raiva nesse coraçãozinho, minha filha? — Ela não respondeu. Dirce tornou: — O que a faz se sentir dessa forma?

— Nada. Eu sou branca. Só isso.

— Por que a cor da pele é tão importante para você? Por que não se fia em valores nobres? Ensinamos tantas coisas boas para você e seus irmãos.

— Não quero mais falar sobre isso.

Dirce percebeu um espírito atrás de Cleonice. Ele parecia aéreo, olhar meio abobado. Mentalmente, ela quis saber:

O que quer?

Quero a Cleonice de volta, ele respondeu.

Dirce fez o sinal da cruz. Mirou Cleonice e disse:

— Hoje vamos ao centro espírita.

— Não...

Ela não deixou Cleonice terminar de falar:

— Nós vamos, sim — disse enfática. — Ai de você se não me obedecer.

Cleonice engoliu a raiva. Até o espírito que ali estava afastou-se, temeroso.

— Sim, senhora.

CAPÍTULO 8

Fazia um lindo dia de primavera quando Estelinha e Sérgio tocaram a campainha na casa do Jardim Botânico. Quem os atendeu foi Célia, por quem Estelinha tinha grande carinho.

— Tia! Que saudade.

Sérgio sorriu.

— Esteve conosco há apenas alguns dias. Como pode sentir tanta saudade?

— Porque eu amo vocês. Muito, muito!

Eles se emocionaram. De fato, Célia se dava muito bem com os tios. Ela e os irmãos tratavam Angelina e Felisberto como avós.[1] Gostavam da família da mãe, mas os parentes de Dirce tinham se espalhado pelo país. Por conta disso, os

---

[1] Nota: Personagens do primeiro livro da série O poder do tempo

filhos de Dirce eram apegados à tia e àqueles que considera-vam seus avós. Quer dizer, salvo Cleonice. Ela não era muito simpática com Estelinha. A relação entre elas era bem super-ficial. Contudo, Cleonice, assim como os irmãos, se davam muito bem com Marcílio, primo deles e filho de Estelinha e Sérgio. Afinal, quem não se daria bem com Marcílio? Ele era um amor de pessoa.

Estelinha estava radiante. Apoiara integralmente Dirce na adoção da bebezinha. Hoje iria finalmente conhecer a nova sobrinha. Ela e Sérgio entraram na residência e Célia foi lhes mostrando o jardim, depois o quintal, a piscina, a edícula. Entraram na casa. Alberto e Nicolau vieram abra-çá-los. Gostavam muito da tia. Assim que a cumprimentou, Alberto quis saber:

— E o Marcílio? Pensei que viesse com vocês.

— Está em época de provas. Mergulhou de cabeça na vida acadêmica — disse Sérgio, sorridente.

— Acho que estão explorando o meu filho — protestou Esteli-nha. — Ele tem um professor que o suga. Não gosto desse Nunes.

— Sua tia é engraçada — Sérgio considerou. — Nunca viu o professor e implica com ele.

— É uma sensação — Estelinha disse, seca. — Não gosto desse homem. Acho que ele tira proveito da generosidade do Marcílio. Conheço meu filho. Sei que ele é bom demais.

— Não viemos para falar do Marcílio — ponderou Sérgio.

— Queria conversar com ele, tio. Ano que vem eu terminarei o Clássico. Quero ser professor como o Marcílio — disse Alberto.

— Mais um professor na família! Nenhum engenheiro como eu ou seu pai?

Nicolau disse animado:

— Eu vou cursar engenharia civil. Quero trabalhar com o papai e com o tio Sérgio.

— Obrigado pela preferência — comentou Sérgio, animado.

— E eu vou ter uma butique. Quero vender roupas, costurar como tia Estelinha! — disse Célia, emocionada.

— Meu Deus! — observou Estelinha. — Tão jovens e já sabem o que vão ser quando crescer!

— Já cresceram. — Era a voz de Dirce. — Essas crianças estão amadurecendo muito rápido.

Ela os cumprimentou. Sérgio quis saber:

— Onde está o Alfredo?

— Para variar — esclareceu Dirce —, está na biblioteca. Trabalhando.

— Ah, deve estar debruçado sobre nosso novo projeto.

Ele foi para a biblioteca, seguido de Alberto e Nicolau. Estelinha indagou:

— Onde está a Cleonice? Não a vi.

— Está trancada no quarto, tia — comentou Célia. — Diz que não sai de lá nem amarrada.

— Está um dia tão lindo. Ela gosta de nadar. Por que não está na piscina?

— Porque está emburrada desde o dia em que a bebezinha chegou — confessou Célia. — Ela não aceita a irmã.

— Sério? — Os olhos de Estelinha miraram Dirce.

— Infelizmente.

— Vou preparar um refresco para nós — disse Célia. — Mamãe, por que não leva logo a tia até o berço da bebê? — ela falou e foi para a cozinha.

— Estou ansiosa para ver a menina — confessou Estelinha. — Já escolheram o nome?

— Estamos pensando — asseverou Dirce. — Vamos legalizar a adoção na próxima semana. Temos tempo.

Estelinha ia falar, mas escutaram um barulhão vindo do andar de cima. As duas pensaram na bebê e correram. Ao pisarem no último degrau, encontraram Cleonice, sentada ao lado do aparador.

— O que aconteceu? — indagou Dirce.

— Derrubei um quadro sem querer. — Apontou para a moldura partida e espalhada em pedaços ao longo do corredor.

Estelinha abaixou-se para abraçá-la.

— Você se machucou? — Cleonice fez não com a cabeça.

— Tem certeza? — Ela se afastou de Estelinha.

Nesse meio-tempo, o choro tomou conta do ambiente. Com o barulho que Cleonice fizera, a bebezinha começou a chorar. Dirce correu até o quarto e a pegou do berço.

— Calma, querida. Está tudo bem. Foi só um susto.

Estelinha estendeu a mão para Cleonice.

— Venha comigo. Apresente-me sua irmã.

Ela recusou a mão de Estelinha e bramiu:

— Ela não é minha irmã!

Cleonice afastou-se de Estelinha de maneira abrupta. Voltou para o seu quarto e lá se trancou. Estelinha meneou a cabeça para os lados. Foi ao encontro de Dirce. Assim que a viu com a bebezinha, sentiu forte emoção. Sem perceber, os olhos marejaram.

Dirce lhe entregou a bebezinha. Estelinha a encarou e sorriu.

— Seja bem-vinda.

— Ela é um amor — tornou Dirce. — Tão quieta.

— E veio ao mundo de forma atribulada. Quando crescer, vão lhe contar sobre a origem dos pais?

— Mas é claro! — respondeu Dirce. — Antonieta precisa saber de tudo.

Estelinha a encarou, olhos estatelados.

— Você disse Antonieta?

Dirce se deu conta de que falara sem pensar.

— Desculpe. Saiu.

— Dirce — Estelinha meneou a cabeça enquanto embalava a bebê —, você sabia, não?

— O quê?

— Que essa bebezinha — ela baixou o tom de voz — pode ser a Antonieta. Confesse.

— Não sei ao certo. Se a reencarnação tem como objetivo jogar o passado no poço do inconsciente, bem, não tenho como afirmar com cem por cento de certeza. No entanto...

— Você tem ótima sensibilidade. Tenho certeza de que sabe.

— Não posso afirmar. Mas sinto que essa bebezinha possa ser, sim, a reencarnação de Antonieta.

Estelinha emocionou-se.

— Meu Deus! Desde quando havia me mudado para o Rio, perdi o contato com minha irmã. Eu gostava da Antonieta. Embora ela não tivesse paciência comigo, era boa pessoa. Não sei como foi seu casamento, sua vida como mãe... apenas soube que ela tivera um filho doentinho e que, tempos depois, o filho e o marido também faleceram.

— É. Não tivemos contato. Eu fui impedida de ir à festa de casamento dela. Foi a última vez que nos vimos. Não foi nada agradável.

— Apenas torço para que essa bebezinha lhes traga alegria. Para quem gosta de crianças, acredito que esteja bem feliz de ter cinco filhos.

— Teria dez — disse Dirce, sorrindo. — Gosto de família grande, com confusão, barulho... — Ela mordiscou os lábios e indagou: — Acha que Alfredo vai se importar de darmos a ela o nome Antonieta?

— Imagine, Dirce! Ele vai amar. Seria uma maneira de apagar os acontecimentos desagradáveis entre vocês. O Alfredo se dava bem com a Antonieta.

— A bem da verdade, segundo Alfredo, ela foi se modificando quando a Teresa passou a frequentar com assiduidade a casa de vocês.

— Não quero falar nela...

— Desculpe — observou Dirce. — Teresa é a mulher que fez de tudo para você namorar aquele moço.

— Isso. Não quero me lembrar de fatos desagradáveis. — Ela olhou para a bebezinha. — O mais importante é falarmos do nome dela com Alfredo.

— Vamos lançar o assunto no almoço.

— Perfeito! — Novamente Estelinha mirou a bebezinha, que adormecera, e sussurrou, sem pensar: — Antonieta, seja bem-vinda. Mais uma vez.

CAPÍTULO 9

Célia bateu de leve na porta do quarto. Sem nada ouvir, entrou e deparou-se com Cleonice deitada na cama, ouvindo um disquinho na vitrola portátil.

— Mamãe pediu para chamar. O almoço está pronto.
— Estou sem fome.
— Só porque tia Estelinha...

Cleonice a cortou:

— Está estragando meu momento de lazer. Posso continuar a escutar a Wanderléa? Pode me deixar em paz?
— Está bem.

Célia desceu as escadas e caminhou até a copa.

— Ela disse que come depois. Está com sono — mentiu, para não magoar Estelinha.

Dirce pediu:

— Ajude sua tia a pôr a mesa.

— Sim, senhora.

Dirce subiu e, ao entrar no quarto, sentiu leve tontura. Olhou para a filha e Cleonice dormia. Ela aproximou-se da cama, sentiu a presença de espíritos amigos no ambiente. Fechou os olhos e fez sentida prece. Corina e Magda ali se encontravam. Elas sorriram ao ver Dirce.

— Estava com saudades — tornou Magda. — Dela e de Estelinha.

— Você vem muito pouco — comentou Corina.

— Gostaria de vir mais. Sei que você e Deodato estão sempre alertas, auxiliando-as no que podem. — Magda deu um passo gracioso para frente; com movimentos delicados, passou as mãos sobre a cabeça e os ombros de Dirce.

Em seguida, dirigiu-se para a beirada da cama onde Cleonice se encontrava adormecida. Antes de dar um passe na menina, observou além da janela do cômodo. Viu o espírito que gargalhara para Dirce.

— Viu quem é? — indagou Corina.

— Por certo. Não percebeu pela vibração?

Corina fechou e abriu rapidamente os olhos.

— Deus do céu! Aurélio!

— Ele mesmo.

— Não tínhamos notícias dele há tempos!

— Pois é — emendou Magda. — Eu também não tinha notícias. Mas algo me chamou a atenção quando Cleonice reencarnou.

— Nem me dei conta — disse Corina. — Tenho me dedicado a auxiliar Estelinha e Décio para que se entendam. Prometo que vou ajudar você para que Aurélio e...

Magda a interrompeu com um gesto gracioso:

— Um dos motivos que me trouxe aqui hoje seria, justamente, tentar uma reaproximação. Faremos assim: você transmite sua mensagem para Dirce e eu vou tentar conversar com ele.

Corina assentiu. Enquanto Magda foi ao encontro do espírito que permanecia na varanda, ela aproximou-se de Dirce. A mediunidade de Dirce permitiu que ali se estabelecesse uma conversa mental.

— Agradeço a presença — começou Dirce a dizer.

Imagine, querida. Eu queria ver como está Antonieta. Aproveitei para ver todos vocês.

Dirce se emocionou.

— Então é mesmo verdade! — exclamou. — Antonieta reencarnou.

Sim. Entretanto, não há necessidade de você confirmar isso com Alfredo ou Estelinha. Isso não importa por ora. Antonieta reencarnou para subir degrauzinhos na própria expansão de consciência. Os objetivos de vida dela, atualmente, não têm propriamente uma ligação com Estelinha ou Alfredo, mas com você.

— Fico extremamente feliz de acolhê-la como filha.

Sabemos disso. Você tem maturidade espiritual, sabe que a bebezinha que dorme no quarto ao lado não é, propriamente, a mesma Antonieta de outrora. Não é mais aquela moça fútil e cheia de ilusões, manipulada pela mãe e pela sogra. Muito pelo contrário, ela tem como propósito ser e viver de forma mais livre, sem ligar-se a padrões rígidos de comportamento.

— Não imagino quanto nossas vidas estejam entrelaçadas pelos fios do destino, mas farei o meu melhor para lhe dar amor, carinho, uma boa educação.

Isso mesmo, querida. Antonieta apenas precisa de amor e apoio.

— O que me aflige, de certa forma, é saber que Cleonice não gosta dela. Percebi o fato quando chegamos com a bebê em casa.

Antonieta não gostaria de reencontrá-la. E vice-versa. A história delas é bem complexa, delicada, cheia de muitos altos e baixos.

— Fiquei preocupada com o espírito que, vira e mexe, gruda-se nela feito um apaixonado. Eu já levei Cleonice no centro espírita, ela fez, à força, tratamento de desobsessão. Parece-me que de nada adiantou.

Esse tipo de tratamento é um bálsamo para o encarnado e para o desencarnado. Por meio dele conseguimos separar aqueles que mutuamente se atacam ou que se juntam a um encarnado por sintonia energética. No caso de Cleonice e desse espírito, há forte ligação do passado que os une.

— Por isso ele voltou, apesar do tratamento espiritual?

Não se trata só disso. Cleonice o atrai para seu lado.

— Ela é tão jovenzinha!

Sim. Ocorre que Cleonice já emite, energeticamente, os sinais de raiva que sente por ter voltado ao planeta. Ela tem forte ligação com esse espírito. Hoje vim acompanhada de uma amiga que vai tentar demovê-lo de permanecer ao lado de Cleonice.

— Sei que seu corpo abriga um espírito que reencarnou muitas vezes. Há momentos em que eu olho para Cleonice e sinto a raiva que dela emana.

Essa raiva atraiu Aurélio para perto dela.

— O nome dele é Aurélio? — Corina assentiu e Dirce comentou: — Esse nome ecoa lá nos escaninhos de minha memória.

Não precisa se esforçar para lembrar-se dele. O importante é que Cleonice aprenda a se controlar e harmonizar-se com a família, os amigos e, principalmente, Antonieta...

— Ela odeia ser filha de um branco com uma preta.

Um dos motivos da reencarnação é levar o espírito a aceitar-se integralmente, tentar harmonizar-se consigo próprio. Cleonice sabe das dificuldades que tem. Oremos por ela.

Dirce assentiu e ambas fizeram uma bonita prece em favor de Cleonice. Em seguida, Corina considerou:

Deite-se e fique um pouco ao lado de Cleonice. Ela precisa do seu amor para vencer os desafios que lhe virão pela frente.

Dirce concordou com ela. Aconchegou-se ao lado da filha ainda adormecida e fechou novamente os olhos. Respirou profundamente e agradeceu a ajuda recebida.

Nesse meio-tempo, Magda tentava aproximar-se de Aurélio.

— Não vai falar comigo? — ela quis saber.

— Não. Porque não tenho nada para lhe dizer.

— Não mesmo? Fiquei anos à sua procura.

— Para quê? Para me dar advertência? Puxar minha orelha? Pegar no meu pé?

— Nada disso. Eu queria saber, por exemplo, qual o motivo que o levou a recusar permanecer em nosso posto de socorro.

— É que lá eu tinha de seguir regras. Não gosto de regras. Quero ser livre.

— Não confunda liberdade com falta de respeito. Somos livres até certo ponto. A partir do momento que a sua liberdade afeta negativamente a vida de alguém, caminhamos para outro lugar.

— Eu saí daquele lugarzinho sem-sal. Fui me aventurar por outras dimensões.

— Pelo seu estado — Magda lhe apontou o dedo — não me parece que tenha passado por lugares tão bons. — Ele nada respondeu. Ela quis saber: — De que adianta ficar ao lado de Cleonice? Você não está encarnado. Ela, sim.

— E daí? Viu como eu a influencio? Ela já tem uma natureza nervosinha. Eu só estou fazendo com que ela... seja ela mesma!

— Esqueceu-se de que ela ainda é uma menina? Quer que ela desencarne? É isso que quer, Aurélio?

Ele meneou violentamente a cabeça.

— Claro que não! Mas não quero sair de perto dela. Mesmo depois do que aconteceu, eu a amava.

— Seu comportamento atualmente revela o contrário. Você não está em condições de permanecer ao lado de ninguém. Precisa restabelecer seu emocional. Não percebe que, grudado nela, poderá acarretar-lhe problemas de saúde?

— Não preciso de nada.

— E vai continuar perambulando feito um maltrapilho? Não gostaria de vir comigo?

— Com você? De volta àquele postinho?

— Sim. Poderá reciclar ideias, repensar seus objetivos. Quem sabe, até, poderá reencarnar próximo de Cleonice.

— Ah, tá. Eu, tendo a permissão de reencarnar perto dela, sei. — Magda permaneceu sorridente. Ele arregalou os olhos, incrédulo: — Você está falando sério!

— Sim.

— Então, eu poderia mesmo voltar para perto dela?

— Não estou brincando, Aurélio. Falo sério. Se vier comigo, vai se dar a chance de tratamento, poderá voltar. O que acha?

— Não sei. — Sentiu um frio na barriga. — Desejei tanto isso, e, agora que a oportunidade surge, sinto-me inseguro. Posso pensar?

— Pode. Afinal, você é livre, não é mesmo? Eu não levo ninguém à força.

Magda sumiu na frente dele. Aurélio sentou-se no banquinho da varanda. Quedou pensativo. Estava cansado de viver perambulando pela dimensão astral do planeta. Era como uma terra de ninguém, em que os espíritos que por ali vagavam não tinham noção de onde realmente estavam. Alguns se uniam a grupos de arruaceiros do astral, promovendo a desordem, disseminando confusão, criando atrito entre as pessoas. Na verdade, permaneciam — e permanecem — no planeta porque a energia de pensamentos tóxicos que muitos encarnados emanam é propícia para manter esses tipos de espíritos.

Quanto mais medo, insegurança, raiva, ódio e sentimentos afins as pessoas emanarem, mais alimento estarão dando a esses espíritos. Eles se nutrem e se fortalecem com esses sentimentos e pensamentos. Então, como mantê-los afastados? Um bom exercício é manter-se firme em atitudes e ideias positivas. Pode parecer algo banal, mas trata-se de exercício extremamente poderoso para afastar esses espíritos do convívio diário.

Aurélio mordiscou os lábios e sua mente voltou ao passado, numa época em que era bonito, rico e achava que podia mandar e desmandar nas pessoas, fazer o que bem entendesse, pois acreditava piamente que o dinheiro era capaz de tudo, inclusive lhe dar felicidade eterna e um lugar especial no céu quando morresse. A realidade, por sua vez, mostrou-lhe que não era bem assim que as coisas funcionavam. E agora, será que valeria a pena continuar perambulando por aqui e ali? Ficar encostado em Cleonice o ajudaria a voltar a ser quem fora antes?

Aurélio não se dava conta, mas a conversa com Magda começava a lhe surtir efeito. Será que era a hora de se dar a chance de largar essa vida e voltar ao posto na dimensão astral, para ter Cleonice de novo a seu lado? Só o tempo seria capaz de lhe dar essa resposta.

CAPÍTULO 10

Alfredo saiu da biblioteca na companhia de Sérgio. Conversavam animadamente sobre os projetos que tinham. Sérgio comentou:

— Não acreditei quando você não aceitou a proposta do governo.

— Você também é dono da empresa. Poderia dizer sim.

— Está louco? Você me conhece, Alfredo. Sabe que eu jamais aceitaria esse trabalho.

— Seriam milhões na conta da empresa e na nossa conta particular.

— Não precisamos disso. Não somos milionários, mas vivemos bem. Moramos bem e nada de essencial falta à nossa família.

— Penso como você, Sérgio. Por isso somos sócios. Nossa maneira de encarar a vida é muito parecida. Além do mais — ele baixou o tom de voz —, nunca trabalharia para esse governo.

— Marcílio tem comentado comigo sobre censura, falta de respeito às ideias e, principalmente, à vida. Concordo com você, não aceitaria a proposta. O escritório que aceitou o projeto tem fortes ligações com Brasília.

— Cada um sabe o que faz. Nós continuaremos fazendo nosso trabalho com amor e dedicação.

— Eu também quero ser como vocês. — Era a voz de Nicolau, logo atrás. — Quero ser engenheiro, erguer moradias populares, contribuir para uma sociedade menos desigual.

— Falou e disse o meu sobrinho preferido. Mas não conte isso a seus irmãos — pediu Sérgio em tom de brincadeira.

Nicolau o abraçou com carinho.

— Sei disso, tio.

Chegaram à copa. Estelinha e Célia terminavam de arrumar a mesa. Alfredo quis saber:

— Onde está Dirce? E Cleonice?

— Estão lá em cima — respondeu Estelinha. — Sirvam-se enquanto eu subo. Vou dar uma olhadinha na bebê e ver se está tudo certo.

— Essa menina está dando trabalho. Educo meus filhos com amor e, diferentemente de outros pais, estou sempre aberto para conversarmos. Procuro lhes transmitir valores, ensinar-lhes a serem bons e justos; procuro lhes despertar sentimentos de generosidade, amizade, educação. Infelizmente, me parece que Cleonice não absorve muita coisa. A sua rebeldia me assusta.

— Ora, ora — tornou Estelinha. — Cleonice tem jeito próprio de ser. Não se lembra de como eu era?

— Nada a ver — protestou Alfredo. — Você era uma menina doce. Sempre foi. A maneira como mamãe a tratava contribuiu para que você ficasse presa em seu quarto. Depois que veio morar comigo e com tia Angelina, você se transformou em outra pessoa.

— O mesmo pode acontecer com Cleonice — observou Estelinha. — Ela pode ser rebelde, contudo, reencarnou sua filha. Sua e de Dirce. Se a receberam como filha, é sinal de que ambos têm.condições de ajudá-la a ser uma pessoa melhor.

— Pensando assim — Alfredo quedou pensativo —, faz sentido que eu ainda não perca as esperanças.

— Acham que Cleonice tem jeito? — Era a voz de Nicolau. — Não sei, não. Às vezes acho que ela tem raiva do mundo.

— Também sinto isso — confidenciou Célia. — Tia Estelinha, no entanto, tem razão. Precisamos dar amor a ela, entender suas reações, ajudá-la a crescer com menos raiva de si e da vida.

— Tão nova e tão perspicaz — tornou Estelinha.

— Tem um jeito parecido ao da tia Angelina — observou Alfredo.

— Adoro ela — disse Célia, abrindo grande sorriso.

Estelinha beijou Célia e foi na direção da escada. Alfredo e Sérgio sentaram-se à mesa. Nicolau os acompanhou e sentou-se também. Célia começou a servi-los. Conversaram amenidades e o almoço seguiu em paz.

Ao dobrar o corredor, Estelinha foi direto ao quarto da bebezinha. Ela dormia a sono solto. Sorriu, girou nos calcanhares e foi ao quarto ao lado. As cortinas estavam cerradas e apenas um abajurzinho iluminava o cômodo. Ela esboçou um sorriso ao ver Dirce adormecida e abraçada à filha.

Num determinado momento, sentiu uma presença amorosa. Era Corina que a abraçava de forma emocionada. Estelinha fechou os olhos e sentiu tremenda sensação de bem-estar invadir-lhe o peito.

— Nunca deixarei de estar ao seu lado — murmurou Corina emocionada. Beijou-lhe a testa e indagou a Magda: — Aurélio?

— Acabou de sair da varanda. Foi para a edícula. Aproveitou que está vazia e quer pensar no que vai fazer.

— Acha que ele virá conosco?

— Hoje, não. Mas sinto que está quase a ponto de aceitar nossa proposta. Já é um bom sinal.

— Que ótimo. — Corina respirou aliviada e comentou: — Está na nossa hora, não é mesmo?

— Sim. Hora de partirmos.

Elas juntaram as mãos e deixaram o cômodo. Dirce bocejou, abriu os olhos e, ao ver Estelinha, perguntou:

— Há quanto tempo está aqui?

— Cheguei faz pouco.

— O almoço!

— Já pus a mesa. Célia está lá com Alfredo, Sérgio e Nicolau. O Alberto saiu. Disse que ia encontrar uma moça...

— Rosana.

— Isso! Ia levá-la ao cinema. Saiu todo perfumado. Uma graça.

— Ele está apaixonado por ela. Que coisa! Acabou de completar dezessete anos e já encontrou o amor.

— Você conhece a moça?

— Era vizinha no prédio em que morávamos. Eu a vi poucas vezes. É que eu sinto coisas, você bem sabe... — Ambas riram, e Dirce prosseguiu: — Acho que eles têm muito em comum.

Estelinha fez sinal com o queixo, apontando para Cleonice.

— E ela? Como está?

— Daquele jeito.

— Gostaria de conversar com ela, mas Cleonice não preza muito minha companhia.

— Ela é difícil, Estelinha. Só me preocupo com essa maneira raivosa de lidar com as coisas. Tenho medo de que ela se machuque.

— Estou aqui para ajudar no que for preciso.

Dirce ia falar, mas o choro da bebezinha se fez ouvir. Dirce desvencilhou-se de Cleonice, que continuou adormecida. Foram para o quarto ao lado. Dirce pegou a bebê e desceram para o andar de baixo.

Célia e Nicolau ajeitavam a copa e a cozinha. Alfredo e Sérgio conversavam no extenso quintal, rodeado de árvores e flores. Dirce aproximou-se e eles se levantaram. Sérgio olhou para a bebezinha e disse:

— Bonitinha! Tem a pele rosada, cabelinhos ruivos.

— Puxou o Clécio — tornou Dirce.

— Eu me lembro da Damaris — interveio Estelinha. — Gostava dela.

— Que tragédia se abateu sobre eles, não? — comentou Sérgio.

— Foi muito triste — constatou Alfredo. — Para mim, aquele incêndio na favela foi criminoso. Os jornais não noticiaram mais nada a respeito. Tenho certeza de que, quem quer que tenha tido a ideia de arrancar aquelas pessoas de lá, sairá impune.

— Aos olhos do mundo, talvez — observou Dirce. — Como acreditamos que a vida é eterna e que todos os nossos atos moldam nosso destino, bem, os responsáveis podem ficar impunes pelas leis da Terra, mas jamais pelas leis da vida.

— Tem razão — concordou Alfredo. — Tenho aprendido muita coisa de espiritualidade com essa mulher — disse e beijou Dirce nos lábios.

Estelinha apanhou a bebezinha e tornou, emocionada:

— Alfredo, gostaríamos, eu e Dirce, de lhe dizer que escolhemos um nome para a bebezinha.

Ele animou-se.

— Estava para conversar com Dirce a respeito. Semana que vem vamos formalizar a adoção. Essa bebezinha precisa de um nome. E, se você e Dirce têm um nome, creio que não vou me opor. Qual nome escolheram?

Estelinha encarou o irmão e revelou, emocionada:

— Antonieta.

— Ela vai se chamar Antonieta — reforçou Dirce. — Gosta?

As lágrimas desceram e Alfredo mal continha a emoção.

— Que bela homenagem. Embora tenhamos nos afastado, senti muito quando Antonieta morreu. Aliás, só fiquei sabendo da morte dela depois de algum tempo.

— O momento não é para lembrarmos de coisas tristes e desagradáveis — comentou Estelinha. — O importante é que estamos aqui dando nome a essa criaturinha. Estamos homenageando nossa irmã.

— Verdade — concordou Alfredo. — Onde quer que ela esteja, Antonieta vai ficar feliz de saber que nossa filhinha vai receber o mesmo nome dela.

Dirce e Estelinha trocaram uma piscadela. Sérgio perguntou:

— Vão comunicar Bernarda?

— Sobre o quê? — quis saber Alfredo.

— De que ela tem uma neta que vai se chamar Antonieta.

— Depois que mamãe esteve em casa — ponderou Estelinha —, acredito que não vamos mais nos ver. Ao sair, ela foi categórica: estava tomada de culpa e remorso. Foi clara ao dizer que não queria mais ver ou falar com quem quer que fosse da família. Não quis conhecer meu filho, tampouco os filhos de Alfredo. Por que comunicá-la do nascimento dessa bebezinha?

— Tem razão — concordou Dirce. — Infelizmente, Bernarda não quis manter-se próxima da família. Foi desejo dela.

— Dê-me essa criança — pediu Sérgio. — Faz tempo que não pego uma bebezinha no colo.

Dirce encarou Alfredo. Ele captou o pensamento dela e fez sim com a cabeça. Enquanto ele passava o braço nos ombros da irmã, Dirce perguntou:

— Vocês querem ser os padrinhos dela?

— Eu e Estelinha?

— Claro, Sérgio. Então, aceitam?

Os dois concordaram com a cabeça. Estavam demasiadamente emocionados para dizer o que quer que fosse.

CAPÍTULO 11

O batizado de Antonieta ocorreu numa linda manhã de domingo. Dirce e Alfredo decidiram que a bebezinha iria ser batizada na mesma igreja onde tinham se casado. Angelina e Felisberto foram convidados, mas Felisberto passara a apresentar cansaço constante e, depois de visitas ao médico e alguns exames, constatou-se que o coração andava fraquinho. Fora-lhe pedido que repousasse o máximo possível. Diante disso, ele e Angelina decidiram passar longas temporadas na casa de campo em Vassouras, interior do estado.

Marcílio, por seu turno, acompanhou os pais. Adorou a cerimônia.

— Quem sabe, quando eu tiver meus filhos, vou batizá-los aqui.

— Já pensando em filhos? — indagou Alberto, rindo.

— Qual o problema? E você e a Rosana? Não pretendem ter filhos?

— Nunca conversamos a respeito — tornou Alberto, sincero.

— Queremos casar e nos firmar na carreira. Depois, quem sabe, pensaremos a respeito.

Após o batizado, foram todos para um almoço no casarão do Jardim Botânico. Meses antes, Dirce havia contratado uma moça que aceitara morar no emprego e cuidar dos afazeres domésticos. Seu nome era Inês. Era uma moça que viera do interior de Minas para tentar uma vida melhor na cidade grande. A família era bem humilde e, com o bom salário oferecido por Dirce e Alfredo mais a moradia gratuita, ela poderia enviar algum dinheiro para os pais.

Inês era prendada, cozinhava divinamente e cuidava da casa com esmero. Por incrível que pudesse parecer, Cleonice afeiçoou-se a ela. Houve até sensível mudança em seu comportamento. Fosse porque Aurélio não mais estivesse ao seu lado, fosse porque simpatizara com Inês, o fato é que Cleonice passou a se comportar de maneira menos rude. Ainda implicava com Nicolau e Célia. Também se esforçava em aceitar Antonieta como irmã. Naquela manhã, porém, não quis ir ao batizado. Pretextou ajudar Inês no preparo do almoço e da sobremesa.

Dirce compreendeu mas não a recriminou. Depois do encontro espiritual que tivera com Corina, decidiu que o melhor seria, digamos, dialogar com a filha em vez de recriminá-la.

Em meio ao preparo do almoço, em sua simplicidade, Inês dizia:

— Antonieta é sua irmã.

— Não é. Ela caiu de paraquedas. Não tem nosso sangue.

— De acordo com as leis de Deus, somos todos irmãos. Se ela caiu aqui de paraquedas, é porque tem alguma razão de ser.

— Você é espírita?

— Por que pergunta?

— Porque fala como minha mãe.

Inês riu. Enquanto fritava os bifes, prosseguiu:

— Sua mãe e eu escolhemos caminhos distintos, contudo, ambos levam a Deus. Quando fui contratada, ela me disse que era espírita. Eu respeito a religiosidade das pessoas. Cada uma tem um jeito de expressar a fé. Sua mãe a expressa de uma maneira.

— E você? — quis saber Cleonice.

— Eu venho de família católica. Aprendi que Jesus amou incondicionalmente a todos que conheceu. Procuro seguir a vida de acordo com os ensinamentos do Mestre.

— Nunca li a Bíblia.

— A leitura das Escrituras me proporciona calma e me leva à reflexão, embora eu prefira mais a leitura do Novo Testamento ao Antigo.

— Por quê?

— Porque o Antigo Testamento narra a antiga aliança entre Deus e o povo judeu. Já o Novo Testamento tem Jesus como figura central.

— Um dia você me empresta pra eu ler? — pediu Cleonice.

— Claro! Vou fazer melhor. Vou lhe dar uma Bíblia de presente.

— Imagine, Inês. Deve ser um livro caro.

— Não é. A igreja que frequento vende exemplares bem baratinhos. Quando for à missa, vou lhe trazer um.

Cleonice a abraçou.

— Eu gosto muito de você.

— Eu também, meu bem. Muito — disse, emocionada.

— Ninguém me compreende nessa família. Só você.

— Não diga isso. Seus pais amam você. Seus irmãos também.

— Mas trouxeram a filha da empregada para viver aqui. E exigem que eu a chame de irmã.

— Que mal há nisso?

— Não sei explicar. Eu olho pra ela e sinto calafrios.

— Quando isso acontecer, diga para si mesma: "Isso não é nada. Ela é minha irmã. E, como tal, desejo-lhe todo o amor do mundo".

— Não sei. Difícil de dizer.

— Pratique. Quantas vezes for necessário, até que se torne algo natural, automático.

— Tem razão.

— Agora venha aqui. Vou preparar um manjar e vou ensiná-la a fazer.

— Oba! Vou ajudar.

Inês percebera que Cleonice gostava de cozinhar. Então, sempre que podia, a chamava para ajudá-la a prepararem juntas um doce, um prato diferente. Dirce estava bastante feliz com essa amizade. Assim que chegaram da igreja, a algazarra tomou conta do ambiente. Estelinha segurava Antonieta nos braços. A bebê dormia placidamente e ela subiu a escada e a levou para o quarto onde estava o berço. Sérgio a acompanhou.

No andar de baixo, Célia e Nicolau disputavam o canal da tevê. Alfredo puxou Marcílio e Sérgio para o jardim. Alberto os acompanhou. Dirce foi direto para a cozinha. Animou-se ao ver Cleonice debruçada no fogão. Aproximou-se e sentiu o delicado aroma de açúcar queimado.

— A menina aprendeu a fazer calda doce, dona Dirce — explicou Inês.

— Que menina prendada. Estou gostando de ver.

— A Inês tem me ensinado muita coisa, mãe. Estou adorando aprender a cozinhar.

— Que bom.

— Ela vai me dar uma Bíblia de presente.

— É mesmo? — Dirce olhou para Inês, admirada.

— Sim.

— Como foi o batizado, dona Dirce?

— Correu tudo bem, Inês. Antonieta nem chorou quando o padre lhe despejou a jarra com água sobre a testa. Até sorriu.
— Santa Antonieta — resmungou Cleonice.
— É sua irmã.
Ela ia dizer *não é*, mas lembrou-se da conversa com Inês. E falou:
— Tem razão.
Cleonice saiu da cozinha para pegar mais açúcar na despensa. Dirce aproximou-se de Inês:
— O que fez com essa menina?
— Eu? Nada, dona Dirce.
— Não falou mal de Antonieta e está empolgada porque vai ganhar um exemplar do Evangelho.
— Ela é uma boa menina. Acho que encontrei um jeito de nos entrosarmos. Só isso.
— Que Deus continue ajudando você nesse intento. Até hoje, infelizmente, parece que eu não consegui.
Cleonice voltou da despensa e Inês comentou:
— O almoço está pronto, dona Dirce. Posso servir?
— Sim. Pode. Eu vou chamá-los.
— Cleonice, vem comigo?
— Não, mamãe. Preciso terminar de fazer a calda. Depois eu vou.
— Está bem.
Dirce saiu e Inês quis saber:
— Que custa almoçar com a família?
— Prefiro almoçar com você, Inês.
— Por quê?
— Porque sim, oras. Já disse, gosto de você.
Inês emocionou-se. Gostara de todos na casa, mas sentia carinho especial por Cleonice.

Durante o almoço, Alberto sondou Marcílio:

— Primo, você gosta de trabalhar na universidade?

— Gosto muito.

— Pena que tenha um chefe que o trata como escravo — disparou Estelinha.

— Ah, mãe. Lá vem você de novo. Por que implica tanto com meu chefe? Graças ao professor Nunes, trabalho na universidade. Amo o que faço.

— Está ali por mérito — ela retrucou.

— A indicação do professor Nunes foi essencial para eu conseguir a vaga — e, voltando-se para Alberto, prosseguiu: — Adoro lecionar. Sabia que a educação pode transformar a vida de uma pessoa? No bom sentido, quero dizer.

— Sim. Eu adoraria ensinar pessoas que não têm escolaridade ou que não têm condições de frequentar um grupo escolar. Sabe, Marcílio, tive uma aula em que o professor nos mostrou o método que o educador Paulo Freire tem utilizado para alfabetizar adultos. Aquilo mexeu comigo.

Marcílio abriu largo sorriso:

— Ele procura despertar uma consciência crítica no aluno no momento do aprendizado. Sou fã de seu trabalho. Sabia que ele foi convidado como professor visitante pela Universidade Harvard?

— Não. Aliás, depois do exílio, não soube nada sobre ele.

— Estamos vivendo tempos sombrios, em que a democracia foi nocauteada e a censura exige que os meios de comunicação publiquem apenas assuntos que sejam de interesse do governo.

Dirce sentiu leve tontura.

— Não gostaria que continuassem a conversa. A energia do ambiente pesou.

— Desculpe, mamãe — tornou Alberto —, mas é importante que conversemos sobre esse assunto.

— Sua mãe tem razão — interveio Alfredo. — Agora não é o momento de falarmos sobre isso. Depois do almoço, poderemos tomar um licor e conversar sobre esse e outros assuntos na biblioteca.

— Então — prosseguiu Sérgio —, o rapazinho está namorando?

— Está apaixonado, tio — confidenciou-lhe Nicolau.

— É verdade. — Alberto abriu largo sorriso. — Acho que encontrei a mulher da minha vida.

Estelinha comentou:

— É muito jovem para pensar nisso.

— Tia, não há idade para se apaixonar.

Todos riram. Alberto estava mesmo apaixonado.

— O namoro com a Rosana é coisa séria?

— Sim, tia. É coisa muito séria.

— Eu me lembro vagamente dela. Nós costumávamos encontrá-la no seu aniversário.

— É aquela mocinha de cabelos lisos e compridos. Aquela que conversou sobre espiritismo com você no último aniversário do Alberto.

— Agora me lembrei! — exclamou Estelinha. — Muito simpática. Ela conversa sobre espiritualidade feito adulta.

— Foi convidada para fazer parte do conselho do centro espírita que frequenta — comentou Alberto, cheio de orgulho.

— Ela é tão novinha. Ainda não completou dezoito anos — afirmou Estelinha.

— Aprendi a lidar bem cedo com a minha sensibilidade — ponderou Dirce. — Essa menina tem um dom especial.

— Ah, tem! — concordou Alberto. — Tem o dom de me fazer feliz.

Riram e Alberto quis saber:

— E você, Marcílio?

— Eu o quê?

— Nada de namoro?

— Ainda não encontrei a minha cara-metade — suspirou.

— Também, enfurnado naquela faculdade, com aquele chefe...

Sérgio cortou Estelinha com um gesto de mão.

— Agora não é hora.

— Tem razão — ela se desculpou. — Não vou mais tocar no assunto. — Estelinha mudou o rumo da conversa. Encarou Célia e disse: — Vou costurar um lindo vestido para sua formatura do ginásio.

— Tia! Posso ajudar a fazer o vestido? Sabe quanto adoro costurar.

— Essa daí está se saindo igual à tia! — observou Alfredo.

— E eu? Ninguém fala de mim? — protestou Nicolau.

Nova onda de risadas. Sérgio asseverou:

— Você será o herdeiro do nosso escritório.

— Sério, tio? — Nicolau abriu um sorriso de canto a canto de lábio.

— Claro! Alberto vai seguir os passos de Marcílio, isto é, vai estudar para ser professor. Célia parece que vai seguir os passos da tia Estelinha.

— A Cleonice agora deu para cozinhar — ponderou Célia.

— Viu? — disse Sérgio. — Ninguém vai seguir os meus passos e de seu pai. Se for mesmo cursar engenharia, será um prazer que venha trabalhar conosco.

— Obrigado, tio. Pode ter certeza de que vou adorar trabalhar com você e meu pai.

A conversa seguiu animada. Estelinha pediu licença e foi ao quarto para espiar a nenê. Antonieta estava acordada e brincava com um ursinho de pelúcia. Estelinha a pegou do berço e a aninhou nos braços. Desceu e foi até a copa.

— E essa? — perguntou Sérgio. — O que será que vai ser quando crescer?

— Uma perdida. Um desgosto. Ou, talvez, uma desgraça. — Era a voz de Cleonice, que vinha da cozinha segurando um tabuleiro com o manjar.

Todos olharam assustados para ela.

— Você é muito novinha para falar nesse tom — censurou Alfredo.

— Ela vai causar desgosto a essa família. Eu sei. Eu sinto — disse Cleonice com veemência. — Deveriam ter deixado ela num orfanato, isso sim.

— Cleonice! — foi a voz grave de Dirce. — Já para o quarto.

— Eu apenas...

Dirce a cortou com autoridade:

— Já para o quarto! E só saia de lá quando eu deixar.

Cleonice bufou. Colocou o tabuleiro sobre a mesa e apertou o passo. Antes, porém, ao passar por Estelinha, que tinha Antonieta nos braços, fez cara de poucos amigos.

— Ela não gosta de mim — observou Estelinha.

— Qual nada — ponderou Alfredo. — Ela gosta de você. Só está com ciúmes da Antonieta.

— É, tia — concordou Nicolau. — Ela era a caçula, achava que seria eternamente o centro das atenções. Agora perdeu o trono.

— Não sei, não — observou Célia, bastante madura para sua idade. — Essa relação delas vai dar muito pano para manga.

Ninguém disse mais nada. Inês entrou na sala de jantar com os pratinhos de sobremesa. Todos se serviram e comeram o manjar quietos. O silêncio só foi quebrado quando Antonieta abriu um berreiro.

— Está com fome — disse Dirce. — Vou buscar a mamadeira.

CAPÍTULO 12

Os meses passaram céleres. Na sala, Dirce e Alfredo discutiam sobre os preparativos da festinha de um ano de Antonieta. Célia e Nicolau estavam animados, trocando ideias sobre o futuro. Ela estava cursando o Clássico e ele estava para se formar no Científico. Lá fora, no jardim, sentados sob o caramanchão coberto de trepadeiras e flores, Alberto e Rosana trocavam juras de amor.

Rosana era uma bonita moça. Da mesma idade que Alberto, tinha cabelos pretos lisos e compridos. Os olhos eram claros e expressivos. Tinha sensibilidade aflorada. Desde pequena, via espíritos e se comunicava naturalmente com eles. A mãe, adepta do espiritismo, levara a filha para educar a mediunidade num centro espírita próximo da casa delas. Rosana gostou tanto do lugar que, depois de terminado o curso de médiuns, foi chamada para ser voluntária e, recentemente, fora convidada para fazer parte do conselho da instituição.

Rosana e Dirce se davam muito bem. Conversavam bastante sobre temas espíritas. Alberto, embora se autodeclarasse espírita, não era de frequentar. Acabara de ingressar na universidade e queria dedicar-se totalmente ao curso. Além do mais, ele se acostumara com o jeito peculiar como Rosana lidava com suas visões.

Estavam abraçadinhos na varanda quando Rosana sentiu um arrepio.

— O que foi? — quis saber Alberto.

— Ali — apontou para o muro alto em frente à piscina.

— O quê?

— Ali. Há um rapaz.

— Quer que eu chame minha mãe?

— Sim, por favor.

Alberto levantou-se e foi procurar Dirce.

— Mãe. A Rosana está chamando a senhora lá no jardim.

Dirce levantou-se e, quando se aproximou de Rosana, sentiu uma presença espiritual.

— Dona Dirce — comentou Rosana —, tem um rapaz logo ali — apontou para o muro branco.

Dirce nada viu, mas sentiu. Quis saber:

— Quem você vê?

Rosana descreveu Aurélio. Em seguida, disse:

— Ele está dizendo que quer ir embora, mas a negatividade de Cleonice o mantém preso na casa.

Dirce fechou os olhos e fez sentida prece. Não demorou muito para que Magda aparecesse. Rosana a viu e sentiu forte emoção.

— Eu conheço essa mulher!

— Eu apenas sinto — comentou Dirce. — Por acaso, é a Corina?

— Não, dona Dirce. O nome dela é Magda. É amiga de Corina. Trabalham juntas num posto de socorro no astral.

— Se não me engano, esse espírito esteve aqui há alguns meses. Eu pensei que não estivesse mais por aqui. Não estava sentindo sua presença.

— É porque ele tenta ir embora, mas, quando Cleonice fica irritada, ele volta.

— Eu já a levei para tomar passe — disse Dirce, sem esperança na voz. — Não sei mais o que fazer.

Rosana fixou o olhar no espírito de Magda e indagou Dirce:

— A senhora se incomoda de eu conversar com Magda em voz alta?

— De forma alguma.

Rosana sorriu e perguntou ao espírito do rapaz:

— Qual a sua ligação com Cleonice?

— Faz muito tempo que nos conhecemos. Algumas vidas. Na última, ela prometeu casar-se comigo. Mas não casou — tornou entristecido.

— O que aconteceu?

— Eu me atirei na bebida. Morri muito jovem.

— E que mais?

— Dona — prosseguiu Aurélio —, fiquei muito mal. A Magda — apontou — me ajudou na desintoxicação. Graças a ela, perdi a vontade de beber.

Ele olhou para Magda com carinho. Antes de Rosana perguntar, ele respondeu:

— Não suporto viver sem ela.

— Não percebe que, quando se aproxima dela, Cleonice perde o equilíbrio emocional?

— Não quero que nada de ruim lhe aconteça — disse sincero.

— Então é melhor partir comigo — convidou Magda.

— Sinto saudades — Aurélio choramingou.

— Faremos assim — propôs Magda —, você me acompanha até o posto de socorro. Daí, vamos lhe dar suporte emocional para que se prepare.

— Para quê?

— Para reencarnar, Aurélio.

— Mas, se eu reencarnar, vou ficar distante dela.

— Será? — disse Magda.

Ele refletiu e tornou:

— Está bem. Eu vou com você. Mas promete que eu vou reencontrá-la?

— Dou a minha palavra — jurou Magda.

— Então eu vou.

Magda aproximou-se dele e lhe estendeu as mãos. Aurélio tocou as mãos dela e logo os dois sumiram, deixando no ambiente um rastro de luz.

Dirce manteve os olhos fechados, em prece. Sentia o que estava acontecendo, e sabia que Rosana via e prestava atenção em tudo.

— Acabaram de partir, dona Dirce — disse Rosana. — Vamos fazer uma prece para esse espírito.

Dirce assentiu e fechou os olhos, murmurando sentida prece.

Magda reapareceu em seguida e sorriu para Rosana.

— Obrigada por nos ajudar. Saiba que você é especial para mim.

— Sei disso. Também sinto grande carinho por você — assegurou Rosana. — Mas não me recordo de onde a conheço.

— Isso não importa agora. Apenas saiba que nossa ligação é profundamente afetiva. Partilhamos muitas vivências.

Magda aproximou-se de Rosana e beijou-lhe levemente uma das faces. Depois, deu um passe em Dirce. Em seguida, atravessou o muro branco. Rosana emocionou-se sobremaneira. Alberto, que naquele meio-tempo fora para a sala, tinha acabado de voltar ao jardim. Abraçou Rosana com amor e sentaram-se novamente sob o caramanchão.

Dirce, por sua vez, finalizou a oração e dirigiu-se ao quarto de Cleonice.

Ela estava sentada na cama, escutando o disquinho com as músicas da Wanderléa. Assim que viu a mãe, diminuiu o som e fez uma careta.

— Veio me dar um puxão de orelhas?

Dirce nada disse. Aproximou-se dela, passou suavemente a mão em seus cabelos. Depois, beijou-lhe carinhosamente a testa.

— Vim para lhe dar um beijo. E dizer que está tudo bem.

Dirce saiu do quarto e Cleonice sentiu forte emoção. Chorou bastante. Vencida pelo choro e cansaço, finalmente adormeceu.

CAPÍTULO 13

Faltava uma semana para a festinha de um ano de Antonieta quando um grave incidente abalou a família. Era um domingo de sol. Dirce decidiu que fariam o café da manhã ali no jardim. Inês ajudava a preparar a mesa e Cleonice a acompanhava. Alberto decidira passar o dia ao lado de Rosana. A programação era ir até a casa dela e depois irem à praia de Ipanema. Célia fora passar o fim de semana na casa de Estelinha e Nicolau estava na biblioteca, imerso na leitura de O meu pé de laranja lima, o mais novo romance de José Mauro de Vasconcelos.

Alfredo saíra para comprar pão e Dirce brincava com a pequena Antonieta. O telefone tocou e ela colocou a menina no chiqueirinho montado na sala, próximo à porta que dava acesso ao jardim. Ela foi até o corredor para atender. Nesse ínterim, Antonieta ficara sozinha. Inês passou pela sala e comentou com Cleonice:

— Pegue sua irmãzinha. Vamos levá-la para tomar um pouco de sol.

— Não vou. Ela não é... — Os olhos de Inês a fizeram parar. Imediatamente, disse: — "Isso não é nada. Ela é minha irmã. E, como tal, desejo-lhe todo o amor do mundo".

— Repetir a frase de cara emburrada é o mesmo que nada.

— Eu sei, Inês. Estou tentando...

Cleonice foi até o chiqueirinho e pegou Antonieta no colo. Repetiu, com dificuldade:

— "Isso não é nada. Ela é minha irmã. E, como tal, desejo-lhe todo o amor do mundo". — Em seguida, sussurrou: — Eu aturo você só porque a Inês pediu.

Ela caminhou com a bebezinha até o jardim. Inês deixou cair uma travessa no chão e frutas variadas se esparramaram ao redor. Cleonice colocou Antonieta no chão e foi ajudar Inês a catar as frutas. Numa questão de segundos, Antonieta engatinhou e chegou perto da piscina. Dirce tinha acabado de desligar o telefone. Foi até o chiqueirinho e não viu Antonieta. Caminhou até o jardim e, antes de perguntar a Cleonice, viu a menina cair na piscina.

— Antonieta! — ela gritou.

Cleonice virou-se e seus olhos foram da mãe para a piscina. Sentiu um aperto no peito e, sem pensar, atirou-se na piscina e resgatou a irmãzinha. Inês veio correndo e pegou Antonieta no colo. Ela havia engolido pouca água mas estava assustada. Abriu o berreiro. Dirce pegou a menina ensopada e subiu para banhá-la com água morna e trocá-la. Inês ajudou Cleonice a sair da piscina.

— Você salvou sua irmã.

Aquilo soou estranho para Cleonice. Não gostava de Antonieta, mas o instinto, talvez um fiozinho de candura que se desprendera de sua essência, enfim, algo bom a moveu a se atirar na piscina e salvar a irmã.

Inês a abraçou.

— Venha, meu bem. Vamos subir e trocar essa roupa.

Cleonice fez sim com a cabeça.

— Salvou sua irmã! — repetia Inês.

Aquilo ainda ecoava em algum recôndito da alma. Cleonice não conseguia alcançar o que seu espírito fizera. Se tivesse capacidade de viajar no tempo e ver a si mesma no passado, notaria que o gesto de agora, ou seja, salvar a irmã, estava relacionado com acontecimento semelhante ocorrido havia muito, muito tempo. Ela não raciocinou, contudo, algo dentro dela a tocou profundamente.

O assunto tornou-se o preferido das conversas em família. Dirce e Alfredo orgulhavam-se da filha, dizendo quanto fora rápida e corajosa. Cleonice incomodava-se com os comentários. Passou a ficar mais tempo na cozinha, dedicando-se à culinária, aprendendo com Inês tudo o que podia na arte de preparar doces e salgados.

Foi na festinha de um ano de Antonieta que Angelina e Felisberto conheceram a criança. Depois de uma longa temporada no interior, decidiram que era hora de voltarem para casa. Tão logo a pegara no colo, Angelina teve a nítida sensação de quem fora aquela menininha. Felisberto divertia-se com os meninos e ela notou a maneira fria como Cleonice tratava a tia, Estelinha. Houve um momento em que ela saiu e foi até a cozinha. Encontrou Cleonice mexendo numa panela.

— Olá, Cleonice. O que está fazendo?

Sem desviar os olhos da panela, a garota respondeu:

— Calda para pudim. Não posso deixar a calda passar do ponto.

— Você leva jeito para cozinhar — observou Angelina.

— Aprendi com a Inês. Ela tem muita paciência comigo.

— E no mais, como vão as coisas?

— Indo — respondeu, sem muita emoção.

— A festinha está tão divertida. Por que não termina essa calda e vai se divertir com seus irmãos e amigos?

— Não tenho vontade — respondeu de forma indiferente.

— Sei que não gosta muito da gente.

Cleonice virou-se e a encarou. Nada disse. Angelina prosseguiu:

— Nunca demonstrou carinho pela Estelinha, tampouco por mim. Posso contar nos dedos de uma mão as vezes que foi a nossa casa.

— Não tenho nada contra a senhora. De mais a mais, não sou de frequentar a casa dos outros.

— Nunca foi a uma festa ou almoço que demos. Por quê?

Cleonice deu de ombros.

— Precisei estudar bastante. Quase perdi o ano letivo.

— E Estelinha, por que você a trata de forma fria?

Cleonice mordiscou os lábios.

— Não temos afinidades. Ela só fala em costura. A Célia é que é louca por ela.

— Sei. E me fale sobre Antonieta.

— O que tem ela?

— Soube que você demorou para aceitar sua irmã e...

Cleonice a cortou:

— Não sou adulta ainda, mas não sou burra. Antonieta é filha da Damaris e do Clécio. Meus pais a adotaram por pena, ou sei lá o porquê. Eu não sou obrigada a gostar dela, sou?

— Por certo. Você não tem que nada. Aliás, ninguém é obrigado a nada nesta vida. É que você é uma menina tão doce. Essa atitude não combina com você.

— É a cara que tenho.

— Seu pai comentou comigo que você não gosta que lhe chamem de mestiça ou mesmo de negra.

Cleonice bateu com a colher no fogão. Enervou-se.

— Não sou preta. Basta reparar em mim. Veja: eu sou branca. — Aproximou-se de Angelina e lhe mostrou as mãos. — Olhe para meu rosto. Veja a cor. E então?

— Qual o problema? Você é filha de um homem branco e de uma mulher negra.

— Isso é castigo.

— Por que a cor da pele é tão importante para você?

— Já disse que não sou preta. Você, Estelinha, todo mundo pega no meu pé. Estou farta de vocês. Farta.

Ela largou a colher sobre a panela e desligou o fogo. Inês chegou e tentou acalmá-la.

— Me deixa em paz, Inês. Eu vou para a edícula. Gosto de ficar na sua casa — enfatizou. — Ao menos, lá ninguém me enche ou implica comigo.

Saiu correndo, apertando o passo. Inês, em sua simplicidade, desculpou-se pelo mau comportamento de Cleonice.

— Desculpe, dona Angelina. Ela tem esses repentes.

— Eu disse coisas que a deixaram nesse estado. Deveria ter tido mais tato.

— Imagine. Cleonice é assim mesmo. Já notei que não gosta de ser contrariada e tem pavor quando o assunto é cor da pele. Imagina que outro dia eu sugeri que ela fosse tomar sol. Sabe o que ela me respondeu? — Angelina fez não com a cabeça e ela prosseguiu: — Que jamais pegaria sol porque tem medo de ficar com a pele mais escura.

— Pobrezinha.

— Ela está se desenvolvendo, ficou mocinha. Creio que faça parte do crescimento.

— Pode ser.

Angelina conversou amenidades com Inês e horas depois, em casa, tocou no assunto com Estelinha.

— Eu acredito, tia — Estelinha ponderou —, que Cleonice tem forte sensibilidade mas recusa-se a percebê-la ou estudá-la.

— Dirce já a levou algumas vezes para tomar passe e me disse que Cleonice não gosta de ir ao centro espírita. Ademais, como estudiosa da espiritualidade, na minha visão, Cleonice tem questões com você e com Antonieta que não são desta vida. Já percebeu a maneira fria como ela sempre a tratou?

— Sim. Não é de hoje. Alberto e Nicolau sempre foram muito gentis comigo. Célia, então, nem se fala. Às vezes eu a vejo como uma filha.

— Vocês têm bastante afinidades.

— Cleonice tem um jeito de ser. É meio estouvada, irrita-se com facilidade.

— E rejeita Antonieta como irmã.

— É. Percebi. Nem participou do parabéns. Ficou quase o tempo todo na cozinha.

— Fui conversar com ela — comentou Angelina. — Quando toquei no assunto da cor da pele, ela transformou-se num bichinho selvagem. Não aceita ser do jeito que é.

— Sabe que eu oro muito por ela, tia?

— Eu também. Quando fizermos o Evangelho no Lar, vamos colocar o nome da família toda para receberem boas vibrações e amparo dos amigos espirituais.

— Vamos também orar muito por Cleonice. Ela precisa de nosso carinho, mesmo que seja feito à distância.

— Concordo.

Angelina falou isso e teve uma visão do passado. Foi rápida, mas o suficiente para ela ver uma cena de Cleonice e Antonieta juntas, no passado. Ela fechou os olhos e fez sentida prece para as duas.

— Seja feita a Sua vontade — disse para si, endereçando um olhar amoroso para o retrato de Jesus, afixado na parede do corredor.

— O que foi, tia?

— Nada.

— Eu a conheço — tornou Estelinha. — Teve uma visão, é isso?

Ela concordou com a cabeça.

— Foi rápida, mas suficiente para eu ver Cleonice e Antonieta juntas, no passado.

— Pode ser que nesse passado esteja a chave para entender o sentimento que move Cleonice.

— E o sentimento que move Antonieta — observou Angelina.

— Ela é apenas uma menininha.

— Que vai crescer e se desenvolver. Acredita que seja tão somente Cleonice que não goste dela? Tenho a impressão de que a recíproca é verdadeira.

— Não sei...

— Fala isso porque apegou-se a essa menina. Crê piamente que ela seja a reencarnação de sua irmã. É natural que a coloque num pedestal, que só queira e deseje ver as coisas boas dela.

— Se for mesmo a encarnação de minha irmã, bem, então ela não vai causar conflitos. A minha irmã Antonieta era pacífica e...

— Será que preciso relembrá-la de certos fatos? — indagou Angelina. — Sua irmã era fútil e implicava com você. Se dependesse de Antonieta, você seria trancafiada num sanatório. Além do mais, não foi convidada para o casamento dela e Rami. Sabemos como ela e sua mãe foram rudes e deselegantes, para dizer o mínimo, com seu irmão e Dirce. Além do mais, você nem conheceu o seu sobrinho Abdul, tampouco foi informada do falecimento dela ou do dele.

Estelinha arregalou os olhos.

— Tia, que horror!

— Estou falando asneiras?

— Não, claro que não. É que faz tempo que minha irmã morreu. Eu só quis manter as boas lembranças dela.

— Atitude nobre, mas não apaga o que a pessoa fez.

— Se essa menininha for mesmo minha irmã reencarnada, bem, gostaria de entender por que ela renasceu no lar de Alfredo e Dirce.

— Nada acontece por acaso. Os espíritos, antes de reencarnar, são unidos pela vida. Se renascem juntos, é porque um tem que aprender com o outro.

— É verdade — concordou Estelinha. — O que será que eu tive com Cleonice? Ela não gosta de mim.

— Isso é questão dela com o espírito dela. Um dia, quem sabe, saberemos de muitas coisas que, por ora, não nos são reveladas. O importante é que cada uma de nós faça a sua parte, ou seja, que sejamos pessoas melhores conosco e com os outros. Assim penso, assim ajo, assim sou.

Estelinha comoveu-se.

— Tem razão. Não interessa o que tivemos no passado. O importante é sabermos como agir na atualidade. De minha parte, estarei sempre de braços abertos para Cleonice. E para Antonieta.

— Vamos torcer por isso.

— Sim. — Estelinha consultou o relógio. — Está tarde. Já deu o remedinho para o meu pai?

Angelina sorriu.

— Gosto quando trata Felisberto dessa maneira carinhosa.

— Eu o amo muito.

— Sei disso, minha querida. Ele e eu também amamos muito você.

Despediram-se. Abraçaram-se com amor e, na sequência, cada uma foi para seu quarto.

CAPÍTULO 14

　O bolo de aniversário dos sete aninhos de Antonieta tinha o formato de um gatinho. Além do bolo, os pratinhos, copos e balões espalhados pelo salão continham figuras de gatinhos.
　No fim da tarde, terminada a festinha, Antonieta foi para a sala. Alfredo entrou logo na sequência e ela pediu:
　— Papai, poderia ligar a televisão para mim?
　— Qual canal?
　— Pode colocar no quatro, por favor? Quero ver *Os Waltons*.
　— Você é muito pequena para assistir a uma série adulta.
　— Eu gosto.
　Nicolau, que vinha da biblioteca, considerou:
　— Pode deixar, pai. Eu e Antonieta assistimos juntos. Eu sou o John Boy.

— E eu sou a Mary Ellen — ela replicou.

Alfredo nada entendeu. Não conhecia a série, tampouco seus personagens. Riu com gosto e caminhou para a biblioteca. Antes, perguntou a Nicolau:

— E os estudos?

— Tudo certo. Ano que vem eu me formo.

— Conversei com Sérgio sobre sua situação no escritório. Já cumpriu as horas de estágio. Creio que seja o momento de ser efetivado. O que acha?

Nicolau saltou da poltrona e abraçou o pai.

— Obrigado, pai. Esperava por isso. Aliás, estava ansioso esperando o momento de me efetivarem.

— Faz por merecer — observou Alfredo. — É muito aplicado, tem boas ideias. Isso me tranquiliza.

— Por quê?

— Ora, porque eu e Sérgio estamos envelhecendo. Não vamos tocar o escritório por muitos anos. Não gostaria que alguém de fora ocupasse nosso lugar. Sérgio tem apenas o Marcílio, que segue feliz em sua carreira de professor. Aqui em casa, você foi o único que se interessou pelos negócios de seu pai. Os outros têm outros objetivos profissionais em mente.

— Ei — era Antonieta —, estão me atrapalhando. Não consigo ouvir o que falam.

Os dois caíram na risada. Alfredo comentou:

— Essa mocinha aprendeu a mandar em todos nós.

Em seguida, ele foi para a biblioteca e Nicolau voltou a se sentar ao lado da irmã.

— Desculpe, maninha. Vamos aguardar para o boa-noite?

— Sim! — ela disse, enquanto alisava a cabecinha do gato. — Boa noite, John Boy.

Nicolau respondeu:

— Boa noite, Mary Ellen.

Riram e Dirce, ao passar pela sala, comoveu-se com a harmonia que ali se instalara. De repente, passou a se recordar do nascimento de Antonieta e de como tudo estava correndo bem até então. Pensou em cada um dos filhos. Com a ajuda de Marcílio, Alberto conseguira figurar numa lista cujos candidatos seriam entrevistados e sabatinados para o cargo de professor-assistente. Se ele passasse, teria chances de trabalhar com o primo. E, se fosse admitido, iria, finalmente, pedir Rosana em casamento.

Nicolau cursava engenharia civil e estava a um passo da formatura. Era um bom moço, tranquilo, que saía pouco. Célia concluíra o Ensino Médio e se matriculara num curso de corte e costura. Para ganhar prática, empregou-se numa butique em Ipanema. Cleonice, por sua vez, inventava receitas e cozinhava muito bem. Alfredo sugerira que ela pensasse em cursar uma faculdade que tivesse a ver com suas aptidões. E Antonieta estava ali, curtindo a infância. Não era tão estudiosa, mas era uma garota que crescia forte, saudável e bem esperta.

O relacionamento de Cleonice e Antonieta tornara-se um tanto distante e, por essa razão, mal se falavam. Dividiam o mesmo quarto; Célia e Cleonice dormiam numa beliche e Antonieta tinha uma caminha. Cleonice acordava bem cedinho e estudava de manhã. À tarde estudava num cursinho e chegava exausta à casa. Jantava e ia para a cama. Nem mais assistia à novela das dez da noite, de tão cansada. Antonieta acordava mais tarde e ia para a escola depois do almoço. Portanto, a rotina diária as mantinha afastadas. Os dez anos de diferença de idade entre ambas facilitava esse processo.

A bem da verdade, tudo corria bem. Embora estivessem num momento em que o país enfrentava uma ditadura ferrenha, a vida da família seguia tranquila.

Ao se despedir do último convidado, Dirce entrou na sala e sentiu um torpor invadir-lhe a cabeça. Nesse instante, Corina e outros amigos espirituais lhe vieram à mente. Ela ligou-se a eles. Foi nesse momento que Rosana também entrou na sala.

— Aconteceu alguma coisa com Estelinha, dona Dirce.

— Acabei de sentir leve torpor. Liguei-me aos meus amigos espirituais. Acha que Estelinha não está bem?

— Ela não veio à festinha.

— É verdade. Nunca falta aos aniversários.

— Vamos ligar para a casa dela.

Angelina atendeu e deu graças a Deus quando ouviu a voz de Dirce.

— Sabe o professor do Marcílio, o Nunes?

— Sei. O Alberto fala muito bem desse professor. É o que está internado, não?

— Pois é. Não sei por que, mas, só de falar nele, fico toda arrepiada. Bom, ele sofreu uma piora e os médicos acreditam que ele não vai passar desta noite. Será que você poderia ir ao hospital e ajudar nas orações?

— Pois claro.

Angelina passou o endereço e disse:

— Marcílio, Sérgio e Estelinha estão no hospital. Felisberto abalou-se muito com esse caso. Acabei de dar a ele um tranquilizante.

— Se não fossem Felisberto e os amigos dele, Nunes poderia ter sumido. Fique tranquila. Vou avisar o Alfredo.

— Eu prefiro que chame o Alberto. Ele gosta muito do professor Nunes. E, se não fosse pedir muito, gostaria que levasse a Rosana com vocês.

— Foi Rosana quem teve a intuição. Pediu que eu ligasse para a sua casa. Estelinha não sai de nosso pensamento.

— Interessante terem pensado na Estelinha. Ela saiu um tanto contrafeita, mas, como se trata do professor do Marcílio, esforçou-se para acompanhá-lo ao hospital.

— A única coisa que me vem à mente é ir ao hospital e dar suporte para os amigos espirituais poderem agir. Sinto que o professor vai desencarnar logo mais.

— Por favor — pediu Angelina. — Eu gostaria de ir, mas o Felisberto...

— Fique ao lado dele e ore por todos nós.

— Com certeza.

Despediram-se. Dirce pousou o fone no gancho. Foi até a biblioteca.

— Alfredo, tem um minuto?

Ela explicou a situação ao marido.

— Vamos ao hospital — disse ele, decidido.

— Não. Prefiro que fique em casa. A Inês foi descansar, pobrezinha. Passou o dia todo ajudando a organizar a festinha. Célia deve estar quase chegando da butique. — Ela consultou o relógio. — Eu vou com Alberto e Rosana.

— Está bem. Se precisar de mim, estou à disposição.

Ela beijou-lhe delicadamente os lábios, apanhou a bolsa e saiu na companhia do filho e da futura nora. No caminho, Rosana foi enfática:

— Os espíritos querem nossa presença por dois motivos. Um deles é porque o professor Nunes vai desencarnar logo mais. O outro motivo tem a ver com a Estelinha.

— Tia Estelinha? — surpreendeu-se Alberto.

— Não sei, mas a minha amiga espiritual, a Magda, disse que precisamos ampará-la.

— Pensei no Marcílio. — Alberto gostava muito do professor Nunes e sabia da ligação de afeto que existia entre o professor e Marcílio. Enquanto dirigia, Dirce e Rosana faziam preces.

Chegaram ao hospital. Passaram pela recepção e uma simpática enfermeira os conduziu até o corredor que levava ao quarto.

— É logo ali, onde está aquela senhora — apontou na direção de Estelinha.

— Eu prefiro ficar aqui fora — comentou Alberto. — Não gosto da energia de hospital. — Ele acendeu um cigarro e caminhou para a saída.

Rosana concordou com a cabeça. Em seguida, comentou com Dirce:

— Melhor ir até Estelinha. Eu ficarei aqui no corredor.

— Está bem.

CAPÍTULO 15

Dirce caminhou na direção de Estelinha, que, de tão mexida com toda aquela situação, parecia estar fora do ar. Aproximou-se e tocou-lhe levemente o ombro.
Ao vê-la, Estelinha se surpreendeu.
— Dirce!
— Olá, Estelinha.
— O que faz aqui? — indagou, ainda surpresa.
— Desde que soubemos o que tinha acontecido com o professor do Marcílio, embora não o conhecêssemos, direcionamos orações a ele.
— Mas por que está aqui?

— Recebi instruções dos amigos espirituais para vir ao hospital. O fim dele está próximo.

Estelinha comentou:

— Há algo estranho no quarto. Não consigo entrar.

— Não tem problema. Segure firme a minha mão e venha. Preciso de você ao meu lado para me dar suporte.

Estelinha concordou, movendo a cabeça para cima e para baixo. Deu a mão para Dirce e, ainda trêmula, permitiu-se entrar.

Dirce cumprimentou Sérgio e Marcílio com um aceno de mão. Desvencilhou-se de Estelinha. Na sequência, esfregou as mãos, ergueu-as, fechou os olhos e fez uma prece. Depois, Dirce deu um passe na região cardíaca de Décio e, intuída pelos espíritos, transmitiu-lhe paz e serenidade. Nesse meio-tempo, Estelinha abraçou-se a Marcílio:

— Vai ficar tudo bem, meu filho.

Décio ouviu a voz e, de forma espontânea, balbuciou:

— Estelinha? É você?

Dirce permaneceu de olhos fechados, em prece. Sérgio e Marcílio se entreolharam, espantados. Foi Sérgio quem perguntou ao amigo:

— Conhece minha esposa?

— Estelinha, diga-me, é você? — Décio voltou a perguntar, sem dar atenção a Sérgio.

Estelinha sentiu que o coração ia explodir. Pensara nesse encontro inúmeras vezes. Foram noites e noites em que matutava como se comportaria caso tivesse a possibilidade de um possível reencontro com Décio. O que diria? Como agiria? Foram tantos ensaios... mas agora, frente a frente, a voz lhe faltou. Pigarreou e disse baixinho:

— Sim, Décio. Sou eu. Estelinha.

Ele levantou a mão em direção à voz. Ela tomou a mão dele e chorou um pranto sentido. Décio, muito emocionado, implorou:

— Perdoe-me. Por favor, na hora de minha morte que se aproxima, o que mais desejo é ter o seu perdão.

— Sim, Décio. Eu o perdoo. Afinal, você me deu o maior presente que jamais sonhara receber. Eu mudei muito nesses anos, mas o amor que sinto pelo meu filho foi o estímulo de que precisava para me manter viva e chegar até aqui.

Sérgio e Marcílio ainda tentavam processar as ideias. Estelinha apertou levemente a mão de Décio. Ele apertou de volta. Em seguida, ela afastou-se de Décio e abraçou-se a Sérgio.

Décio, surpreso e impactado pela revelação, virou a cabeça na direção de Marcílio e murmurou:

— Marcílio, meu filho... — ele suspirou, e a mão caiu sobre o corpo. Décio se foi. O seu perispírito, adormecido, foi conduzido a um posto de socorro pelos espíritos que vieram com Dirce.

Marcílio foi acometido de um misto de sentimentos. Jamais supusera que um dia chegaria a conhecer o verdadeiro pai. Uma onda de fortes emoções fazia seu corpo tremer. Deixou os pensamentos para trás e, aos prantos, abraçou-se ao corpo inerte de Décio.

Dirce saiu de mansinho. Olhos marejados, abraçou-se a Rosana e, juntas, foram procurar o médico. Sérgio desvencilhou-se do abraço da esposa e seguiu a cunhada. Estelinha tocou o ombro do filho. Marcílio a abraçou e ela permitiu-se dar livre curso às lágrimas.

Finalmente, depois de tantos anos, ela e Décio davam trégua a um passado repleto de desentendimentos, agressões físicas e emocionais, raiva e vingança. O reencontro permitiu que, naquele momento, uma luzinha pudesse alcançar e tocar seus corações. O passado de mágoas poderia se transformar num futuro de alegrias. Será? Qual caminho eles iriam escolher? Não sabemos, por ora. Mas o tempo... ah, o tempo! É só por intermédio dele que tudo na vida se resolve. Pensando bem, o tempo cuida de tudo e nunca esquece, porque nele ficam registrados todos os nossos atos, sejam de ontem, de hoje, de amanhã...

Rosana foi até a recepção e avistou Alberto. Quando a viu, ele apagou o cigarro e foi ao seu encontro.

— O professor acabou de falecer. Marcílio está muito, mas muito abalado.

— Odeio hospital, mas, pelo meu primo e pelo professor Nunes, vou abrir uma exceção.

Ele abraçou-se a ela e, ao chegar ao quarto, ficou sem entender o que acontecera havia pouco. Dirce cochichou em seu ouvido:

— É uma longa história. Mais tarde eu lhe conto. No momento, creio que precise ajudar seu tio e seu primo com as questões de velório e enterro.

— Sim, mãe. Pode deixar.

Sérgio, também abalado e surpreso, aproximou-se deles.

— Peço a você e Rosana que levem Estelinha para casa.

— Eu farei isso, seu Sérgio — disse Rosana.

— Aqui está a chave do carro. — Alberto a entregou a Rosana. — Eu vou ficar aqui com o tio Sérgio e com o Marcílio.

Ele se despediu da namorada e da mãe. Apressou o passo e tocou no ombro de Marcílio, que chorava copiosamente sobre o corpo inerte do professor Nunes. Ou, por completo, Décio Lisboa Nunes.

Assim que o viu, Marcílio o abraçou, extremamente emocionado.

— Alberto, o meu pai! O professor Nunes é o meu pai!

Alberto chocou-se com a informação. Sabia, por alto, da história da tia Estelinha. Ninguém nunca perguntara ou comentara sobre quem tinha sido o pai de Marcílio. Era o tipo de assunto que não se discutia à mesa do almoço ou do jantar. Houve apenas uma vez que Cleonice, ao ouvir um pedaço de conversa atrás da porta, sondou a mãe:

— Então, a tia Estelinha é mãe solteira? Pensei que Marcílio fosse filho do tio Sérgio.

— Esse assunto não lhe interessa — devolveu Dirce. — São assuntos de adultos. Um dia a gente explica melhor.

Como ela não se dava muito bem com Estelinha, Cleonice esperou o tempo passar e, numa situação em que deram nomes para a realização do amigo-secreto — ou amigo-oculto —, ela saiu com esta:

— Ué, ninguém tirou o papelzinho com o nome do pai do Marcílio. Afinal, qual o nome do seu verdadeiro pai?

Isso foi o suficiente para acabar com o clima de festa de Natal. Depois dessa, nunca mais houve amigo-secreto. E Cleonice ficou três dias de castigo, impossibilitada de sair do quarto, a não ser para ir ao banheiro e fazer as refeições. Ela deu de ombros. Sem saber o porquê, adorara ver o constrangimento da tia.

Voltando ao quarto de hospital... Alberto prontificou-se a ajudar no que fosse preciso. Enquanto Sérgio cuidava do atestado de óbito, ele dava suporte a Marcílio. Assim que dois funcionários vieram buscar o corpo de Décio, Alberto levou Marcílio até o amplo jardim que havia no meio do hospital. Acendeu dois cigarros. Ficou com um e entregou o outro ao primo.

— Meus profundos sentimentos. Sabe que, mesmo conhecendo o professor Nunes há pouco tempo, eu era amarradão nele. Muito gente boa.

— Estou aqui atolado num misto de emoções. Eu sempre o admirei e lhe tinha enorme consideração. Descobrir em seu leito de morte que sou seu filho, nossa, fui tomado de uma emoção que não sei explicar.

— Ao menos você sabe que esse homem que tanto admiramos foi seu genitor.

— Engraçado, nunca dei importância para isso. Foi um dos poucos assuntos a respeito dos quais eu e minha mãe nunca falamos.

— Sua mãe deve ter mil razões para jamais ter tocado nesse assunto com você.

— É verdade. Ainda estou abalado, sabe? Só lhe digo que, depois do enterro, minha mãe vai ter de me contar a história deles tim-tim por tim-tim.

— Dê tempo ao tempo. Tia Estelinha saiu daqui profundamente mexida. Estava bem abalada.

Sérgio aproximou-se.

— Vamos à funerária?

Alberto e Marcílio fizeram sim com a cabeça. Foram caminhando cabisbaixos, cada um imerso nos próprios pensamentos.

CAPÍTULO 16

No caminho até sua casa, Estelinha permaneceu muda o tempo todo. Dirce manteve-se em oração, conectada aos amigos espirituais. Corina e Deodato ali estavam, transmitindo-lhes boas energias.

Rosana estava atenta à direção. Ligara-se à sua mentora espiritual e lhe pedia forças para auxiliar Estelinha no que fosse possível.

Rosana entrou com o carro na garagem do prédio. Saíram em silêncio e subiram o elevador também sem trocar palavras. Ao entrarem no apartamento, Estelinha abraçou-se a Angelina.

— Tia. A vida é cruel.

Angelina a abraçou com força e não entendeu.

— Vou fazer um chá de cidreira — prontificou-se Dirce.

— Eu acompanho a senhora — tornou Rosana.

A sós com Estelinha, Angelina gentilmente a conduziu até o sofá.

— O professor Nunes faleceu — disse Estelinha, chorosa.

— Imagino como Marcílio deva estar se sentindo. Era tão ligado nesse homem.

— Tia, não vai acreditar.

Angelina já desconfiava de que Nunes fosse o pai de Marcílio; contudo, discreta, sempre guardara a ideia apenas na cabeça. Jamais a compartilhara com quem quer que fosse, nem mesmo com Felisberto.

— O que aconteceu? Você está tremendo.

— Quando soube que o nome do professor era Décio, confesso que, num primeiro momento, senti um desconforto sem igual. Mas driblei a mente, afirmei a mim mesma que era coincidência. Afinal, trata-se de um nome comum, não é mesmo?

— E?

— Quando Décio escutou minha voz, me chamou pelo nome. Imagine o frio na barriga! E os olhares entre Sérgio e Marcílio? Não sei explicar.

— Imagino...

— Oh, titia. Nunca quis que esse dia do reencontro chegasse. Ao mesmo tempo, eu passei noites e noites em claro pensando nisso. Não foi, nem de perto, como imaginei.

— É assim mesmo. Idealizamos cenas na mente. Desejamos que as coisas aconteçam de uma maneira ou de outra. No caso da discórdia, é pior, porque nossa mente insiste em reviver o ocorrido e nos apresentar várias opções, ou saídas, em que aparentemente somos donas da situação. É desgastante para a mente, para o corpo e para o espírito.

— Gostaria muito que o Jorge estivesse no Brasil. Eu preciso voltar a fazer análise.

— Jorge indicou uma profissional que, inclusive, dele comprou o consultório na Rua Montenegro, em Ipanema.

— Sei. Mas me acostumei com o Jorge. E estava me sentindo tão bem.

— Podemos procurar um profissional que lhe agrade. Por ora, precisamos acalmar esse coraçãozinho. — Angelina tocou levemente no peito de Estelinha.

— Não me sinto segura para contar a história toda a Marcílio.

— Você bem sabe que, depois do enterro, ele vai procurá-la.

— Sim. Ele merece saber tudo, desde o início.

— Estou a seu lado para auxiliá-la no que for preciso.

— Obrigada, tia. — Estelinha a abraçou comovida.

Dirce e Rosana entraram, uma carregando uma bandeja com xícaras e a outra trazendo um pratinho com biscoitos.

— Não tenho fome — tornou Estelinha. — Só quero o chá.

Serviram-na e, assim que bebericou e pousou a xícara sobre a mesinha, considerou:

— Estava falando com tia Angelina sobre a conversa que terei com Marcílio.

Rosana nada entendeu e ela prosseguiu:

— Desculpe, Rosana. Você é uma excelente médium, mas não é adivinha. — Ela sorriu e Estelinha continuou: — Deve estar perdida no meio do assunto.

— Não tenho nada a ver com suas questões íntimas, dona Estelinha.

— Você é da família. Logo vai se casar com Alberto.

Ela corou e Dirce completou:

— Quem diria? Eu vou casar um filho! Estamos ficando velhas.

— Nem me fale — observou Angelina. — Se Alberto é meu sobrinho-neto... bom — ela pousou o dedo no queixo —, então o filho de vocês será meu sobrinho-bisneto. Oh, céus! Eu é que estou ficando velha.

Riram à beça e, por ora, o clima de tristeza e aflição se dissipou. Nesse momento, Corina e Deodato ressurgiram na sala. Rosana, com sensibilidade apurada, viu-os e piscou para o nada.

Dirce já estava acostumada com as visões de Rosana.

— Quem está aí? — quis saber.

— Um casal. O nome deles é Corina e Deodato. Gostam muito de Estelinha.

Estelinha emocionou-se.

— Esses nomes não me são estranhos. Para dizer a verdade, estava tão angustiada. Agora me sinto melhor. Obrigada pela companhia. Vocês são um bálsamo em minha vida.

— O recado é para nós ou para os espíritos? — indagou Dirce, sorridente.

Todas riram e Estelinha emendou:

— Pode ser para todos! Confesso que estou me sentindo melhor.

— Eles deram um recado — comentou Rosana.

— Qual é? — Estelinha quis saber.

— Quando for dormir, uma amiga espiritual vai conversar com você.

— Mesmo? — Rosana fez sim com a cabeça. — Isso me conforta. Sempre que tenho esse tipo de sonho, nunca me lembro do que aconteceu, mas acordo com tremenda sensação de bem-estar.

— Isso é o que interessa — ajuntou Angelina. — Não há necessidade de nos lembrarmos de tudo o que esses nobres amigos do invisível vêm nos contar. O simples fato de os encontrar nos traz serenidade à mente e acalma nosso coração. Tenho certeza de que eles vão lhe trazer conforto.

— Assim espero.

Conversaram mais um pouco e Estelinha sentiu cansaço. Queria esperar pela chegada do filho e de Sérgio.

— Você precisa descansar — afirmou Dirce. — Amanhã será um longo dia.

— É verdade. Se me permitem...

Estelinha despediu-se e foi para o quarto. Tomou um banho quente e reconfortante. Vestiu a camisola e deitou-se. Fez suas orações costumeiras e logo adormeceu.

Dirce e Rosana permaneceram no apartamento.

— Podem ir embora. Eu espero por eles.

— Não, dona Angelina. Vamos ficar e aguardar — disse Rosana. — Tenho certeza de que Alberto virá com eles. Se a senhora me permite, vou usar o telefone. Preciso avisar meus pais de que chegarei tarde em casa.

Ela se levantou e Dirce perguntou a Angelina:

— E Felisberto, como está?

— Ainda dorme. Tem o sono pesado.

Ela fechou os olhos por instantes e teve um pressentimento. Angelina sondou:

— O que foi?

— Nada — disse Dirce, apanhando a xícara de chá.

— Eu a conheço. É sobre Felisberto, não é?

— Não se trata disso...

Angelina a cortou com amabilidade na voz:

— Eu sinto que ele não vai resistir por muito mais tempo. O coração está bem fraco e, pela idade avançada, os médicos decidiram não operá-lo.

— Vamos orar pela boa saúde dele — contemporizou Dirce.

— Sabemos que vamos desencarnar um dia. Eu, você, Felisberto, Estelinha... veja o caso de Décio. Teve uma vida cheia de altos e baixos, transformou-se positivamente ao longo dos anos e hoje chegou a hora de ele partir para outra dimensão.

— Isso é. O fato é que esses anos todos ao lado de Felisberto me fizeram enorme bem. Quando nos casamos, eu já era madura. Portanto, o que me aflige é aprender a viver sem ele ao meu lado.

— Não acha que está colocando a carroça na frente dos bois? Aguardemos os fatos se desenrolarem com serenidade. O que tiver de ser, será. A maneira como vamos lidar com esses tristes acontecimentos é que faz a diferença.

— Tem razão. Preciso serenar a mente. Estelinha vai precisar muito de mim. Quero estar bem para auxiliá-la no que for preciso.

— Isso mesmo, dona Angelina — tornou Rosana, que vinha do corredor.

— Avisou seus pais? — quis saber Dirce.

— Sim, dona Dirce. Até deixaram eu dormir na sua casa. Eles gostam muito da senhora e do seu Alfredo.

— Também simpatizo com seus pais. Eles não se espantaram quando fui apresentada a eles.

— Por que deveriam se espantar? A senhora por acaso é um ser de outro planeta? Um alienígena?

— Você sabe do que estou falando. Sou negra e não é qualquer um que me trata como igual.

— Fomos criados de forma a nunca abraçar o preconceito, de qualquer espécie — revelou Rosana. — De mais a mais, não posso ser espírita e preconceituosa ao mesmo tempo. Não combina. Ser espírita, além de acreditar na continuidade da vida após a morte do corpo físico, é entender e, melhor, aceitar que todos somos semelhantes e devemos aprender a nos amar, nos respeitar. Uma das questões importantes do espiritismo é fazer com que a gente entenda que a reforma íntima nada mais é do que olhar para dentro de si e dar atenção a sentimentos e emoções que são negativos, no sentido de nos atrapalhar a própria evolução, nublando nossa visão e não nos permitindo enxergar o próximo como um irmão, ou irmã, que, como nós, caminha rumo à perfeição do espírito. Estamos todos, como se diz, no mesmo barco, isto é, cada um com suas cotas de alegrias e tristezas, percorrendo estradas diferentes, mas com o mesmo objetivo: espelhar-se em Jesus, o grande Mestre, aquele que nos serve de inspiração para que o mundo, num futuro próximo, possa estar repleto de "Cristos" que apenas desejam o amor por si e pelos outros. Nada mais.

Angelina comoveu-se.

— Confesso estar verdadeiramente emocionada com suas palavras.

— Obrigada.

— Rosana tem uma mediunidade incrível — emendou Dirce.

— Você trabalha em algum centro espírita, minha filha? — indagou Angelina. — Durante anos, frequentei a Federação. Mas não gosto de ir sozinha ao centro da cidade. A Avenida Passos não é mais a mesma de quando eu era jovem.

— Eu frequento um centro espírita não muito distante daqui. Se quiser, poderemos marcar um dia para eu levá-la até lá para conhecer.

— Rosana fazia parte do conselho. Recentemente foi convidada para ser uma das coordenadoras — ajuntou Dirce, orgulhosa.

— É mesmo? — Rosana concordou. — Não me diga!

A conversa fluiu agradável. Corina e Deodato estavam satisfeitos. Era esse ambiente harmônico e repleto de paz que se fazia necessário para que, logo mais, Magda pudesse adentrar o apartamento e conversar com Estelinha, que, nesse momento, desgastada emocionalmente, dormia a sono solto.

CAPÍTULO 17

Estelinha revirou-se de lado e suspirou. Balbuciou algo e logo ferrou no sono. Dali a algum tempo, os espíritos de Corina e Deodato apareceram e tocaram-lhe o perispírito. Estelinha abriu calmamente os olhos e, ao vê-los, sentiu o peito se abrir. Ela sorriu, levantou-se da cama e os abraçou.

Corina a beijou no rosto.

— Saudades de nossa menina.

— Eu também estava com saudades — ela revelou. Em seguida abraçou Deodato e disse: — Quanto tempo!

— Sempre que possível, estamos ao seu lado — tornou Corina.

— É verdade — concordou Deodato. — Gostaríamos de saber como se sente com a revelação.

— Saber que o professor de Marcílio era Décio? — Eles fizeram sim com a cabeça. Estelinha prosseguiu: — Fiquei chocada, para ser sincera. Antes de sair de casa, quando Sérgio mencionou o nome "Décio", senti um frio na barriga. Confesso que não queria, de forma alguma, me encontrar com ele, muito embora, aqui na cabeça — apontou —, eu fazia questão de conversar com ele e lhe dizer tudo o que estava entalado na garganta havia anos.

— E se nós a levarmos até ele? O que você vai dizer? — perguntou Deodato.

Estelinha arregalou os olhos.

— Podem me levar até ele?

— Sim — respondeu Corina. — Podemos porque Décio foi conduzido ao posto de socorro em que eu e Deodato trabalhamos como socorristas. Temos a certeza de que Décio vai se recuperar com facilidade e daí, bem, poderemos levá-la para ter essa conversa que tanto desejou ao longo desses anos todos.

— Não sei se eu gostaria de encontrá-lo. — Estelinha hesitou.

— Minha filha, é hora de olhar para essa situação com olhos de perdão — elucidou Deodato.

— Perdão? Fácil falar em perdão.

— Sim, muito fácil — concordou Corina. — É só uma questão de se dar a chance de tirar esse fardo pesado das costas.

— Então quer dizer que, no leito de morte, ao dizer que o perdoava por ter-lhe dado Marcílio... foi tudo da boca para fora? — quis saber Deodato.

Ela não respondeu. Corina emendou:

— Seria tão bom se pudesse entender o bem que o perdão nos faz quando é sincero.

— Mas ele foi violento comigo — rebateu, magoada.

— E você engravidou de Marcílio. Que modificou sua vida.

Os olhos de Estelinha marejaram.

— A melhor coisa que aconteceu na minha vida. Mas por que tinha de ser assim? Por que tive um filho dessa forma?

— Não cabe a nós julgarmos a maneira como tudo aconteceu. No entanto, o tempo, ah, o tempo — suspirou Corina —, ele é capaz de nos oferecer chances de reequilíbrio conosco e com os que estão à nossa volta.

— Acredita que o que aconteceu com você foi gratuito? Que Décio simplesmente um dia acordou e disse para si: "Hoje é dia de machucar Estelinha!"? Acha mesmo que as coisas funcionam assim?

— E não? — Estelinha estava levemente irritada. — Eu era uma menina ingênua. O que ele fez comigo não tem perdão.

— O que ele fez não tem perdão, concordo com você — observou Corina. — E o que você fez a ele? Não conta?

— Estou confusa. Contar o quê? Eu nunca fiz mal a ele.

— Nesta vida — confidenciou Deodato. — E em outros tempos?

— Uma vida passada? — Os dois espíritos fizeram sim com a cabeça.

Nesse instante, Magda surgiu no ambiente. Trajava uma túnica verde-água cintilante. A sua aura refletia um brilho especial. Estelinha emocionou-se verdadeiramente ao vê-la. Sem pensar, deu um passo à frente e a abraçou com força. As lágrimas correram insopitáveis.

— Magda! Não é possível. Você?

— Sou eu mesma, meu bem.

— Continua a mesma.

— Eu quis manter a mesma aparência da vida passada. É mais fácil para restabelecermos conexão.

— Magda vai ficar mais um pouco com você. Eu e Deodato precisamos partir — disse Corina.

Estelinha percebeu o tom de despedida na voz de Corina.

— Vocês vão embora? Não vão mais voltar?

Corina e Deodato trocaram um olhar significativo. Foi Corina quem disse:

— Eu e Deodato tínhamos planos de retornar ao planeta apenas quando você desencarnasse, o que não vai ocorrer por ora.

— No entanto — prosseguiu Deodato —, nos demos conta de que estávamos sendo egoístas. Queríamos fazer planos somente quando você retornasse. Ocorre que há espíritos reencarnados com os quais temos profundos laços de afeto.

— E de desafeto — concluiu Corina. — Estamos desencarnados há muitos anos. Precisamos e queremos burilar nosso espírito. Necessitamos reencontrar esses seres reencarnados.

— Então vamos ficar sem nos ver? — Estelinha estava um pouco aflita.

— Por um tempo — revelou Corina. — A vida é eterna. Teremos a chance de nos encontrar. Os laços que nos unem são feitos de puro amor. Quando há esse amor tão bem sedimentado nas relações, os encontros e reencontros se tornam cada vez mais críveis, possíveis. Portanto, minha querida — Corina passou delicadamente a mão no rosto de Estelinha —, saiba que um dia, não muito distante, iremos nos encontrar.

Emocionados, Corina e Deodato a abraçaram com lágrimas e muito, muito amor. Em seguida, despediram-se de Magda.

— Nosso último trabalho no astral, por ora, será ajudar Décio a se recuperar psíquica e emocionalmente. Depois, vamos nos preparar para retornarmos ao planeta.

— Sabem que estarei sempre presente na nova vida de vocês — asseverou Magda.

— Sim. Sabemos disso, o que torna o retorno mais suave — complementou Deodato.

Acenaram para Estelinha. Na sequência, deram-se as mãos e sumiram, deixando no quarto um rastro de pura luz.

Estelinha, olhos marejados, perguntou:

— E então, Magda? Nada vou saber sobre o passado?

Ela sorriu e aproximou-se de Estelinha.

— Faremos assim. Feche os olhos. — Estelinha os fechou. — Agora concentre-se no amor que sente por Corina e Deodato.

O amor que ela sentia por ambos era tão forte, que logo sua aura resplandeceu. Estelinha sentiu-se leve e seu corpo perispiritual elevou-se a ponto de os pés não tocarem o chão. Magda esfregou as mãos e, em seguida, encostou uma delas na testa de Estelinha.

Nem foi preciso pedir que Estelinha se concentrasse. Cenas de um passado distante surgiram em sua mente. E ela se viu ao lado de quem fora Décio em outra vida. Estelinha abriu os olhos e afastou-se, levando a mão à boca.

— Não é possível!

— O que não é possível? — Magda quis saber.

— O que vi. Não era eu, mas sentia que era eu.

— Você se viu numa outra vida, em outro corpo. E...

Estelinha a cortou:

— Vi o que aconteceu. Aliás, vi o que fiz.

— Então — concluiu Magda —, quem deve perdoar quem?

Estelinha mordiscou os lábios. Não conseguiu responder.

— Pense e reflita.

— Sei que já vou retornar ao corpo. Sei também que vou esquecer praticamente tudo o que conversamos.

— Sim — concordou Magda. — Contudo, seu coração vai começar a trabalhar de outra forma. As cenas que viu há pouco ficarão retidas no seu inconsciente. No devido tempo, essas cenas dele serão liberadas e você começará a ter a chance de trabalhar o perdão por si e por Décio.

— Mas eu queria...

Magda tocou em suas mãos e, com amabilidade na voz, tornou:

— Sérgio e Marcílio estão chegando. Você vai despertar em breve. É hora de eu partir.

Elas se abraçaram e Estelinha perguntou:

— Você volta?

— Claro! Estarei ao seu lado por muito, muito tempo. Apenas saiba que eu a amo. Muito.

Magda a abraçou com extrema delicadeza e doçura. Em seguida, sumiu, também deixando no cômodo um rastro de luz e de energias calmantes.

CAPÍTULO 18

Algumas semanas depois do enterro, Marcílio foi chamado para a leitura do testamento de Décio. Sentado na sala, ao lado de Sérgio e Felisberto, revelou:

— Estou surpreso que os advogados tenham me ligado.

— É natural — observou Felisberto. — Décio não tinha irmãos ou pais vivos. Poderia destinar sua fortuna para quem quisesse.

— Sem saber que era seu genitor, ele já o havia citado em testamento — comentou Sérgio. — Para ver como ele gostava de você. Ele o tinha como filho, sem saber, de fato, que era seu verdadeiro pai.

— Você também foi chamado — retorquiu Marcílio. — Ele o tinha como irmão. Tenho certeza de que lhe deixou algo.

— Adoraria acompanhar vocês na leitura do testamento — disse Felisberto —, mas confesso estar bem cansado para ir até o centro da cidade. Esse coração fraco não me permite sair como antes.

— O senhor precisa de bastante repouso — tornou Sérgio.

— É, vô — disse Marcílio. — O senhor precisa fazer o mínimo de esforço. Não disse que queria ter tempo para ler? Pois então, agora tem tempo de sobra.

Felisberto concordou:

— Verdade. Vou seguir seu conselho. Afinal, ler não cansa.

Marcílio suspirou e voltou ao assunto:

— Ainda custo crer que ele foi meu genitor, nossa, que coisa...

Felisberto o cortou:

— Marcílio, precisa entender que estamos tratando de um assunto delicado. Você não tem ideia do que aconteceu entre sua mãe e Décio.

— Ela nunca quis tocar no assunto. Só dizia que meu pai era de São Paulo. Mais nada. Nunca quis dar maiores informações.

— De mais a mais — ponderou Felisberto —, quando Sérgio o adotou como filho, percebemos que, aos poucos, foi perdendo o interesse em saber sobre seu pai biológico.

— Isso é fato. Aliás, que fique bem claro, você — apontou para Sérgio — continua sendo meu pai. Saber que Décio é meu genitor não muda nossa relação, tampouco o que sinto por você.

Sérgio comoveu-se.

— Sei disso, meu querido. Eu o amo como se eu o tivesse concebido. O fato de saber que Décio... enfim, isso não muda nada nossa relação.

Estelinha entrou na sala e foi direta:

— O que quer saber sobre seu genitor?

Marcílio levantou-se e a encarou.

— Mamãe, eu só gostaria de entender por que me escondeu o nome do meu pai biológico.

— Eu lhe disse a verdade. Jamais escondi algo de você. Omiti as informações? Por certo. Mas isso aconteceu porque eu não queria que você soubesse a maneira como foi concebido.

— Eu sou adulto. Dá para imaginar como fui concebido.

Felisberto, da poltrona, o censurou:

— Olhe o jeito como fala com sua mãe. Não vou permitir que nessa altura da vida você se torne malcriado.

— Pai — a voz de Estelinha era calma —, acho que chegou o momento de contar tudo ao Marcílio.

— Tem certeza? — indagou Sérgio. — Sabemos que é um assunto delicado e...

— Não, meu bem. Acreditei que fosse levar isso ao túmulo, mas, se a vida nos juntou momentos antes de Décio morrer, é porque chegou a hora de limpar meu coração das mágoas do passado e contar a Marcílio a verdade. Porque a verdade pode ser dura, ruim, contudo, é incontestável. Não quero mais saber de armazenar traumas do passado. Fiz terapia durante anos. Creio estar com equilíbrio suficiente para contar a Marcílio tim-tim por tim-tim do meu envolvimento com Décio.

Felisberto levantou-se com dificuldade. Apanhou a bengala.

— Esse assunto é de vocês. Vou me retirar.

Angelina vinha da cozinha e ouviu as últimas palavras do marido.

— Venha, querido. Vou acompanhar você até o quarto. Vamos escolher um bom livro para lermos juntos?

— Pode ser um do Erico Veríssimo?

— Pois claro! — ela animou-se. — Adoro o Veríssimo. Podemos dar continuidade à leitura de O tempo e o vento?

— Perfeito. Paramos em qual livro?

— Lemos O continente e O retrato. Falta lermos O arquipélago...

Foram caminhando com vagar pelo corredor e falando sobre os livros. Nisso, Estelinha sentou-se ao lado do marido e pousou suas mãos sobre as dele.

— Quer que eu fique? — Ela fez sim com a cabeça. — É assunto seu e...

— E seu também, Sérgio — ela replicou. — Você sabe da história toda, apenas não tinha ideia de que o homem que me fizera mal era o mesmo que fora seu amigo a vida inteira.

— Não estou entendendo nada — interveio Marcílio.

— Vai entender — considerou Estelinha.

Ela respirou fundo e narrou os acontecimentos do passado. Falou sobre a época em que vivia trancafiada no quarto, da relação conturbada que mantinha com a mãe e com a irmã. Quando começou a relatar os fatos que ocorreram na festa de noivado da irmã, Estelinha pigarreou. Sérgio apertou levemente a mão dela, como a lhe transmitir força e coragem. Além disso, Magda estava ali presente. De olhos fechados, ela procurava manter o ambiente com boas vibrações.

— Décio era pedante e insistente. Um rapaz arrogante, que destratava as pessoas mais simples. Logo depois do desentendimento que tivemos na festa de noivado de minha irmã, ele fez um jantar e fui obrigada a ir. Minha mãe e uma amiga dela, Teresa, fizeram o possível e o impossível para eu ir a esse encontro. Eu fui. Mas tudo não passou de armação. Os pais de Décio não estavam em casa e ele dispensou funcionários. Jantamos sozinhos. Depois, fomos à biblioteca, ele me deu um soco, eu desmaiei. Acordei horas depois, sem saber o que havia acontecido. Senti dores — ela gaguejou, e Sérgio apertou sua mão novamente.

— Não precisa continuar se não quiser.

— Não, querido. Marcílio precisa saber tudo o que aconteceu. Estou bem. — Marcílio nada dizia. Estava lívido. Estelinha prosseguiu: — Eu tinha sido violentada.

— Violentada? — Marcílio arregalou os olhos.

— Sim, meu filho. Décio me estuprou. E eu engravidei. De você.

Os olhos de Marcílio marejaram. Num impulso, ele saltou da poltrona e abraçou Estelinha.

O TEMPO NUNCA ESQUECE | **119**

— Mãe! Quanto sofrimento. Por que guardou esse segredo terrível? Por que não me contou?

— Porque não queria que você soubesse que fora fruto de um estupro. É muito doloroso passar por uma situação dessas. Desestabiliza a nossa dignidade. Eu me senti um lixo. Para piorar o quadro, minha mãe não acreditou muito na minha versão. Tive a ajuda de Felisberto, sempre me apoiando em tudo. Além dele, Alfredo e tia Angelina me acolheram, apoiaram e me convidaram para eu esquecer São Paulo e recomeçar a vida no Rio.

— E o Décio? Não a procurou?

— Não. Depois do estupro, soube que minha mãe foi conversar com a mãe dele. Parece que todos, na época, concordavam que eu havia seduzido Décio. Soube também que, coincidência ou não, quando tive certeza de que estava grávida, ele já estava em Londres. Obviamente, a família o tirou de circulação. Eu não queria saber se ele estava no Brasil ou na Cochinchina. Tentei apagá-lo de minha vida. Não consegui porque, toda vez que eu via você, não tinha como deixar de enxergar traços de Décio.

Marcílio a abraçou de novo, extremamente sensibilizado.

— Nunca imaginei que eu fora fruto de um est... — Ele pigarreou. — Isso é muito forte. É que o homem que acaba de descrever não condiz com o professor Nunes, tão gentil, delicado, amigo de todos. Tratava os funcionários da universidade com educação. Era um cavalheiro.

— Ele pode ter mudado nesses anos. Quem sou eu para julgar? — disse Estelinha. — Estou aqui relatando o que aconteceu comigo quando era jovem e o que Décio fez comigo.

— Difícil perdoar alguém que tenha cometido uma atrocidade dessas.

— Não quero mais represar a mágoa em mim, meu filho — disse ela, sem muita convicção.

— Agora estou com os sentimentos divididos. Um lado meu gosta muito do Décio. Já há outro lado que...

Ela o cortou com doçura na voz:

— Não permita que esse outro lado o transforme numa pessoa magoada e ressentida. Você é jovem, tem a vida pela frente. Acabou de saber que vai herdar uma fortuna. Precisa pensar na sua vida daqui por diante.

— Nada vai mudar, mãe.

— Como não? — interveio Sérgio. — Você agora é um homem rico.

— E daí? — Ele mexeu os ombros. — Continuarei a ser o mesmo Marcílio de antes. Não vou abandonar meu emprego na universidade. Ainda mais agora que eu talvez vá assumir o cargo do Décio...

Ele encarou Estelinha e ela tornou:

— A universidade é sua vida, não?

— Amo trabalhar na universidade, mãe. O dinheiro não vai me fazer mudar. Claro, dependendo da quantia, vou doar algo para a universidade. E assistir vocês, vó Angelina, vô Felisberto. E, claro, a minha família, que é pequena. Meu tio Alfredo, tia Dirce e meus primos.

— Você tem um coração de ouro. — Estelinha estava emocionada.

— Poderá morar no apartamento de Décio — observou Sérgio.

— Pode ser.

— Meu filho — ajuntou Estelinha —, sei que tem um bom coração, que é um rapaz ajuizado. Tenho certeza de que vai fazer bom uso do dinheiro que herdar.

Marcílio a encarou novamente e sentiu um frêmito de emoção.

— Mamãe, eu já a adorava e admirava. Você me criou sozinha, nunca sucumbiu às fofocas de sociedade. E me deu um pai. — Encarou Sérgio, que se emocionou. — Depois desse relato, admiro-a ainda mais. Tenho orgulho de ser seu filho. E seu também — finalizou, mirando os olhos de Sérgio.

— Meu filho! — ele disse. — Eu te amo e te admiro muito.

Os três se levantaram e se abraçaram. Com as palmas da mão abertas, Magda lhes soprou um pozinho colorido que, conforme os tocava, dissipava as emoções mais perturbadoras e densas. Ela também os abraçou e, em seguida, sumiu.

CAPÍTULO 19

Marcílio herdou praticamente toda a fortuna de Décio, pois uma pequena parte fora destinada a Sérgio. No fim das contas, tudo ficou em família. Décio pensou na aposentadoria de Sérgio, amigo de longa data, e lhe deixou alguns imóveis como salas comerciais espalhadas no centro da cidade e uma fazenda na região do Vale do Paraíba. As demais propriedades — eram muitas — ficaram todas para Marcílio. Do mesmo modo, o dinheiro em contas e tudo o mais que houvesse nos cofres dos bancos pertenciam, a partir de agora, a Marcílio.

Era muita coisa. Só as joias de Yolanda seriam suficientes para que Marcílio, caso as vendesse, não precisasse mais trabalhar. A quantidade de notas de dólares e libras esterlinas também seria suficiente para que os filhos de Marcílio, caso ele os tivesse, não precisassem jamais pegar no batente.

No entanto, ser dono de tamanha fortuna não subiu à cabeça. Pé no chão, Marcílio recebeu tudo, contratou um escritório especializado na administração de grandes fortunas e, sua primeira providência, foi tirar férias. Estavam no meio do ano. Eram as férias de julho. Ele decidiu levar os pais e os avós — maneira como tratava Angelina e Felisberto — para uma viagem à Europa. Angelina declinou o convite, em virtude do delicado estado de saúde de Felisberto.

— Aproveitem. E me tragam mimos de viagem — ela pediu.

— Pode deixar — concordou Marcílio. — Vou lhe trazer um monte de presentes.

— Soube que vai presentear seu primo Alberto com a viagem de núpcias.

— É, vovó. Sei que tio Alfredo tem condições de bancar o casamento, visto que a família de Rosana é mais humilde. Eles querem tanto conhecer essa tal de Disney World.

— Se eu tivesse mais saúde, gostaria de conhecer a Disneylândia — suspirou Felisberto.

— Disneylândia fica na Califórnia, vô. A Disney World, inaugurada recentemente, fica na Flórida.

— Bom, tudo fica nos Estados Unidos. Dá na mesma.

Riram e Marcílio considerou:

— Na volta, teremos surpresas.

— Que surpresas, querido? — indagou Angelina.

— Calma. Conto depois que voltar.

— Vou morrer de curiosidade.

— Não vai, não — ele disse num tom apaziguador. — A senhora vai adorar a ideia.

Marcílio, Estelinha e Sérgio tomaram o avião rumo a Lisboa numa noite estrelada. Ficariam alguns dias e dali fariam um passeio em direção às principais cidades europeias. Estelinha queria muito conhecer Viena, cidade natal de Freud. Sérgio queria voltar a Londres e matar as saudades do tempo em que lá permanecera ao lado de Décio. Depois de um mês, voltaram alegres e sorridentes, com as malas carregadas de presentes. Marcílio trouxe vestidos e perfumes para Angelina. E alguns livros portugueses para Felisberto.

Logo na sequência, ele foi convidado para participar de uma sabatina para escolherem o substituto de Décio na universidade. Marcílio foi aprovado com louvor e tornou-se um dos professores titulares mais jovens a ocupar a cadeira de letras clássicas da universidade. Indicou Alberto para ser seu assistente. E assim Marcílio seguiu a vida, até apaixonar-se por uma mulher incrível. Mas isso nós vamos contar mais à frente...

O casamento de Rosana e Alberto se deu na mesma igreja em que Dirce e Alfredo se casaram. A festa ocorreu num sofisticado clube da cidade. Rosana estava linda em seu vestido branco confeccionado por Célia. Aliás, esse vestido fez tanto sucesso que foi matéria de uma revista feminina à época. Chamou a atenção de Zuzu Angel, estilista de renome que, infelizmente, precisara deixar a moda de lado para tentar descobrir o paradeiro do filho desaparecido.

Nesse tempo em que a história se passa, havia muitas coisas interessantes e boas acontecendo, como o surgimento dos televisores em cores, carros modernos como o Maverick e o Corcel, e uma explosão de artistas que despontaram com sucessos na música popular. Havia também coisas nada boas, como repressão, censura e torturas. O Chile, por exemplo, sofrera um golpe militar que resultou na morte do presidente Salvador Allende. Os Estados Unidos começavam a jogar a toalha sobre uma das batalhas mais sangrentas e sem sentido da história: a Guerra do Vietnã. O Brasil vivia uma época de crescimento econômico magistral — período conhecido como "milagre econômico" — e, ao mesmo tempo, era palco de uma das eras mais truculentas da história. Os anos de chumbo foram marcados por uma rígida censura imposta aos meios de comunicação e à cultura em geral, um sem-número de torturas, mortes e pessoas desaparecidas. Foi um período triste, cujas consequências nefastas se fariam presentes até os dias de hoje.

Voltando ao casamento de Rosana e Alberto... a cerimônia foi bonita de se ver e a festa foi um acontecimento.

— Estou tão emocionada — confessou Dirce. — O casamento de meu primeiro filho!

— E ainda há mais quatro para casar — emendou Angelina. — Nicolau, Célia, Cleonice, Antonieta...

— Antonieta é tão novinha — observou Estelinha. — Será que vai pensar em casar? Porque, essa juventude, vou te contar...

— Alberto acabou de se casar, mãe — observou Marcílio.

— Cleonice só se interessa em cozinhar e estudar — disse Dirce.

— Qual o nome do curso que ela faz? — quis saber Angelina.

— Engenharia de alimentos. Ela não tem cabeça para mais nada.

— E o Nicolau? — interessou-se em saber Estelinha. — Antes, ele ia bastante lá em casa. Depois que cresceu, quase não o vejo.

— Depois que se formou, ele mergulhou no trabalho. A meu ver, Nicolau não quer nada sério. Nas horas de folga, prefere ler um bom livro — ajuntou Dirce.

— Ele está certo — disse Marcílio. — Isso mesmo!

— O casamento do seu primo não o motiva a querer fazer o mesmo? — quis saber Dirce.

— Até que dá vontade. Mas não encontrei ainda uma mulher que mexa comigo.

— É um jovem rico. Pode ter a mulher que quiser.

— Imagina! Marcílio nem parece que é rico — confessou Estelinha. — Continua com os mesmos hábitos. Quer dizer, agora decidiu sair de casa.

— E que tem isso? Eu sou bem grandinho.

— Gostaria que saísse de casa quando casasse, como aconteceu com o Alberto.

— Não sei quando isso vai acontecer, mãe. Além do mais, conversamos sobre esse assunto durante nossa viagem. — Ele se virou para Dirce e falou num tom engraçado: — Tia, a minha mãe queria me empurrar para tudo quanto era moça. Se dependesse dela, eu teria arrumado uma namorada francesa, ou alemã, inglesa, polonesa...

Caíram na risada. Estelinha tentou se justificar:

— É que você é tão meigo, sei que vai dar excelente marido.

— A senhora é suspeita para falar.

— Não é, não — interveio Dirce. — Você é um doce de criatura. Sua mãe está certa. Tenho certeza de que a mulher que escolher para ser sua esposa será muito feliz.

— Assim espero, tia. Assim espero.

Marcílio levantou-se e deixou a roda que haviam feito com as cadeiras em círculo. Ele se dirigiu a uma outra roda em que estavam Alberto, Nicolau, Sérgio e Alfredo. Dirce também se levantou para conversar com os convidados. Angelina consultou o relógio:

— Hora de ver se Felisberto está bem.

— Está lá no canto, conversando animado com a Antonieta.

Angelina os procurou com os olhos e, quando os viu, sorriu.

— Vou lá ver se ele precisa de algo. Já volto.

Estelinha concordou com a cabeça e, quando fez menção de se levantar, Célia apareceu.

— Tia, viu como os convidados elogiaram o vestido da Rosana? Vieram perguntar se ele tinha sido feito pelo ateliê do Dener. Acredita?

— Claro que acredito. Seu vestido é digno de um ateliê de alta-costura, como o do Dener. Ou deveria estar na vitrine da loja de Marocas Dubois.

— Você a conheceu?

— Não propriamente. Um antigo funcionário da casa de mamãe foi trabalhar com Marocas. Ela o ajudou muito e ele teve uma carreira maravilhosa.

— De quem estão falando? — Era a voz de Dalva, prima de Estelinha, que viera de São Paulo unicamente para o casamento de Alberto.

— Do passado — tornou Estelinha. — De Marocas Dubois.

— Trabalhei na loja dela — disse Dalva, sorridente.

— Então esse negócio de moda já está na família há tempos! — surpreendeu-se Célia.

— Por certo. Um de meus filhos é gerente da loja que pertenceu a dona Marocas.

— Ela faleceu, não? — indagou Estelinha.

— Sim. Faz uns anos. Um parente distante herdou a loja, mas não gosta do ramo. Ele ofereceu o negócio para a Ana, uma antiga funcionária. Ela não tinha dinheiro para comprar e estava mais interessada na aposentadoria. Só que o Arthur sempre gostou de moda. Conversou com o padrinho dele, que mora na França, que por sinal trabalha com moda. — Elas riram e Dalva prosseguiu: — Contudo, Raimundo está expandindo os negócios e não acha que valha a pena comprar a loja.

— Está se referindo ao Raimundo, o brasileiro que faz chapéus para nove em cada dez celebridades? É isso mesmo? — perguntou Célia, apoplética.

— Pensei que tinha falado dele para você — interveio Estelinha.

— Não, tia. A senhora nunca me disse nada. Como pode?

— Acho que nunca houve abertura para tratarmos desse assunto. Raimundo é um amigo querido. Trocamos cartas. Nós nos encontramos na viagem que fiz à Europa. Ele é casado com uma mulher divina, tem filhos maravilhosos.

— Agora não saio daqui sem me contar a história de Raimundo.

Estelinha contou tudo, desde quando ele fora empregado na casa da mãe dela. Dalva deu sequência, contando sobre o trabalho dele na loja de Marocas e de sua ascensão profissional meteórica.

— Estou pasmada com tanta informação — surpreendeu-se Célia.

— Fico feliz que goste de moda. E parabéns pelo vestido. Rosana está linda — elogiou Dalva.

— Viu? — disse Estelinha. — O seu vestido, como já falei, é digno de estar na vitrine da loja de Marocas Dubois.

Dalva fez um muxoxo.

— Uma pena. A loja já foi glamorosa um dia. A localização não é das melhores, sabe? O ateliê fica no centro da cidade, que anda bem decadente. As boas lojas e butiques agora se concentram na Rua Augusta, nos Jardins. Mais um motivo que fez Arthur ficar reticente em relação à compra da loja.

— Adoraria conhecer seu filho — disse Célia.

— Algo me diz que vocês vão se adorar.

— Somos da mesma família e não nos conhecemos.

— Eu sou prima de segundo grau de Estelinha. Os meus pais não se davam muito com Bernarda. Eu, Estelinha e Alfredo, além da Antonieta, mal tivemos contato. Foi no casamento de seus pais, Célia, que eu passei a ter amizade com sua mãe. De vez em quando nos falávamos ao telefone. De mais a mais, eu também me casei, tive filhos. É natural que, com o tempo, fôssemos nos afastando.

— Você está certa — assegurou Dirce. — A família e a rotina nos mantiveram afastadas. Precisamos retomar o contato, nos ver mais vezes, mesmo que eu more no Rio e você, em São Paulo.

— Se você é prima de segundo grau do meu pai — disse Célia, levando o dedo ao queixo —, o Arthur é meu primo de terceiro grau? Seria isso?

— Não importa o grau de parentesco — observou Dalva. — Quer dizer, pode ser importante no caso de você e Arthur se darem bem...

Célia enrubesceu.

— Você é uma moça bonita e simpática — tornou Dalva. — Meu filho, modéstia à parte, é um moço bonito e simpático. Ele não namora. E você?

— Também não.

— Quem sabe? — sondou Dirce. — De repente, sua cara--metade pode estar em outra cidade.

— Mãe! — protestou Célia. — Está querendo me casar?

Todas riram. Estelinha percebeu que Célia não estava confortável e mudou o assunto:

— É tão bom manter amizade com pessoas de que gostamos.

— Também acho — concordou Dalva. — Eu tenho mais contato com os familiares do meu marido. Sinto falta de estar perto de pessoas com as quais tenho afinidade.

— Eu também — admitiu Estelinha. — Meu círculo de amizades é bem pequeno. Eu me relaciono bem com Dirce, Alfredo e com as crianças. — Estelinha foi discreta e não quis comentar sobre a frieza de Cleonice em relação a ela.

— Adoro quando nos chama de crianças, tia.

— Aos nossos olhos — afirmou Estelinha —, você e seus irmãos sempre serão nossas crianças.

Continuaram a conversa animadas. Logo foram chamadas para se dirigirem à mesa principal. Os noivos estavam prestes a cortar o bolo.

CAPÍTULO 20

O vestido de Rosana foi matéria da revista *Desfile*, e Célia, que trabalhava numa butique em Ipanema, ganhou fama da noite para o dia. Nesse meio-tempo, quis ir a São Paulo. Desejava conhecer a loja que um dia pertencera a Marocas Dubois. Só estava um pouco preocupada com Dalva. Ela não parava de falar do filho e essa pressão a incomodava um pouco.

Mesmo assim, decidiu viajar. Por trás desse desejo, havia a vontade de ir à casa da avó. Nunca entendera, ao certo, por que Bernarda não se relacionava com eles. Ela nem sequer a conhecera! Mas era algo íntimo, dela. Célia não comentou com os pais que desejava ir à casa da avó.

Assim que desembarcou, Célia hospedou-se num hotel no Largo do Arouche. Dali, poderia ir a pé até a loja, na Barão de Itapetininga, que anos antes fora o reduto de modistas e grandes lojas de moda.

O telefone do quarto tocou e ela atendeu. A recepção a informava de que Dalva estava no saguão do hotel. Célia desligou o telefone e olhou-se no espelho. Gostou da imagem que viu. Vestia um macacão estilo patchwork que ela confeccionara com sobras de tecidos, calçava sapatos plataforma. A maquiagem era discreta e os cabelos permaneceram soltos.

Das filhas de Dirce, era a que mais herdara traços da família da mãe. Célia tinha a pele morena, os cabelos eram crespos e volumosos. Tinha um corpo bem-feito. Do pai, herdara a altura; Célia era uma mulher alta para os padrões. Ligadíssima em moda, vestia-se de maneira irreverente. Chamava a atenção de homens e mulheres. Flertava com todos, mas não queria saber de namorar por ora. O desejo de prosperar no ramo da moda falava mais alto.

Célia desceu e, quando viu Dalva, correu até ela. Abraçaram-se e ela disse, empolgada:

— Minha primeira viagem a São Paulo, acredita?

— Pensei que já tivesse vindo. Nunca esteve com sua avó Bernarda?

— Não.

— Não conversamos sobre isso na festa de casamento do seu irmão.

— Papai nunca teve boa relação com ela. Quer dizer, ela nunca teve boa relação com papai. Ou mesmo com tia Estelinha.

— A sua avó não aprovava o namoro de seu pai com sua mãe.

— Por causa da cor da pele.

— Infelizmente, Bernarda deixou-se levar pelo preconceito. Não aceitou sua mãe como nora. Eu estava no casamento de seus pais. Vi os chiliques de Bernarda. Um horror.

— Sei. Mamãe sempre falou muito bem de você. De como a tratou com dignidade e respeito.

— Claro! Por que não a trataria dessa forma? Eu nunca fui de dar largas a qualquer tipo de preconceito. Sorte ter um marido que pensa como eu. Criamos nossos filhos ensinando-os a respeitar todas as diferenças, o próximo...

— Isso é bom. Em casa fomos ensinados da mesma forma, embora eu tenha uma irmã que não pensa assim.

— Ah...

— Depois conto melhor essa história. Estou animada para bater pernas.

— Está com fome?

— Um pouco. Na verdade, eu queria um docinho antes de irmos até a loja.

— Venha comigo. Vou levar você até uma doceria fantástica. Fica pertinho.

Célia concordou. Foram caminhando pelo Arouche e tomaram a direção da Vieira de Carvalho. Entraram na Confeitaria Dulca e Célia quis um quindim. Dalva escolheu uma bomba de chocolate.

Ao abrir a bolsa para pagar, Dalva a proibiu:

— Não, senhorita. Você é minha convidada. Esse docinho é para adoçar a sua estada na cidade; que ela seja tão doce e saborosa quanto esse quindim.

— Obrigada. Você é tão gentil — afirmou Célia.

Comeram os docinhos e tomaram um cafezinho. Na saída, Célia, mexendo os braços enquanto falava, quase esbarrou num casal que andava de mãos dadas, grudadíssimo[1]. Por um instante, ela observou a maneira como eles olhavam um para o outro. A moça tinha um olhar apaixonado e o rapaz, pelo que parecia, fazia tudo para agradá-la.

Dalva a cutucou.

— Foi até a lua e voltou?

---

1 O casal em questão é Lina e Luís Sérgio, personagens de *Treze almas*, um dos romances psicografados pelo autor e publicado pela Lúmen Editorial.

Célia riu-se.

— Eu viajei um pouco. Está vendo aquele casal próximo ao balcão? — Dalva os viu e fez sim com a cabeça. — Eles me parecem tão apaixonados!

— De fato — concordou Dalva. — Parecem estar vivendo um conto de fadas.

— Acho tão lindo!

— Você é romântica!

— Sou, sim — admitiu Célia. — Adoraria conhecer alguém com quem pudesse viver uma história de amor.

— Hum...

— O que foi?

— Algo me diz que você e Arthur vão se dar bem.

Célia riu novamente.

— De novo dando uma de cupido? O que é isso, Dalva?

— Não sei explicar. Mas você e Arthur vão se dar bem. Sinto isso.

— Não quer dizer que vamos nos apaixonar e casar. Podemos ser amigos. Bons amigos.

Continuaram a conversar e, alguns minutos depois, estavam em frente à loja. Célia não gostou muito da aparência. O imóvel estava envelhecido, com pintura descascada, manchas de umidade na fachada, e o entorno não tinha mais o glamour de anos atrás. Nessa época, o centro da cidade estava à deriva, assim como acontecia em outras capitais do país.

As manequins da vitrine trajavam vestidos feitos para a noite, para festas. Não era o tipo de moda com a qual Célia se identificava.

Entraram na loja e uma simpática vendedora as atendeu. Quando viu se tratar de Dalva, a moça abriu largo sorriso.

— Dona Dalva! Quanto tempo!

Elas se cumprimentaram com beijinhos e Dalva apresentou Célia à moça:

— Esta é Joana. — Cumprimentaram-se e ela prosseguiu: — Joana é neta de Sebastião, motorista que trabalhou para Bernarda.

— É mesmo? — indagou Célia, surpresa.

— Sim — concordou a mulher. — Meu avô Sebastião trabalhou muitos anos na casa de sua avó.

— Será que ele poderia me dar informações sobre ela? — quis saber Célia.

— Infelizmente, vovô faleceu faz alguns anos.

— Que pena — e, virando-se para Dalva, perguntou: — Não tem nadinha de informação?

— Eu sou a última pessoa para quem deve perguntar sobre Bernarda. Nós não temos convívio. Para falar a verdade, nunca estive com ela. De mais a mais, são questões delicadas de convívio, ou a falta dele, que abraçam muitas famílias. Nós não crescemos com raiva ou qualquer ressentimento em relação a Bernarda. Simplesmente, é alguém que nunca fez parte de nossas vidas.

— Compreendo — concordou Célia.

Nesse instante, surgiu próximo ao balcão um rapaz alto, corpo atlético, com bigode bem aparado. Vestia-se com apuro e era bem atraente. Seus dentes, perfeitamente enfileirados, realçavam o sorriso.

Dalva abriu os braços e disse num tom amável:

— Meu filho! Que saudade.

Eles se abraçaram e Arthur a beijou várias vezes no rosto.

— Mamãe, precisa se acostumar com a ideia de que cresci e que preciso ter meu canto.

— Sei disso, mas é difícil uma mãe se separar do filho. Até ontem, você vivia em casa.

— Eu e mais dois irmãos.

— É verdade — ela disse numa voz baixa, demonstrando, claramente, que Arthur era seu filho preferido. — Deixe eu lhe apresentar. Esta é a Célia, de quem lhe falei.

Ele a mediu de cima a baixo. Achou Célia uma moça bonita, atraente. Abriu largo sorriso e a cumprimentou:

— Prazer. Seja bem-vinda a São Paulo.

— Obrigada. Além de bonito, é muito simpático.

Ele corou levemente.

— Direta. Gosto de gente assim.

A simpatia entre ambos foi automática. Dalva percebeu e alegrou-se:

— Não falei que vocês iam se dar bem? Ainda tenho bom faro para juntar as pessoas.

— Mãe! — protestou Arthur. — Mal conheci a Célia e já quer me arrumar uma namorada?

— Que mal há nisso? Desde o primeiro momento que botei os olhos na Célia, gostei dela. Seria uma nora e tanto...

Arthur revirou os olhos nas órbitas.

— Isso não implica que vamos nos casar na semana que vem.

Joana sorriu e perguntou:

— Querem um café? — Todos assentiram e ela prosseguiu: — Vou lá dentro preparar um café fresquinho.

Célia observou o interior da loja e comentou com Arthur:

— A loja tem um ar de construção antiga.

— Você é muito educada — observou Arthur. — A palavra certa seria *decadente*. A loja estacionou em 1940. E os vestidos da vitrine? — apontou. — Não combinam com o estilo de vida contemporâneo.

— Tem razão — concordou Célia. — Uma pena.

— Por isso não quero investir na compra do imóvel ou mesmo na marca Marocas Dubois. Gostaria de ter a minha própria marca.

— Arthur desenha que é uma beleza — disse Dalva.

— Mãe! — exclamou. — Quanta propaganda.

— Se é para enaltecer seus feitos, por que não?

— É verdade — aquiesceu Célia. — Por que não valorizar seu potencial? Se você é criativo e desenha bem...

Ele animou-se e abaixou-se atrás do balcão. Apanhou uma pasta grande e mostrou a Célia alguns croquis. Ela surpreendeu-se e animou-se:

— São todos desenhos seus?

— Sim.

— Não disse que ele é um artista? — interveio Dalva.

— É, sim. Tenho de concordar com sua mãe, Arthur. Você tem ideias maravilhosas. Combinam com as minhas. — Ela tirou da bolsa a revista que mencionara seu vestido de noiva. Abriu o exemplar e mostrou a Arthur a matéria e a foto.

— Não posso crer! — disse ele. — É um dos vestidos mais lindos que vi em toda minha vida. Moderno, elegante. Amei.

— Parece que temos ideias bem parecidas acerca de moda. Eu tenho vontade de ter uma marca própria e criar roupas jovens, coloridas, alegres.

— Eu também — disse ele num tom desanimador.

— O que foi? — quis saber Célia. — Por que disse nesse tom baixo-astral?

— Porque eu só trabalho nesta loja por não ter tido oportunidade de trabalhar em outro ateliê. Eu fiz contabilidade, mas não gostaria de trabalhar num escritório. A bem da verdade, estudei porque meu pai insistia, sabe? Ele sempre achou que seus filhos tinham de prestar concurso, trabalhar no Banco do Brasil, coisas do tipo.

— Sei como é isso. Tenho amigos que estão deixando de seguir carreira naquilo que gostam porque os pais "acham" que eles têm de seguir essa ou aquela carreira, minando a criatividade, cortando o barato desses jovens.

— Pois é — Arthur aquiesceu.

Célia prosseguiu:

— Graças a Deus, lá em casa, nunca sofremos esse tipo de intervenção. — Eles riram e ela continuou: — Meus pais sempre nos deixaram à vontade em relação à escolha de nossas carreiras.

— Que bom que tem pais assim — declarou Arthur.

— O seu pai só quis que estudasse contabilidade por conta da facilidade de arrumar emprego. — Dalva defendia a posição da família.

— Sei, mãe. Entendo.

— Vou lhe confidenciar algo — sussurrou Dalva a Célia.

O TEMPO NUNCA ESQUECE | 137

— O que é?

— Arthur acabou de concluir um curso de desenho e matriculou-se num curso de corte e costura.

— Isso é fantástico — observou Célia. — Que bom, Arthur.

— Sim. Só pude fazer isso depois que tive condições de sair de casa.

— Só eu sei desses cursos — confidenciou Dalva. — Meu marido não gosta muito quando Arthur fala sobre moda, costura...

— Meu pai acha que só as mulheres se interessam por corte e costura.

— Nossa! Que atitude preconceituosa. Não existe profissão de homem ou de mulher. Existe o que nos toca, nos faz bem, que anima a nossa alma. Isso sim é o que vale. O resto é resto.

Arthur adorou o jeito como Célia discursava sobre variados temas.

— Você é ótima, Célia. Gostei muito de você.

— E eu de você, Arthur.

Ele consultou o relógio e perguntou:

— Tem planos para hoje à noite?

— Não. Aliás, estou com as noites livres. Reservei as manhãs para ir à 25 de Março para ver tecidos e... — arriscou — ir à casa da minha vó.

— É mesmo? — Dalva surpreendeu-se.

— Aproveitar que estou na cidade. De repente...

— Eu posso acompanhá-la para ver os tecidos, se quiser.

— E a loja? — quis saber Dalva. — Quem vai tomar conta?

— Eu vou. — Era a voz de Joana, que chegava com uma bandeja com xícaras, biscoitinhos e uma térmica. — Eu tomo conta. Afinal, essa loja anda às moscas. Freguês, que é bom, não entra...

— E sobre hoje à noite?

— Estou livre.

— Então está combinado — empolgou-se Arthur. — Vamos jantar. Apenas me passe o endereço do hotel. Eu moro aqui perto. Poderíamos nos encontrar às oito?

— Perfeito — tornou Célia, animada. — Às oito em ponto estarei no saguão do hotel.

Trocaram mais algumas palavras. Despediram-se e Dalva apanhou um táxi para casa. Célia decidiu caminhar pelo centro da cidade. Ainda era começo da tarde e havia um bom tempo até encontrar Arthur para o jantar.

CAPÍTULO 21

Às oito em ponto, Arthur entrava no hotel. Célia sorriu ao vê-lo.
— É pontual, como eu. Adoro pessoas pontuais.
— Eu também. — Ele pigarreou e logo atrás apareceu um rapaz, rosto agradável. Ele o apresentou a Célia.
— Esse é Clóvis[1]. Um amigo querido.
Célia o cumprimentou.
— Prazer.
— O prazer é meu. O Arthur me falou tanto de você! Queria muito conhecer a moça do vestido de noiva que foi matéria na revista *Desfile* deste mês.

---
1 Clóvis, amigo de Arthur, é personagem de *Medo de amar*, um dos romances psicografados pelo autor e publicado pela Lúmen Editorial.

— Você viu? — ela quis saber.
— Claro! Vi e li! Embora não seja do ramo, adoro moda.
— Célia, o Clóvis estudou na Sorbonne, em Paris. Claro que conhece e adora moda. Está pagando uma de humilde.
— Jura? — ela surpreendeu-se. — Você estudou na Sorbonne? Que máximo!
— É professor de história na USP. E praticamente meu irmão.
— Você é que é irmão — confessou Clóvis, comovido. — Na verdade, Célia, sofri muito, fiquei muito mal com o término de um namoro. Se não fosse o Arthur a me dar o ombro...
— Por isso eu o trouxe para jantar conosco, Célia. Ele ainda está com o coração machucadinho. — Tocou no peito do amigo. — Não se importa de ele ir conosco?
— De maneira alguma. Simpatizei com você, Clóvis.
— E eu com você, Célia. Vou lhe apresentar alguns amigos que, tenho certeza, você vai adorar. Não acha que ela vai se dar bem com a Marinês? — indagou Clóvis a Arthur.
— Com certeza.
— Quem é Marinês? — quis saber Célia.
— Uma amiga muito querida. Passou por um perrengue. Depois eu te conto melhor.
Arthur olhou no relógio e disse:
— Vamos? O restaurante é aqui perto do hotel. Podemos ir a pé.
Célia concordou e os três seguiram até o restaurante, conversando animados. Pareciam amigos de longa data. Se tivessem como acessar o passado, teriam certeza disso.

Naquela mesma noite, no Rio, Marcílio, já instalado no apartamento que fora de Décio, sentado no sofá, refletia sobre os últimos acontecimentos. Ele travara amizade com

Décio Nunes, renomado professor da universidade onde trabalhava, e o admirava. A morte de Décio o abalara profundamente, e receber a notícia, tanto de que era filho legítimo dele quanto saber que herdara praticamente todos os seus bens, mexera profundamente com suas emoções. Da noite para o dia, soubera quem era seu pai "de verdade" e tornara-se um homem rico. Não. Rico, não. Milionário.

O dinheiro não lhe subia à cabeça, pois Marcílio tinha os pés bem fincados no chão e não se deixaria corromper pelo lado ruim de ter tanto dinheiro, como ter poder sem limites, humilhar pessoas, corromper autoridades etc. Não, ele era um bom rapaz, de coração puro e sentimentos nobres. O que o afligia, no entanto, tinha sido saber como fora concebido. A maneira bruta e animalesca como Décio possuíra sua mãe o estava deixando sem dormir. O homem que tanto admirava tinha um lado sombrio. Era como se descobrisse que Décio fora uma espécie de *O médico e o monstro*, obra em que a personagem da literatura universal tinha duas personalidades: um lado bom, estilo gente fina, e outro, horrível, péssimo, de gente ruim.

Ele tomou um uísque e continuou matutando. Marcílio trabalhava tanto que não tinha muitos amigos. A maioria era formada por colegas da universidade, geralmente casados e com filhos. Lembrou-se do primo Nicolau. Eles tinham alguns anos de diferença, mas se davam bem. Ligou para a casa da tia Dirce. Quem atendeu o telefone foi Antonieta.

— Oi, bonitinha!

— Oi, Má! — ela exclamou, contente.

— O Nicolau está?

— Peraí que vou chamar ele — disse na sua vozinha infantil e divertida.

Alguns momentos depois, Nicolau atendeu:

— Fala, primo. O que foi?

— Estou me sentindo muito só. Gostaria de companhia para jantar fora. Topa?

— Claro.

— Não tem compromisso?

— Não. Hoje eu ia ficar de bobeira, vendo novela com meus pais.

— Então vamos jantar.

— Eu bebi um pouco e não gostaria mesmo de dirigir.

— Eu passo e te pego, pode ser?

— Que horas você passa aqui?

— Vou tomar um banho rápido e trocar de roupa. Daqui a uma hora eu passo para te apanhar.

— Combinado. Também vou tomar banho e o aguardo na portaria.

Desligaram o telefone e, dali a uma hora, Nicolau estacionou o carro na calçada, defronte ao prédio. Marcílio entrou no carro, cumprimentaram-se e foram conversando amenidades pelo caminho. Escolheram jantar num badalado restaurante que tinha sido inaugurado havia pouquíssimo tempo.

Marcílio abriu-se com Nicolau e lhe contou sobre como se dera o envolvimento da mãe com Décio. Depois de escutar tudo, Nicolau mordiscou os lábios e bebericou seu drinque.

— Que chocante — concluiu. — Não precisaria de motivos, mas essa história cabeluda me faz amar e admirar mais ainda a tia Estelinha.

— Eu também, Nicolau. Hoje eu tenho mais respeito e consideração pela minha mãe.

— Qual o problema, então? Você tinha uma imagem do professor Nunes. Depois de saber que ele foi seu genitor e a maneira calhorda como abusou de sua mãe, bem, claro que a imagem foi arranhada. No entanto, nada diminui o que você sentia por ele. A bem da verdade, tenho certeza de que o acidente em Londres e a maneira como teve de sobreviver dali em diante foram fatores fundamentais para o Décio mudar radicalmente o jeito de ser. Nada vai apagar o que ele fez no passado, mas, convenhamos, ele tentou ser uma pessoa melhor.

— Isso é verdade. Eu penso nisso e tenho medo de que, usando o dinheiro da herança, possa ferir minha mãe de alguma forma.

— Ferir? Não — discordou Nicolau. — Não vejo a situação dessa forma. Ele mostrou ser um homem generoso. Deixou tudo para você e tio Sérgio sem saber que, na realidade, você era filho legítimo dele. Se a vida permitiu que você herdasse tanto dinheiro assim, é porque sabe que vai fazer bom uso dele.

— Sim. Ajudarei a nossa família no que for preciso, incluindo você e seus irmãos. Afinal de contas, seus irmãos e seus pais são meus únicos parentes. Além disso, doei dinheiro para a ampliação da biblioteca e construção de um novo anexo na universidade. Também conversei com Rosana sobre ampliações na estrutura do centro espírita.

— Primo, você é, para mim, o maior exemplo de generosidade já visto.

— Não tem ideia de como me faz bem ajudar indistintamente.

— Embora não seja frequentador do centro espírita — observou Nicolau —, você leva a vida como um verdadeiro espírita. Tenho orgulho de ser seu primo.

Marcílio sorriu e convidou:

— Vamos aproveitar essa bela noite e dar uma esticada?

— O que sugere? — quis saber Nicolau.

— Tem um bar que toca música popular de excelente qualidade. Não fica longe daqui.

— Faz tempo que não frequento um bar. Se bem que... nunca frequentei, para falar a verdade. — Os dois riram.

— Então vamos? — convidou Marcílio.

Marcílio pediu a conta, pagou e os primos rumaram para o bar.

No estabelecimento, lotado de gente, enquanto bebericavam um chope, Marcílio ouviu uma voz potente, que cantava uma música muito em voga na época.

Nicolau sorriu:

— Essa menina é um estouro. Canta muito bem.

— Além do mais, é linda! — declarou Marcílio.

— Você e todo o Rio de Janeiro estão se apaixonando por ela.

— Sabe quem é?

— O nome dela é Dalila.

— Esse nome não me é estranho — observou Marcílio.

Nicolau divertia-se com a cara do primo. Marcílio estava de queixo caído. Parecia, apenas parecia, que se tratava de amor à primeira vista. Será?

CAPÍTULO 22

O jantar corria de forma agradável. Célia sentia-se bem à vontade com os rapazes. Ouviu a história de Clóvis e meneou a cabeça de forma negativa:

— Esses tipos! É cada história, de arrepiar!

— Como tem gente que não presta — confessou Arthur. — Esse rapaz acabou com a vida do Clóvis.

— É verdade, Arthur. Fiquei bem ruinzinho. Envolver-me com o Henrique foi uma das piores coisas que fiz na vida.

— Não se culpe por isso — ponderou Célia. — Fez o melhor que pôde. Cada um de nós está sempre dando o melhor de si. Dê graças a Deus que se livrou dessa peste.

— Não sei se você curte — a voz de Arthur era cautelosa —, mas o que tem ajudado o Clóvis é...

Clóvis ajuntou:

— Tenho frequentado um centro espírita.

Célia abriu um grande sorriso.

— Eu descobri logo jovenzinha que era médium porque minha mãe vem de família espírita. Não sou praticante tampouco vou com assiduidade ao centro, mas procuro seguir a doutrina. Lá em casa, praticamos o Evangelho no Lar.

— Que coisa boa! — exclamou Arthur. — Temos mais alguma coisa em comum.

— Eu leio bastante sobre espiritualidade em geral — ela tornou. — Gosto dos livros de Allan Kardec, em especial *O Livro dos Espíritos*.

— É um de meus livros de cabeceira — emendou Clóvis. — Desde que passei a frequentar um centro espírita, costumo ler *O Livro dos Espíritos*.

— Por causa desse amigo — Arthur apontou para Clóvis —, eu também adquiri um exemplar e passei a ler.

— É imperioso que façamos um tipo de leitura que eleve nossa alma — completou Célia. — Eu acredito piamente que nascemos e morremos muitas vezes.

— E renascemos, e morremos, e nascemos de novo — afirmou Clóvis.

E assim a conversa seguiu animada. Depois do jantar, Arthur e Clóvis levaram Célia para conhecer lugares que frequentavam no centro da cidade. Ela encantou-se com os bares e com a presença de jovens bonitos e alegres na Galeria Metrópole.

Escolheram um bar e sentaram-se. Clóvis quis saber:

— Está decidida a ter sua própria loja! Interessante.

— Antes eu pensava em ter uma butique, mas, depois que desenhei o vestido de casamento de minha cunhada, comecei a acalentar o sonho de ter a minha marca, de eu mesma confeccionar minhas roupas.

— Por que você e Arthur não pensam em algo em conjunto? — indagou Clóvis. Ela e Arthur se olharam e o rapaz prosseguiu: — O Arthur adora trabalhar com moda. Só não investe na loja de dona Marocas porque a localização não é das melhores.

— Nem tenho dinheiro para isso.

— Mas pensou em fazer empréstimo no banco, não foi? — indagou Clóvis.

— Sim, isso é verdade.

— Por que não pensam em sociedade? — quis saber, olhando para Arthur e Célia ao mesmo tempo.

— A gente mal se conhece — observou Arthur.

— Nesta vida — salientou Clóvis. — Não percebem como vocês têm sintonia, afinidades?

Célia concordou:

— Parece-me que esse nosso encontro tem mais a ver com um reencontro.

Arthur emocionou-se.

— Também sinto o mesmo.

Ela sugeriu:

— Não gostaria de mudar-se para o Rio e pensarmos em montar uma confecção?

Arthur sentiu um friozinho na barriga.

— Ir embora, assim, do nada?

— E quer ir embora como? — zombou Clóvis.

— Não sei. — Ele quedou pensativo. — Acho que uma confecção funcionaria melhor aqui em São Paulo. Não sei por quê.

Célia ficou também pensativa por instantes. De repente, arregalou os olhos:

— Sabe, rapazes, sempre quis promover uma mudança na minha vida. Não só íntima, de valores, mas também geográfica. Assim que pisei em São Paulo, fui mordida pelo bichinho da paixão. Não sei explicar, mas gostei muito da cidade.

— Hum — refletiu Clóvis. — Você pensaria em se mudar para São Paulo e montar a confecção aqui? É isso?

— Creio que sim.

Arthur exultou:

— Venha! Você já tem dois amigos que vão ajudá-la em tudo de que precisar.

— Sei disso. Estou animada.

— Arthur poderá desapegar-se da loja, animar-se e abraçar um novo empreendimento.

— É verdade — Arthur concordou. — Por falar nisso, um amigo do meu pai tem uma confecção. Está querendo vender porque aposentou-se e deseja viver na praia. Posso falar com meu pai para contatar o amigo dele e, quem sabe, amanhã poderemos visitar a confecção.

— Eu topo! — Célia estava demasiadamente animada com tudo aquilo.

— E, se vier mesmo para São Paulo — completou Clóvis —, vamos levá-la para conhecer o centro espírita que frequento. Ele tem uma história tão interessante!

Clóvis discorreu sobre o que sabia a respeito daquele centro espírita. Diziam que os fundadores faziam trabalhos espirituais de toda sorte, como amarrações, feitiços e afins. Certo dia, o casal, formado por Zé e Iracema, havia sido alertado pelos espíritos de luz de que deveriam praticar o bem e abandonar os trabalhos espirituais que prejudicavam as pessoas. Acataram as instruções dos bons espíritos e passaram a se dedicar à ajuda humanitária, isto é, atendiam as pessoas com o intuito de ajudá-las a viver melhor. Abraçaram o espiritismo com amor e, certa vez, um rico empresário aparecera com a filha doente. Por meio da ajuda dos bons espíritos, o casal a curou e o empresário, por gratidão, dera a eles o galpão onde funciona o centro espírita.

Célia ouviu o relato e concluiu:

— Que beleza. Adoraria conhecer o centro espírita.

— A gente marca de eu levá-la para conhecer o espaço. E tenho certeza de que você vai se amarrar na dona Alzira, uma das atendentes.

— Vamos também apresentar você para a Marinês — declarou Arthur.

— Estão me arrumando trabalho, espiritualidade, amizade... o que mais falta para eu vir para São Paulo? — ela brincou.
— Um namorado — sentenciou Clóvis.
— Ou uma namorada — comentou Arthur.
Célia sorriu e lhe deu um tapinha no braço.
— Você me conhece, mesmo!
— Claro! — ele exclamou. — Somos farinha do mesmo saco, queridinha.
Riram à beça e terminaram a noite entre planos e sonhos, muitos sonhos.

Tudo ocorreu de maneira rápida, mas sem atropelos. No dia imediato, Arthur conseguiu com o pai o telefone do dono da confecção. Foram visitar o imóvel. Célia e Arthur gostaram do espaço. As máquinas, na maioria, eram velhas, mas precisavam de pouca manutenção. A documentação e contabilidade estavam em ordem. O proprietário queria mesmo aposentar-se, fazer uma boa poupança com a venda do negócio e ir embora da cidade.

Dali a um mês, Célia contratou um advogado especializado, indicação de Alfredo. Ele conferiu os balanços, contas, tudo. Deu sinal verde para a compra. Marcílio deu um pulo na cidade para conhecer o empreendimento. Simpatizou com Arthur, propôs sociedade e deu o dinheiro para a compra do negócio.

— Só vou pedir uma coisa para vocês — solicitou, enquanto almoçavam ali próximo ao hotel em que Célia novamente havia se hospedado.

— O que seria? — indagou Arthur.

— Que vocês mantenham os funcionários da confecção. Apenas liberem os que não quiserem mais ali permanecer. Pagamos todos os direitos.

— Jamais demitiria os funcionários — comentou Célia. — Conversamos com todos e apenas o chefe das costureiras não quer mais ficar. Ele trabalhou com o dono desde a fundação da confecção. Não se sente à vontade de permanecer ali com novos proprietários.

— Tudo bem — avaliou Marcílio. — Vocês têm carta branca para contratar, demitir, gerir o negócio. Eu sou aquele sócio que nunca vai aparecer e pegar no pé — riu. — O meu negócio é e será, sempre, a universidade.

— Preciso apresentar você ao Clóvis — comentou Arthur. — Ele é professor de história. Leciona na USP.

— Adoraria conhecê-lo. Mas vai ficar para outra oportunidade. Preciso voltar à tardezinha para o Rio.

Célia observou Marcílio e sondou:

— Essa pressa em ir embora para casa está me cheirando a rabo de saia. É isso mesmo?

Marcílio riu com gosto.

— Priminha, você é perspicaz. Acertou em cheio. Estou meio gamado numa moça. Ainda não me declarei.

— O que falta para dar esse passo? — ela quis saber.

— Coragem!

Os três riram e continuaram numa conversação agradável. Marcílio, como sempre generoso e de bom coração, pediu a Arthur que ajudasse Célia na compra de um imóvel para ela. Arthur tinha um amigo que queria vender o apartamento, reformado e muito bem decorado, que ficava em Higienópolis.

— O bairro é bom? — quis saber Marcílio.

— E como! — exclamou Arthur. — Célia vai adorar. É um bairro charmoso e com casas e apartamentos ótimos.

Célia abraçou Marcílio e o agradeceu por tudo. Depois de as emoções se amenizarem, ela sugeriu:

— Estava pensando... o que acha de irmos até a casa de Bernarda?

— Para quê? — ele perguntou.

— Por nada. Sei lá, curiosidade de conhecer nossa avó.

— Ela nunca quis saber da gente, Celinha. Por que ir atrás de alguém que nunca nos deu bola?

— Sei disso. Só queria tentar. Eu tenho o endereço. Vamos? É rapidinho.

Arthur os deixou a sós porque precisava voltar à loja. Eram seus últimos dias de trabalho e ele prometera ao dono cumprir o aviso-prévio; Joana, a funcionária que com ele trabalhava, aceitou proposta para trabalhar na confecção e assumir o cargo do chefe das costureiras, que se demitira. Ela exultou de felicidade. Adorava trabalhar com Arthur.

Depois de se despedirem, Célia e Marcílio tomaram um táxi com destino à casa da avó. Desceram em frente a um casarão que outrora fora bonito e chamativo; a avenida em que ele se encontrava transformara-se num corredor de fluxo intenso de automóveis e muito, muito barulho. De mais a mais, o casarão dava indícios de que não estava sendo bem cuidado. A grama do jardim, por exemplo, estava bem crescida e pedia para ser aparada havia tempos. Eles notaram mas nada disseram. Tocaram a campainha. Nete, a única funcionária que ali ainda trabalhava, abriu a porta com vagar e, ao vê-los, caminhou até próximo do portão, um tanto enferrujado. Eles se apresentaram e ela informou que Bernarda estava ausente. Tomaram novo táxi e permaneceram em silêncio.

Célia tentaria visitar a avó mais três vezes. Numa delas, avistou a silhueta de uma mulher — que indicava ser Bernarda — por trás da cortina da sala. Tinha certeza de que aquela silhueta refletia o corpo de sua avó. Alguns meses depois dessa tentativa de encontro, soube pela mãe que Bernarda havia falecido. Como Bernarda exigira que, quando morresse, o caixão deveria permanecer fechado, Célia nunca viu, presencialmente, a avó. Nem no caixão. Fez uma prece sentida e a vida seguiu...

CAPÍTULO 23

Fazia três meses que Marcílio, sempre que podia, ia ao tal bar para ouvir e ver a cantora. Numa noite, porém, tomou coragem e, terminada a apresentação, foi conversar com ela. Apresentou-se.

Dalila sorriu e estendeu a mão:

— Prazer. Obrigada por prestigiar a boa música nacional.

— Adoro MPB — ele confidenciou. — E sua voz é encantadora.

— Acredito que seja — ela riu. — Eu sou boa fisionomista. Você tem vindo bastante aqui no bar.

Ele corou.

— É verdade. Se quer saber, estava havia dias para tentar uma aproximação.

— Por que não se aproximou? Eu canto, não mordo.

— Sei, sei... mas é tão bonita, tão deslumbrante, tem uma beleza que fascina, uma voz de sereia, que nos seduz...

— Que galanteio! Gostei.

Ficaram a se encarar por alguns segundos, sem nada dizer. Dalila tomou a palavra:

— Eu vou até o camarim me trocar. Gostaria de tomar um drinque comigo?

— Adoraria!

— Então me aguarde. Já volto.

Marcílio voltou à mesa. Não tinha o hábito de fumar, mas, nervoso que estava, pediu um cigarro ao garçom. E um uísque. Precisava de uma dose do etílico para ganhar outra de coragem.

Dali a meia hora, Dalila surgiu. Sem maquiagem, com um vestido simples. Ela era mais encantadora ao vivo, em cores. Marcílio acreditou — e diria isso sem pestanejar, aos filhos e netos — que naquele momento estava diante do amor de sua vida. E estava.

Ele e Dalila engataram namoro e, seis meses depois dessa noite, casaram-se numa cerimônia discreta, com poucos parentes e amigos. Ela ainda não era uma cantora tão conhecida e o evento ganhou uma singela nota na revista *Amiga*. Depois de participar como apoio vocal de artistas consagrados como Gilberto Gil, Caetano Veloso, Rita Lee e Djavan, por exemplo, Dalila foi convidada por uma gravadora importante para produzir seu primeiro disco. Não se tornou uma cantora famosa, apenas conhecida. Ela gostava de cantar, mas também queria conciliar a vida de esposa e mãe com a de cantora. Especializara-se em cantar jingles para marcas famosas. Ela e Marcílio seriam pais de dois filhos e, no futuro, de alguns netos. Desses netos, um casal, em particular, tornar-se-ia o xodó, o preferido de Marcílio para todo o sempre. Quem seriam? Afetos por quem ele nutrira amor e carinho? Pessoas queridas que tinham feito parte de sua vida passada? Mais à frente, teremos a resposta...

Dirce e Alfredo decidiram oferecer um almoço de despedida para Célia. Certo dia, sentados à beira da piscina, os dois, mãos dadas, conversavam sobre vários assuntos. Num determinado momento, Dirce comentou emocionada:

— Veja, nosso Alberto, que ontem estava se desgarrando da mamadeira, se casou. Agora Célia criou asas, tornou-se independente e escolheu seguir a vida na cidade onde o pai dela nasceu.

— Tínhamos de restabelecer nosso vínculo com São Paulo. — A voz dele soou triste.

— Fala assim por causa da sua mãe, não?

Ele fez sim com a cabeça e tornou, amuado:

— Confesso que, quando Bernarda foi procurar Estelinha e lhe pedir perdão, achei que fosse dar nova chance para que pudéssemos, de alguma forma, nos aproximar.

— De fato, muito triste ela não ter conhecido os netos.

— Mamãe não é má pessoa. Foi educada numa época em que mal se tinha espaço para entender ou discutir sobre preconceitos de modo geral. Não estou passando a mão na cabeça dela, longe disso, mas Bernarda deixou-se influenciar por pessoas de índole duvidosa, como a Teresa.

— Entendo. Uma pena, mesmo, que Bernarda tenha rompido conosco.

— Por isso criamos nossos filhos para não aventarem a mínima possibilidade de aceitar ideias ou demonstrar comportamentos preconceituosos, sejam eles de qualquer espécie. Não me declaro espírita porque não frequento um centro tampouco estudo os livros de Kardec, mas acredito na eternidade da vida. Aprendi com você sobre sensibilidade e outras questões espirituais. Posso dizer que hoje eu sou um pouquinho — ele fez um gesto engraçado quase juntando o polegar e o indicador —, apenas um pouquinho melhor, porque tive e tenho você na minha vida. — Alfredo emocionou-se e beijou delicadamente a mão de Dirce.

Ela também se emocionou.

— Eu lido com o preconceito e com olhares estranhos das pessoas desde que me entendo por gente. Eu nasci preta. Você escolheu estar comigo, ao meu lado. Eu o admiro e o amo por tudo isso. Nunca levou em conta a cor da minha pele.

— Porque não importa a cor da pele, mas o que há dentro dessa pele — ele filosofou. — Uma sociedade harmônica não é a que reverencia pessoas de tez branca, mas pessoas com dignidade, caráter, ética, independentemente da cor da pele. E, voltando à minha mãe... — Alfredo refletiu —, não cheguei a comentar com você, mas a prima de um conhecido meu que está no Rio tinha amizade com minha mãe. Eu soube, por alto, que Bernarda está doente e se recusa a receber visitas.

— Você gostaria de visitá-la?

— Pensei nisso. No entanto, quando Célia me disse que fora até a casa dela e não a encontrara... não sei, tenho certeza de que Bernarda estava em casa e recusou-se a recebê-la.

Dirce teve a sensação de que Alfredo estava certo. Apertou delicadamente a mão dele e o incentivou:

— Ligue para a casa dela.

— Eu?!

— Sim. A sua outra irmã morreu. Seu genro e seu sobrinho também. Não sei como ela se sente nos dias de hoje. Será que está se sentindo solitária e sem coragem de nos procurar?

— Farei isso mais tarde. Vou ligar.

Continuaram a prosa e logo voltaram a falar dos filhos. Sorridente, e orgulhoso, Alfredo alegou:

— Nicolau está indo muito bem no escritório. Logo, eu e Sérgio vamos deixar tudo nas mãos dele. Nosso filho é muito competente no que faz. Tem ideias inovadoras e elevou nosso escritório de engenharia a um novo patamar. Parece-me que Cleonice está indo muito bem no curso de engenharia de alimentos. Só nos resta esperar o que será de nossa pequena Antonieta — ele suspirou.

— Você tem um carinho diferente por Antonieta.

— Tenho — Alfredo concordou. — Não que ela seja a minha preferida, mas temos afinidades. Isso não tenho como negar. Contudo, eu me preocupo com ela.

— Em que sentido?

— Às vezes noto nela um comportamento um tanto irascível. Antonieta se mostra voluntariosa, mandona, parecida com Cleonice.

— Que, convenhamos, mudou bastante — observou Dirce. — A vinda de Inês para nossa casa foi uma bênção.

— É verdade. Cleonice mudou bastante depois que passou a conviver com Inês.

— Quando ganhou a Bíblia de presente, passou a ler os salmos em voz alta, lembra? — Ele riu e ela continuou: — Antes, Cleonice implicava com a cor da pele, com a Antonieta. Hoje, ela tem um entendimento acerca de suas origens, aceita-se com naturalidade. E parou de implicar com Antonieta. Olhe, não estou defendendo a Cleonice — a voz de Dirce soou imparcial —, mas tem notado como Antonieta a trata?

— Não.

— Ela trata os irmãos de um jeito, e Cleonice de outro. É respondona, grita com Cleonice.

— Nunca observei.

— Pois preste mais atenção — convidou Dirce. — Voltando às questões espirituais, eu tenho convicção de que esse jeito delas tem a ver com o passado.

— Acha mesmo isso? — quis saber Alfredo, sério.

— Sim. No meu íntimo, sei que as duas apresentam animosidades desde outros tempos.

— Outra encarnação, você quer dizer. — Dirce assentiu. Ele prosseguiu: — Rosana poderia ajudar?

— Por ora, apenas com orações. Mais nada.

Continuaram a conversa por mais algum tempo. Logo começou a escurecer e eles se recolheram para a sala. Alfredo ligou a televisão e sintonizou no canal de costume. Acomodou-se no sofá e Dirce desejou acompanhá-lo. Mal se sentou e ouviu os gritos vindos da cozinha.

— Cleonice — disse Alfredo.

— E Antonieta — completou Dirce.

CAPÍTULO 24

Dirce chegou na cozinha e Inês veio ao seu encontro.
— Ainda bem que chegou, dona Dirce. Essas duas estão a ponto de se matarem.

Cleonice bem que tentava deixar para lá, não dar trela para as bobagens que Antonieta lhe dizia. Mas tinha dias que estava difícil. Nesse momento, ela ameaçava Antonieta com uma colher de pau. A menina, irritada, a encarava:

— Pensa que, só porque é mais velha e *mais grande* que eu, pode mandar em mim? Você não é minha mãe.

— Graças a Deus — disse Cleonice. — Jamais teria uma filha como você. Imbecil.

— Olhe os modos. — Era a voz de Dirce.

— Ela é imbecil, sim, mãe. E burra. Fala errado. Não é *mais grande*, é maior.

— Você entendeu — disse Antonieta, raivosa. — Você é que é imbecil.

— Já disse para me deixar em paz — e, virando-se para Dirce, aumentou o tom de voz: — Mamãe, já falei que essa fedelha pode andar pela casa toda, mas que, dentro do possível, deixe a cozinha livre para mim.

— Você não é dona da cozinha.

— Vai brincar de boneca, ou melhor — observou Cleonice —, vai estudar.

De fato, Antonieta não era afeita aos estudos e estava prestes a repetir o ano letivo. Infelizmente, havia nela muitas camadas de orgulho e mimo que precisariam ser desfeitas de acordo com as novas experiências que a vida lhe apresentava. Além do mais, conforme a idade avançava e ela começava a deixar de ser criança, seu espírito reconhecia em Cleonice um antigo desafeto do passado. E o relacionamento entre ambas só poderia escolher duas estradas: da reconciliação ou do acúmulo de desentendimentos e intrigas.

Antonieta respondeu:

— Já disse que você não manda em mim.

— Se não estudar, vai repetir de ano. Saiba que nenhum de nós repetiu de ano. Claro, a adotada deve ter nascido burrinha.

— Não fale assim com Antonieta! — censurou Dirce.

— Ela me provoca, mãe. Não tenho nervos de aço.

— Não gosto quando brigam. — A voz de Dirce se fez firme. — Não quero as duas se atacando. Vocês são irmãs, por Deus!

Cleonice gargalhou. Mexendo a colher de pau, comentou, sarcástica:

— Ela não é minha irmã. É filha da empregada que a senhora, encarecidamente, decidiu trazer pra casa.

— Não. Ela é sua irmã.

Cleonice aproximou-se de Antonieta e bramiu:

— Você não é minha irmã. Você é adotada! Foi encontrada na lata de lixo — riu novamente.

Antonieta odiava quando diziam que ela fora encontrada na lata de lixo. Fungou nervosa, levou as mãos à cintura e disparou:

— Eu sou adotada e posso ter sido encontrada no lixo, mas sou branca, e você é preta.

O silêncio se fez mortal. Cleonice jamais esperaria que Antonieta, ainda uma menina, lhe dirigisse a palavra em tom tão preconceituoso. Ela deu um passo para trás. Sentiu-se a pior criatura do planeta.

Dirce aproximou-se de Antonieta e a encarou, séria:

— Por Deus! Quem a ensinou a falar assim?

— Ninguém — respondeu Antonieta. — Ela é preta. Vai ter uma vida ruim.

— Eu sou sua mãe e sou preta. Por acaso minha vida é ruim? É assim que você vê?

Cleonice voltou para o fogão e foi difícil conter as lágrimas. Antonieta deu de ombros:

— Você é diferente. É minha mãe. É preta mas é minha mãe. Cleonice é uma preta chata.

Salvo um beliscão no braço ou um tapinha no bumbum, Dirce e Alfredo nunca foram de bater nos filhos. Acreditavam no diálogo. Tanto que haviam matriculado Antonieta numa escola que seguia o método construtivista de Jean Piaget, educador que acreditava que a aprendizagem deve se dar em todos os ambientes frequentados pela criança, sendo intermediada e incentivada por educadores e familiares.

Ela aproximou-se de Antonieta e meteu o dedo em riste diante do seu rosto.

— É ainda menina, mas aprendeu desde cedo a não ser uma pessoa preconceituosa. Sempre lhe ensinamos o respeito a todas as pessoas, independentemente de cor da pele, classe social... o que deu em você?

— Nada.

— A partir de hoje, exijo que respeite sua irmã e todas as pessoas que encontrar na vida.

— Está bem — ela bufou. Antes de sair da cozinha, porém, Antonieta sussurrou: — Tchau, Zira.

— O quê? — Cleonice enxugou as lágrimas e não podia acreditar no que havia escutado.

— Nada.

— Mãe! — indignou-se Cleonice. — Ela me chamou de Zira, a macaca do filme *O planeta dos macacos.*

— Você disse isso mesmo, Antonieta?

Ela riu baixinho e, na soleira da porta, confirmou:

— Sim.

Dirce perdeu a cabeça. Correu até a porta e deu um tapa na boca de Antonieta. Ambas se assustaram. Dirce jamais faria algo assim, mas também indignou-se.

— Nunca pensei que chegasse a bater num filho. O que acontece com você, Antonieta?

Ela não respondeu. O tapa a assustara e ela abriu o berreiro. O choro alto chamou a atenção de Alfredo, que veio até a cozinha a passos largos.

— O que foi?

— Mamãe me bateu. — Era a voz chorosa de Antonieta.

Ele encarou Dirce e ela lhe contou toda a história.

— É verdade o que sua mãe relatou, Antonieta? — Ela não respondeu. Tinha muito respeito por Alfredo e sentiu vergonha. Ele insistiu na pergunta e ouviu um *sim* bem baixinho. — Pois bem — a voz dele era firme —, já para o quarto. Está de castigo. Só saia de lá quando eu chamar.

Ela assentiu e subiu para o quarto. Ele aproximou-se de Cleonice e quis saber:

— Você está bem, Cleonice?

— Como posso estar bem se, dentro de casa, sou alvo de preconceito e zombaria?

Alfredo passou as mãos nos ombros dela, transmitindo força e coragem.

— Não fique assim, minha filha. Antonieta ainda é criança...

Ela o cortou:

— É uma criança mimada, respondona. Quando criança, posso ter agido como ela, mas Antonieta parece não ter limites. Quem vai botar um freio nessa garota? — Cleonice desabafou.

Alfredo não soube responder. Tomou Dirce pela mão e foram para a sala. Era imperioso que trocassem ideias para, mais tarde, terem sensibilidade no trato com Antonieta. E com Cleonice.

Inês, que presenciara toda a cena, aproximou-se de Cleonice:

— Não fique chateada. Ela é apenas uma garota.

— Ela não gosta de mim, Inês.

— E você não gosta dela.

— Não sei explicar. Sei que sou explosiva e não sou tão simpática. Se quer saber, quando passei a ler as Escrituras, tive a chance de encarar meus defeitos. Não sou má pessoa, contudo, preciso confessar que Antonieta me tira do sério.

— Vamos orar?

— Orar? Depois de tudo o que ela me disse? Chamou-me de Zira. Se ela me trata assim agora, como vai me tratar quando for adulta?

Inês quedou pensativa. E em seguida tornou:

— Desligue o fogo.

— Por quê?

— Deixe o fogão por ora. Vamos à edícula para orar.

— Não sei rezar direito.

— Não importa. Venha. Vamos acender uma vela para o seu anjo da guarda.

— Meu anjo da guarda?

— Sim. É uma espécie de protetor invisível.

— Como os anjos da Bíblia?

— Isso mesmo! Quanto mais você se sintonizar com ele, mais fácil será lidar com as adversidades da vida.

— Jura?

Inês assentiu. Gostava muito de Cleonice. Queria que ela, de certa forma, pudesse restabelecer a paz interior e aprender a conviver com as diferenças. Foram até a edícula, onde Inês montara um pequeno oratório. Nele havia uma linda escultura de Nossa Senhora e, ao lado dela, uma estátua representando São José.

— Essas imagens representam os pais de Jesus.

Cleonice sorriu. Inês começou a orar baixinho a Ave-Maria e, na sequência, o Pai-Nosso. Cleonice a seguiu nas palavras e logo seu coração serenou.

Dali em diante, toda vez que algo desagradava Cleonice, ela se dirigia à edícula e orava diante das imagens. Aquilo lhe transmitia enorme bem-estar. E, até seus últimos dias de vida, Cleonice cultivaria o hábito de rezar.

CAPÍTULO 25

O tempo foi seguindo seu curso. Alguns meses e anos se passaram. Era entardecer na bucólica cidade astral onde viviam Corina e Deodato. Os dois caminhavam calmamente por entre as alamedas arborizadas. Às vezes, paravam para apreciarem um bando de borboletas que se alimentavam do néctar das flores.

— A natureza é belíssima, seja nesta dimensão, seja no planeta — Deodato suspirou.

Corina apertou levemente a mão dele.

— Ao menos, parece que temos indícios de que, ao reencarnar, você vai abraçar questões relacionadas ao meio ambiente. Assim como eu.

— Adora animais, não, meu amor?

— Por falar nisso, precisamos ir com mais tempo à colônia de São Francisco de Assis, responsável por acolher os bichanos que desencarnam.

— Vamos arrumar tempo para isso — observou Deodato. — Graças a Deus, há muitos espíritos reencarnantes que desejam restaurar a fauna e a flora do planeta. Espero ser um desses espíritos.

Corina observou o sol se pondo e comentou:

— Precisamos acelerar os passos. Magda e Hilário nos esperam.

Deodato fez sim com a cabeça. Seguiram até pararem defronte a um prédio enorme, todo envidraçado, com flores coloridas em vários matizes descendo em cascata do topo do prédio.

Corina fechou os olhos e aspirou o delicado perfume das flores. Em seguida, seus olhos fixaram-se numa placa de bronze em que estava escrito: "Departamento de Orientação e Auxílio à Reencarnação".

Eles conheciam o prédio. Encontravam-se naquela dimensão havia um bom tempo. Corina e Deodato estavam desencarnados havia muitos anos. Tinham sido pais de Estelinha numa vida passada e desejavam, se fosse possível, tornar-se pais dela em nova etapa reencarnatória. Todavia, Estelinha estava encerrando mais um ciclo reencarnatório. De acordo com o estado emocional dela, após o desencarne, é que saberiam, de fato, se ela teria condições de se refazer por determinado período e reiniciar a trajetória terrena.

Ao chegarem à sala da reunião, encontraram Magda.

— Hilário virá em poucos instantes. — Era a voz doce de Magda. Eles se cumprimentaram e ela considerou: — Antes de mais nada, gostaria de parabenizá-los pela maneira amorosa com que conduziram o reencarne de Rami. Está bem crescidinho e se dando muito bem com Raja. Quando quiserem, poderemos visitá-los.

— Visitamos Abdul. Ele está bem, encontra-se empolgado com as novas possibilidades de encarnação.

— É um bom menino, Corina — reconheceu Magda.

— Teve uma encarnação difícil, viveu limitado de corpo e de mente — ajuntou Deodato. — Agora que está mais equilibrado emocionalmente, deseja retornar e crescer.

— Por falar em crescimento — interveio Corina —, gostaríamos de ter notícias de Bernarda e Teresa. Como elas estão? — indagou a Magda. — A última vez que estive com Teresa, por exemplo, foi quando ela aceitou ajuda dos espíritos amigos e deixou-se levar para o pronto-socorro em que eu e Deodato trabalhamos. Depois ela foi encaminhada para outro setor.

— Pois é — comentou Magda. — Ela e Bernarda estão naquela fase de colocarem as animosidades em pratos limpos, como se estivessem lavando a roupa suja. No entanto, vou visitá-las. Vamos lhes propor uma nova reencarnação.

— Que ótimo! Porque elas sempre se deram bem — admitiu Corina. — Interessante perceber que as duas se desestabilizam quando Eurico está por perto.

— Por essa razão — tornou Magda —, Hilário propôs uma nova configuração reencarnatória que poderá ajudá-las a restabelecerem a amizade e melhorarem o convívio com Eurico.

Hilário chegou naquele momento. Era um senhor na faixa dos sessenta anos, grisalho, cabelos fartos penteados para trás. A barba branca e bem aparada lhe conferia certo charme. Era um homem bonito por fora e por dentro. E era, também, um dos coordenadores daquele departamento.

Ele cumprimentou a todos e fez sinal para que se acomodassem no sofá. Ele se sentou numa poltrona e sorriu.

— Estou muito feliz de reencontrá-los — disse, encarando Corina e Deodato.

— Nós também — concordou Corina.

— Sabem que chegou a hora de acertarmos alguns pontos da nova vida. Por isso é que marquei a reunião — observou Hilário. — Para falarmos do futuro de vocês e de Estelinha. Ela não tardará em retornar ao nosso convívio.

Corina sorriu, emocionada.

— Ficamos tão felizes quando isso acontece. É tão interessante... Quando um ente querido está prestes a desencarnar, nós, aqui no astral, ficamos felizes. Não vemos a hora de ele aqui chegar.

— Ao mesmo tempo — completou Deodato —, quando esse mesmo ente querido desencarna no planeta, os que o amam se sentem tristes e abatidos.

— O luto funciona como ferramenta que ajuda o espírito reencarnante a refletir sobre muitos valores, dentre eles, a perda, o vazio, a melancolia...

— Sabemos disso, Hilário. — Era a voz de Corina. — É muito importante que as pessoas aproveitem o luto para darem novo significado ao que realmente lhes importa na vida. No atual estágio em que o planeta se encontra, as pessoas estão evitando, fugindo do luto. Assim que alguém na família morre, mal organizam o velório, o enterro ou a cremação. Querem que tudo seja rápido. Não querem encarar a morte de uma pessoa amada, não desejam entender ou aceitar que a vida continua e que, portanto, aquele desencarne é algo temporário.

— E que faz parte da vida na Terra — completou Magda. — Assim que a gravidez é confirmada, o espírito reencarnante já sabe, de forma inconsciente, que pode desencarnar a qualquer momento, mesmo antes de nascer. Caso a gravidez prevaleça, nascemos sem saber de muita coisa, visto que um dos objetivos da reencarnação é apagar o máximo das experiências pretéritas, a fim de que o espírito possa ter mais liberdade para fazer suas escolhas.

— Além do mais — era a voz de Corina —, ao nascer, o espírito reencarnante já corre contra o relógio, visto que sua permanência no planeta terá um tempo de duração, ou seja, cedo ou tarde, de acordo com os propósitos do espírito, todos vão morrer dentro de um determinado espaço de tempo. Atualmente, por exemplo, os encarnados mal chegam aos cem anos de idade.

— Daí que, mais uma vez — era Magda —, é muito importante que os encarnados aprendam a lidar com o luto e com o que dele advém, como saudade, tristeza, arrependimento e uma série de sentimentos que só ele é capaz de nos provocar. Infelizmente — Magda prosseguiu —, como sabem, já que a acompanham desde que reencarnou, Estelinha não conseguiu, por ora, perdoar a si e Décio por conta do que passaram.

— Ela tem ido ao centro espírita, tem feito o Evangelho no Lar — observou Deodato. — Embora tivesse ideia de que o perdão lhe fosse algo difícil de ser elaborado, ela tem apresentado mais serenidade.

— Sem dúvida — concordou Hilário. — Mas ela remói os acontecimentos tristes. Embora seja grata por ser mãe de Marcílio, ainda sente raiva de Décio.

— Isso quer dizer... — iniciou Corina.

— Que ela está desenvolvendo uma doença que vai ser responsável pelo seu desencarne — revelou Hilário. — O sentimento de raiva e impotência já passou do plano energético para o físico. O corpo de Estelinha começará, em breve, a apresentar sinais de fraqueza. Ela não tardará a retornar à nossa dimensão.

— O que podemos fazer? — quis saber Corina.

— Nada — ele respondeu. — É lição de Estelinha. O espírito precisa passar por essa dolorosa experiência a fim de compreender outros aspectos relacionados à eternidade da vida. Foi por isso que os chamei. Está na hora de começarmos a vislumbrar o retorno. De vocês dois.

— Isso me alegra! — Corina estava animada.

— A mim também — emendou Deodato.

— Antes de mais nada — ponderou Magda —, é bom saber que você, Corina, não vai poder ajudar no desencarne de Estelinha.

— Por quê?

— Contatamos os pais que vão recebê-los como filhos — ajuntou Hilário. — Diante das possibilidades que nos foram apresentadas, você renascerá em breve. Um pouco mais à frente será a vez de Deodato.

Foi a vez de Deodato perguntar o porquê. Magda, sorridente, comentou:

— Ainda estamos em negociação com seus futuros pais.

— Eu sabia disso — confessou Deodato. — Fui visitá-los.

Magda fez sim com a cabeça e tornou:

— Tudo leva a crer que você e Corina, de acordo com os verdadeiros laços de amor que os une, voltarão a se encontrar e viver nova experiência amorosa.

Corina voltou os olhos para Deodato; estavam marejados. Eles sorriram, e Magda prosseguiu:

— Eu continuarei por aqui. Hilário me convidou e... aceitei ser a mentora dos dois.

— Adoraríamos ser guiados por você — disse Corina, visivelmente tocada.

— Sem dúvida — concordou Deodato.

— Nesse primeiro momento, portanto, gostaria do aval de vocês para darmos prosseguimento aos preparativos — pediu Hilário.

— Mas claro! — exclamou Corina.

Deodato concordou com a cabeça e Hilário deu sequência:

— Vamos marcar nova reunião com seus pais, Corina. O tempo urge.

Corina e Deodato vibraram de felicidade. A partir desse dia, ambos passariam a se encontrar mais amiúde com os futuros pais e mães e, juntos, traçar os planos para a próxima etapa evolutiva. Corina reencarnaria em breve e Deodato mais à frente.

Magda estava feliz. Tinha um carinho especial por ambos e se sentira honrada com o convite de Hilário para ser mentora espiritual, cargo que exigiria dela paciência, compreensão e muito, muito amor.

Naquele fim de tarde, o casal, comovido mas em júbilo, agradeceu aos céus por mais uma oportunidade reencarnatória.

CAPÍTULO 26

O aniversário de quinze anos de Antonieta seria dali a um dia. Célia, obviamente, já com a confecção estabelecida e crescendo à larga, dedicara-se a desenhar e confeccionar o vestido da irmã. Por duas vezes, viajara de São Paulo ao Rio para fazer, no corpo da irmã debutante, os ajustes e as provas do vestido.

Cleonice, por sua vez, nesses últimos anos, graduara-se em engenharia de alimentos e fora contratada por uma renomada fábrica de chocolates. Era a responsável pelo controle de qualidade dos produtos. Influenciada positivamente por Inês, cedera no orgulho e iria se responsabilizar pelos docinhos servidos no final da festa.

Os demais preparativos, como salão, bufê, DJ, decoração e lista de convidados, estavam a cargo de Dirce e Angelina, que prontificou-se a ajudar no que fosse preciso.

Importante salientar que Angelina, embora idosa, sentia-se bem e era bastante ativa. Claro que nem sempre se comportara dessa forma. Quando o coração de Felisberto decidiu parar de bater, ela sentiu que o chão havia sumido sob seus pés. Embora espírita desde a adolescência, época em que perdera os pais num acidente, Angelina precisava encarar algo difícil para um encarnado lidar: o luto. Trata-se de tema delicado, mas que merece atenção. De certa forma, é necessário observar, na pessoa enlutada, os estágios de luto como negação e isolamento, raiva, barganha, depressão e, por último, a aceitação[1]. Entender e aceitar passar por esse processo é de suma importância, visto que, assim que alcança o degrau da aceitação, a pessoa entende que superar a morte não é esquecer-se de quem partiu. Ao contrário, ao atingir esse último estágio, é o momento em que a saudade de fato se instala, e a pessoa que perdeu alguém se sente em paz e tem condições de prosseguir em sua jornada evolutiva.

Após a morte do marido, Angelina passou uma longa temporada no sítio, em Vassouras. Depois de elaborado o luto, retornou ao Rio e continuou morando no mesmo apartamento, em companhia de Sérgio e Estelinha, que, ultimamente, não andava bem de saúde. Enquanto ajudava na lista de itens que necessitavam ainda de atenção, comentou com Dirce:

— Não sinto Estelinha bem. Outra noite, acordei com ela resmungando. Fui ao quarto e ela estava dormindo, mas era como se estivesse brigando, discutindo. Acho que tem a ver com a questão do perdão. Ela sente dificuldades de perdoar o Décio.

---

1 Trata-se de observações feitas pela psiquiatra Elisabeth Kübler-Ross (1926-2004), pioneira nos estudos sobre a morte. Uma de suas maiores contribuições ao entendimento e superação do luto encontra-se no livro *Sobre a morte e o morrer*, publicado pela editora WMF Martins Fontes, em que discorre sobre os cinco estágios do processo do morrer, ou seja, do luto.

— Como andam as sessões de terapia? — interessou-se Dirce em saber.

— Depois que Jorge, o psicanalista dela, mudou-se para o exterior, ela nunca mais se acertou com um profissional. Sempre arruma desculpa para desistir e não mais ir às sessões. A Dalila, esposa do Marcílio, indicou-lhe uma profissional excelente. Mas sinto que ela resiste a se tratar.

— É preciso respeitar as escolhas — elucidou Dirce. — Ainda nos encontramos num processo longo de encarnar e desencarnar. Não é possível que possamos extinguir, de uma hora para outra, todos os nossos pontos fracos. É preciso experienciar muita coisa, e isso, apenas com a ajuda do tempo. O tempo cuida de tudo, entretanto, não nos deixa esquecer que é imperioso olhar para nosso interior, aceitar e entender que temos dificuldades de lidar com determinadas questões. Além do mais, a relação de altos e baixos entre Estelinha e Décio não vem de hoje.

— Concordo com você — disse Angelina. — Outra noite, sonhei com Estelinha. Estávamos num outro tempo, numa época antiga. Na cena, eu via Estelinha e Décio discutindo.

— Eles têm muito o que perdoar um ao outro, entretanto, mais importante, é preciso que tenham consciência de que necessitam, primeiramente, perdoar a si mesmos.

— Sei disso, Dirce. Procuro puxar conversa, e, quando toco em algo que nos leve a refletir sobre o perdão, Estelinha se esquiva do assunto.

— É resistência. Mas precisamos entender que todos temos limites — ponderou Dirce —, e Estelinha tem os dela.

— Triste perceber que ela já tem um grau de consciência que poderia levá-la a lidar melhor com o perdão. Ela está ficando doente do corpo.

— O corpo apenas revela o que vai por dentro, como sentimentos e emoções. Quando temos condições de elaborar e transformar positivamente emoções mais densas, nosso corpo físico não sofre. No entanto, quando desfrutamos dessas mesmas condições e não queremos mudar, então, o corpo adoece.

— O melhor que podemos fazer é orar e pedir sempre pelo melhor. Seja aqui ou no mundo espiritual, ou mesmo numa nova etapa reencarnatória, Estelinha precisará olhar para essa questão.

— Penso o mesmo que você.

Antonieta correu até elas e fez bico. Dirce perguntou:

— O que foi, meu bem?

— A Célia ficou de trazer o vestido hoje.

— E daí?

— Era hoje de manhã. Já são duas da tarde.

— É comum haver atrasos nos voos — ponderou Angelina. — Sua irmã não mora no Rio. Esqueceu-se?

— Claro que não — ela respondeu com certa irritabilidade na voz.

Dirce a repreendeu:

— Olha o jeito como fala, mocinha. Angelina está aqui nos ajudando de livre e espontânea vontade. Quer que você tenha uma festa bonita.

— Eu sei. Mas você — apontou para Angelina — não é muito velha para ajudar? Não seria melhor ficar em casa e fazer tricô?

Dirce ia abrir a boca, mas Angelina sorriu:

— Sou velha de corpo e adoro tricô. Contudo, tenha em mente que um dia você também vai envelhecer. Não temos como escapar disso, caso a vida nos permita viver durante muitos anos. Ocorre, mocinha, que, aqui — fez um gesto apontando para a cabeça —, eu tenho dezoito anos, talvez até os quinze anos que você vai completar.

— Jovem, sei. Não consigo imaginar você jovem.

Angelina riu com a rabugice da menina.

— Não tem importância. Mas estou em vantagem, sabia?

— Não. Por quê? — quis saber Antonieta.

— Porque eu já tive quinze anos e posso imaginar como se sente. Você não tem a minha idade e não tem ideia de como é ser uma pessoa madura.

Antonieta ia replicar, mas viu Célia atravessando o jardim, carregando o vestido num cabide. Ela correu até ela.

— Até que enfim. Eu estava aflita.

Célia riu-se.

— Aflita com o quê? Seu vestido está prontíssimo. Não temos ajustes a fazer, a não ser que tenha engordado.

— Eu? Engordado? Corri tanto nestes últimos dias que devo ter emagrecido, isso sim.

— Fique sossegada porque você vai ficar linda neste vestido.

— Vamos provar agora. Quero ver se ele está do jeito que quero.

— Está me saindo muito exigente.

Antonieta abriu a boca para falar, contudo, um homem apareceu por trás de Célia. Ela subiu o queixo e indagou a irmã:

— Quem é?

— Deixe eu lhe apresentar. Este é o Arthur, meu sócio.

Ela fez um oi lacônico. Pegou o cabide das mãos de Célia e saiu apressada para o quarto.

— Ei, vá com calma — pediu Célia. — Cuidado com esse vestido!

Antonieta já estava longe. Nem a ouviu. Célia aproximou-se da mãe e de Angelina. Cumprimentou-as com efusividade. Ela era muito ligada a Estelinha, desde pequena, e gostava bastante de Angelina, a quem se referia como avó. Depois dos beijinhos, Célia apresentou Arthur.

— Nossa! — tornou Dirce. — Nesses anos todos, sempre quis ter a oportunidade de conhecê-lo pessoalmente.

Ele as cumprimentou e, sorridente, comentou:

— Eu também queria muito conhecer vocês. Célia sempre fala da família. É que trabalhamos muito. Quando tenho folga, prefiro descansar. Em casa.

— O Arthur é muito caseiro — confessou Célia. — Quase não sai.

Angelina e Dirce simpatizaram com o rapaz. Angelina puxou assunto com ele, perguntando sobre aspectos culturais da capital paulista que ela tanto admirava. Dirce, por sua vez, arrastou a filha para um canto.

— Esse moço é tão simpático. Bonitão.

— O Arthur é como um irmão. Toma conta de mim.

Dirce fez um muxoxo.

— Irmão? Pensei que ele e você... bem...

Célia riu com gosto.

— Mãe, você é tão perspicaz, tem uma mediunidade fantástica.

— E o que tem isso a ver com o fato...

Célia a cortou com docilidade:

— Mamãe, o Arthur é gay.

— Não sabia.

— Ele não traz adesivo na testa informando sobre sua orientação sexual.

— É que você sempre fala dele. Estão sempre juntos.

— Porque é meu sócio e porque eu o adotei como irmão. Vivemos grudados.

— Queria tanto que você encontrasse alguém.

— Um dia, mãe. Quem sabe, um dia. Agora eu só quero saber de trabalho. Não te contei que vamos inaugurar nossa primeira loja?

— Sim. Mas isso não era para o ano que vem?

— Era. O Arthur acha que o momento é agora. Eu acredito nessa sensibilidade empresarial dele. Arthur tem faro para os bons negócios.

— Ele namora alguém?

— Curiosa essa dona Dirce. — Elas riram e Célia finalizou: — Nunca namorou sério, se assim posso afirmar. Arthur precisa encontrar alguém que seja parecido com ele, ou seja, que não seja tanto de sair, que adore ficar em casa.

Continuaram a conversa. Discorreram sobre vários assuntos. Ao saber que Estelinha não andava bem de saúde, Célia preocupou-se.

— Nessa correria de trabalho, mal tenho ligado para ela. Vou visitá-la.

— Pois faça isso, meu bem — concordou Dirce. — Estelinha está amuadinha. Já nos disse que não vai à festa de sua irmã.

— Ela é madrinha da Antonieta.

— Pois é.

— E o tio Sérgio?

— Anda tristinho e meio esquecidinho das coisas. Ainda bem que os dois têm Angelina...

— A tia tem ido ao centro para tomar passes?

— A Rosana tem ido até a casa dela. Iniciaram um tratamento de cromoterapia. Enfim, todos estamos fazendo o possível para ajudar Estelinha a melhorar.

Célia, com sua sensibilidade apurada, sentiu que o estado de Estelinha era grave. Os olhos marejaram.

— Amo tanto minha tia. Pena saber que ela esteja tão ruinzinha de saúde.

— Na verdade, ela até melhorou um pouquinho — comentou Dirce. — O nascimento da filha do Marcílio a deixou contente, trouxe-lhe um sopro de ânimo. E Dalila está grávida de novo.

— Mesmo? Que boa notícia!

— É. Esse menino vai ser muito talentoso.

Angelina aproximou-se delas com Arthur a tiracolo. Ouviu o fim da conversa e disse, de forma engraçada:

— Sua mãe sempre acerta o sexo dos bebês.

— Esqueci esse detalhe — Célia riu.

— Estou encantada com esse moço. — Angelina já estava de braços dados com Arthur.

— E eu estou fascinado com essa mulher. Já me contou cada história! Adoraria ter vivido nos anos vinte, trinta...

Os quatro continuaram a conversa. Mais tarde, Dirce conduziu Arthur até o quarto de hóspedes. Célia resolveu dar carona a Angelina e visitar a sua tão querida tia Estelinha.

CAPÍTULO 27

Célia abraçou a tia com amor e saudades, muitas saudades. Acomodadas na sala, Célia quis saber:
— Você tinha de trabalhar comigo, tia. Nunca pensou em voltar a viver em São Paulo?

Estelinha sentiu um arrepio percorrer-lhe o corpo. Recordou-se da mãe, da vida reclusa e, obviamente, do abuso sofrido por Décio. Encarou a sobrinha com tristeza e considerou:
— Não fui feliz em São Paulo. A minha vida se transformou e modificou positivamente no Rio. Daqui não tenho intenção de sair. Ainda mais agora, que seu tio apresenta quadro de esquecimento.
— Como ele está?

— Realizamos alguns exames — interveio Angelina. — Por ora, nada sério.

— Gostaria de vê-lo — pediu Célia.

— Acabou de se deitar — observou Estelinha. — Quem sabe, mais tarde?

— Vocês vão à festa amanhã, não?

Estelinha fez não com a cabeça.

— Não estou no clima de festas e seu tio também anda cansado. Além do mais, mesmo sendo padrinhos, nunca fomos muito próximos de Antonieta. Ela nos convidou mais por educação.

— Isso é verdade — concordou Célia. — Ela nunca foi muito de visitar a madrinha.

— Eu tentei me aproximar dela — confessou Estelinha. — Lembra quando lhe dei uma maquininha de costura? — Célia assentiu. — Sua mãe me disse que recentemente, limpando o quarto, doou a máquina, sem uso.

— Antonieta sempre teve um jeito mais mandão — considerou Célia.

Angelina foi à cozinha preparar um café enquanto tia e sobrinha papeavam. Célia pousou suas mãos sobre as de Estelinha. Sentiu aperto no peito.

— Tia, estou preocupada com sua saúde.

— Está tudo bem. Aposto que Angelina está falando demais.

— Não. Eu mesma me impressionei ao vê-la. Está magrinha, o semblante triste. Pensei que a chegada da netinha pudesse lhe restaurar a alegria e o gosto de viver.

Estelinha esboçou um leve sorriso.

— Eu me apaixonei por Corina, minha netinha amada. E Rosana está grávida de novo. Outro dia, ao telefone, Dirce me confidenciou que ela está esperando um menino. Tomara que seja como Marcílio, um encanto de filho. Nunca pude reclamar dele.

— Ele tem um coração bem grande — comentou Célia. — Imagine quanto me ajudou, além de auxiliar os primos. Ajudou na reforma que expandiu o centro espírita da Rosana, pagou curso para o Nicolau, comprou um belo apartamento para Cleonice com vista para a Lagoa, abriu uma poupança para Antonieta.

— Na qual ela só poderá mexer quando completar trinta anos. Essa menina anda muito petulante. Às vezes, me lembra a minha falecida irmã, que também se chamava Antonieta.

— Sua irmã era assim, tia?

— Era. Cresceu rodeada de mimos. Minha mãe fazia tudo o que ela queria. Nós não nos dávamos muito bem. Depois que ela ficou noiva e eu engravidei, nosso relacionamento nunca mais foi o mesmo. Anos depois de sua morte, sonhei com ela.

— É mesmo?

— Sim. Ela me dizia que estava tudo bem, que ela aprendera bastante e que não guardava mágoas.

— Isso não é bom?

— Não sei — disse Estelinha, sincera. — Cheguei a acreditar que Antonieta fosse a reencarnação de minha irmã. Hoje tenho minhas dúvidas.

— Antonieta era tranquila. Cleonice implicava muito com ela, mas, conforme os anos foram passando, o jogo de ataques inverteu-se. É Antonieta que, quando aparece uma brecha, pega no pé da Cleonice.

— As duas parecem gato e rato — Estelinha disse num sorriso franco.

— Voltando à senhora, tia — Célia estava preocupada —, está muito abatida. O que os médicos dizem?

— Nada de mais.

Angelina chegava à sala carregando uma bandeja com xícaras e petiscos. Ajeitou a bandeja na mesinha e disse:

— Tudo de mais. Estelinha precisa se alimentar melhor, sair, caminhar.

— Faço cromoterapia — ela resmungou.

O TEMPO NUNCA ESQUECE | 181

— De que adianta? Está muito parada — constatou Angelina.

— Não quer me ajudar a criar roupas, tia? — propôs Célia.

— Estou muito velha para isso.

— A idade não é fator limitante — protestou Angelina. — Veja eu, por exemplo. Fiquei viúva, sofri, me isolei no sítio, chorei muito, e dei a volta por cima. Sou ativa, sinto-me uma mulher útil. Fiz as pazes com a minha rabugice. Está na hora de fazer as pazes com a sua, Estelinha.

— Pode ser — foi a resposta lacônica. Ela sabia que Angelina iria persistir na conversa, por esse motivo, perguntou a Célia: — Você veio sozinha?

Foi Angelina quem disse:

— Não. Ela trouxe o sócio a tiracolo. Um pão, como diria no meu tempo.

— É mesmo? — Houve leve interesse por parte de Estelinha.

— É, tia. O Arthur é um gato. E um ótimo amigo. Somos tão ligados que nossa amizade é como a de dois irmãos que se dão muito bem. Além do mais, ele é gay.

— Podia apresentar ele a seu irmão — sugeriu Angelina.

— Nicolau? — indagou Célia, surpresa.

— E por que não? — considerou Estelinha. — Eu conheço você e seu irmão desde que nasceram. Sempre achei que Nicolau era um menino diferente dos demais.

— Mas, tia, ele namora a... esqueci o nome dela.

— Iara — lembrou Angelina.

— Com a Iara, isso. Eles não são felizes — observou Célia.

— Verdade — concordou Estelinha. — Vieram aqui me visitar há alguns dias. Parecem dois amiguinhos. Não têm nada em comum.

— Eu mal a conheço — disse Célia. — Nos últimos tempos, a gente só se vê no Natal.

— Bom, não quero dar uma de cupido, mas apresente Arthur para Nicolau. Questão de intuição.

Célia bebericou o café e comentou:

— Estou estupefata com suas observações.

— É a vida — revelou Estelinha. — O tempo passa, ama-durecemos.

— E não perdoamos — alfinetou Angelina. Estelinha a fu-zilou com os olhos. Angelina meneou a cabeça para os lados, riu e indagou a Célia: — E quanto a você, meu bem?

Célia enrubesceu. Estelinha a encarou e comentou:

— Você nunca nos apresentou um namorado.

— Trabalho demais. Não tenho tempo para namorar — justificou Célia.

— Sei. — Estelinha fez uma voz engraçada, enquanto a mi-rava nos olhos.

Célia sentiu os olhos de Estelinha penetrar-lhe a alma. Gos-tava tanto dela e de Angelina... resolveu mudar de assunto.

— Desde pequena, eu sempre cumprimentava o Jacinto na portaria. O porteiro que lá está é jovem. Aconteceu alguma coisa com Jacinto?

Foi Angelina quem respondeu:

— Ele se aposentou e Marcílio, que por ele tinha muita es-tima, comprou-lhe uma casinha próximo dos filhos dele, em Belford Roxo.

— Mais uma vez, Marcílio fazendo o bem de forma indis-criminada — Estelinha considerou, com orgulho na voz.

Angelina, percebendo o desconforto de Célia na mudança de assunto, sentou-se ao lado dela e tomou suas mãos.

— Querida, vou lhe contar uma história que fez parte de minha vida.

Encarando Célia, Angelina lhe revelou sobre a amizade que travara com Claudete, amiga querida que, atormentada por questões íntimas, decidiu tirar a própria vida. O relato foi extenso, com momentos de muita emoção. Vez ou outra, a voz de Angelina tremia um pouco. Célia comoveu-se:

— Nossa! Que pena.

— No meu tempo — prosseguiu Angelina —, uma pessoa que se revelasse homossexual era execrada pela sociedade.

O TEMPO NUNCA ESQUECE | 183

Não havia perdão, de nenhum lado, tampouco havia organizações ou movimentos sociais que abraçassem a causa. Hoje as coisas são diferentes.

— Mais ou menos — ponderou Célia. — Há muita discriminação. Eu sinto isso.

— Faz parte da evolução da sociedade — observou Angelina. — Ainda paira no ar uma carga de todas as formas de preconceito. Mas acredito na evolução do ser humano. Embora às vezes pareça que estamos dando um passo para trás no tocante a questões sociais, na verdade, estamos apenas estacionados. O caminho de evolução do espírito não permite retrocesso.

— Você tem uma família linda, que a ama e a apoia em tudo o que faz — constatou Estelinha. — E tem a mim, Sérgio, Angelina, Marcílio...

— É verdade — assentiu Célia. — Sei que vocês me amam e me apoiam em tudo. — Ela enrubesceu levemente e, na sequência, arriscou dizer: — Eu não tenho namorado, mas, se tivesse tempo, arrumaria uma namorada.

Angelina alegrou-se.

— Eu e Estelinha vamos torcer para você encontrar alguém que a ame e a apoie, que seja merecedora de compartilhar a vida ao lado de uma mulher tão especial como você. Saiba, Célia, que nós a amamos muito. Isso basta.

Célia sentiu um leve calor abraçar-lhe o peito. As lágrimas desceram e ela revelou:

— É tão importante ter o apoio da família! Tenho amigas que sofrem horrores por conta da orientação sexual. Os pais tomam atitudes radicais: expulsam de casa, cortam relações.

— Daí que muitas pessoas nessa situação, sentindo-se vulneráveis, completamente sem apoio, sentem-se deslocadas e caminham rumo à autodestruição — ponderou Angelina. — Se eu tivesse percebido quanto Claudete precisava de ajuda, de amparo... enfim, nós rezamos muito para que o espírito dela tenha conseguido superar todas essas adversidades.

— Ela tirou a própria vida — disse Célia, séria. — Deve estar sofrendo muito.

Angelina sorriu. Suspirou e disse:

— Desde que voltei a frequentar o centro espírita, agora sob a liderança da Rosana, recebemos informações de que Claudete foi socorrida por espíritos amigos e levada a um posto de reabilitação voltado principalmente para aqueles que desistiram de viver. Não sei explicar, mas sinto que Claudete reencarnou. E está tendo a chance de aceitar-se incondicionalmente.

— Eu também penso dessa forma — refletiu Estelinha. — Eu devo muito a essa moça. Claudete orou muito por mim.

— Era uma boa amiga — finalizou Angelina. — Por isso — ela pousou o dedo no queixo de Célia —, não se deixe levar pela pressão da sociedade. Permita que seu coração seja livre para amar.

— E acredite que seus pais e irmãos vão apoiá-la. Da mesma forma que, acredito, também irão apoiar Nicolau.

A conversa fluiu agradável e Estelinha, num determinado momento, pediu para se retirar, pois sentia-se bastante cansada. Também queria ver se Sérgio continuava a descansar.

Assim que dobrou o corredor em direção ao quarto, Célia mordiscou os lábios, apreensiva:

— Ela não está bem.

— Não.

— E o que fazer? Eu gosto tanto dela!

— Orar, Célia. Vamos orar para que o melhor aconteça a ela.

CAPÍTULO 28

Falemos um pouco de Cleonice. A maioridade batera em sua porta e, enquanto os irmãos lidavam bem com as questões relativas à cor da pele, ela continuava a se sentir mal pelo fato de ser filha de uma mulher preta com um homem branco. Antonieta, por seu turno, crescia ruiva e com a pele bem branquinha, e isso era motivo de inveja.

Foi Inês quem lhe deu um toque:

— Por que não vai fazer terapia?

— Eu?! Por quê?

— Ora, Cleonice, você tem sérios problemas de aceitação. Sua baixa autoestima a está transformando numa moça seca, rude, sem paciência.

— Eu sou assim.

— Não é — discordou Inês. — É uma boa moça, cheia de atributos interessantes, a começar pelo tipo físico.

— Imagina! Eu era mais branquinha e agora, depois de anos, fiquei mais morena. Os cabelos encresparam de vez.

— E daí? Isso demonstra que você é única, que pode até haver uma moça parecida com você, mas não igual. Você cresceu mais que suas irmãs, chama a atenção por onde passa.

— Eu, chamar a atenção? — riu-se ela. — Só se for para tirarem sarro da minha cara. Eu me enxergo, Inês.

— Não. Não se enxerga. É uma moça cheia de qualidades, que aprendeu a preparar doces como ninguém. Sabe, vou lhe confessar algo.

— Diga.

— Desde que você teve aquela discussão com Antonieta... Cleonice a cortou:

— A qual discussão se refere? São incontáveis as vezes que ela me tira do sério.

— Eu me refiro àquela vez em que ela a xingou de preta, de macaca e outras denominações deselegantes.

Cleonice fechou o cenho. Realmente, depois daquela briga na cozinha, o relacionamento entre ambas azedou. Antonieta cresceu um tanto mimada e arrogante, enquanto Cleonice, embora ainda não se aceitasse como era, tentava não dar largas às provocações da irmã. Inês sorriu e lhe disse:

— Voltemos à questão da terapia. Por que não faz? Seus pais têm recursos. Podem ajudar no pagamento das sessões.

— Mamãe trabalhou muitos anos num hospital psiquiátrico. Só deixou de trabalhar quando entramos na adolescência. Decidiu dedicar-se exclusivamente à família.

— E o que tem isso a ver com nosso assunto?

— Tenho medo de enlouquecer e parar numa instituição psiquiátrica.

— Você não é louca, Cleonice. Apenas sinto que a terapia seja um bom recurso para ajudá-la a se enxergar melhor.

— De onde tem tirado essas ideias? Estou curiosa.

— Outro dia, assistindo ao programa *TV Mulher*, vi uma entrevista com o psicanalista Eduardo Mascarenhas. Simpatizei com ele. Falou coisas interessantes sobre traumas, recalques. Por que não procura um profissional para auxiliá-la nesse processo de autodescoberta, autoaceitação e cura das feridas emocionais?

Inês estava sendo inspirada por um espírito amigo. Nem se dava conta de que estivesse com essa ligação espiritual. Cleonice comoveu-se com o jeito carinhoso como ela lhe transmitia as palavras. Sem perceber, abraçou Inês, que retribuiu com um abraço mais apertado ainda.

— Não sei o que seria da minha vida sem você — confidenciou Cleonice.

— Eu é que agradeço por tê-la conhecido. Sabe que é como uma filha para mim. Poderá sempre contar comigo.

As duas abraçaram-se novamente e, dali a um tempo, Cleonice consultou-se com um psicanalista. As sessões semanais a ajudavam a lidar melhor com suas angústias e queixumes. Aos poucos, foi se soltando, não dando mais importância às provocações de Antonieta.

Passado um tempo, decidiu estudar engenharia de alimentos. Foi contratada por uma empresa estrangeira, cuja sede ficava na Suíça. Cleonice conheceu Celso no trabalho e por ele se apaixonou. Namoraram dois anos, até que ele foi transferido para a sede da empresa, em Zurique. Tentaram o namoro à distância por meio da troca de cartas e raríssimas ligações telefônicas, visto que uma chamada internacional, na época em que namoravam, custava uma pequena fortuna.

As cartas foram se espaçando e ambos optaram pelo rompimento da relação. Tempos depois, Celso conheceu uma alemã que passava férias em Zurique e decidiram morar juntos. Cleonice afundou-se no trabalho e, por ora, não desejava relacionar-se com ninguém. Embora tivesse também optado pelo término do relacionamento, ela não conseguia esquecer Celso. Tinha certeza de que ele teria sido o companheiro ideal, para toda a vida.

No entanto, a vida segue. O tempo continuou a contar nos calendários e Cleonice, depois de alguns anos de análise, permitia-se sair e se divertir, vez ou outra. O relacionamento dela com Nicolau também nunca fora dos melhores, contudo, depois de várias sessões, viu nele um amigo, um confidente. Afinal, após o casamento, Alberto só tinha olhos para a esposa; Célia mudara-se para São Paulo e mal se viam ou se falavam. Antonieta era adolescente e, além do mais, apesar das sessões de terapia, o relacionamento entre ambas ainda não se transformara num mar de rosas. Sobrara, portanto, o convívio com Nicolau. Ele era mais caseiro; não gostava muito de sair. A namorada dele, Iara, era fã de cinema e, como Nicolau preferia ficar em casa e alugar filmes de aventura e ficção científica, ela sempre convidava Cleonice para irem juntas a uma sessão.

Depois de uma franca conversa com Inês, independentemente da maneira fria como se relacionava com a irmã caçula, Cleonice concordou em oferecer os doces no aniversário de quinze anos de Antonieta.

E o dia da festa chegou. E novamente a vida de Cleonice mudaria...

CAPÍTULO 29

    Nicolau chegou a casa e havia muita confusão, uma eletricidade pairando no ar. A festa da irmã seria no dia seguinte e ele riu com o corre-corre. Antonieta estava insuportável. Sentia-se apreensiva e o comportamento mostrava-se um tanto inconveniente. Andava para cima e para baixo, gritava com todos, dava ordens estapafúrdias.
    Dirce lhe chamou a atenção:
    — Mocinha, fizemos tudo do jeito que quis. Por que tanto chilique?
    — Não se trata de chilique, mamãe. O Gustavo, por exemplo, não vai à festa.

— Não é por ele que você tem uma queda? — indagou Nicolau.

— Não se meta na minha vida. Não tenho de lhe dar satisfações.

— Nossa! Não está mais aqui quem falou. Anda muito nervosinha. E respondona.

Antonieta lhe fez uma careta. Dirce a repreendeu:

— O que deu em você, Antonieta? A sua mudança de comportamento me aflige.

— Vai ver tem um obsessor atrás de mim — disse ela, num tom de deboche.

— Não tem obsessor nenhum colado a você. — A voz de Dirce era firme. — Não brinque com essas coisas.

— Além do mais — prosseguiu Nicolau —, do jeito que Antonieta anda ultimamente, tenho certeza de que um obsessor fugiria dela. Ninguém aguenta suas chatices.

— Eu...

Dirce a interrompeu:

— Você era tão meiga! Voluntariosa, mas meiga. O que deu em você para nos tratar a patadas?

Ela não respondeu e voou para o quarto. Esbarrou em Arthur e, em vez de se desculpar, proferiu algo ininteligível. Ele meneou a cabeça para os lados e desceu assobiando. Cumprimentou Dirce e foi apresentado a Nicolau. Trocaram algumas palavras e Arthur sentiu liberdade para dizer:

— Parece que Antonieta está aflita com a chegada da festa.

— Ela foi muito mimada — resmungou Nicolau. — A diferença de idade fez com que tratássemos Antonieta com mimo em excesso e sem limites.

— Eu e seu pai impusemos limites — considerou Dirce. — O espírito dela é que ainda apresenta traços de rebeldia.

Ela pediu licença porque Inês a chamara na cozinha. Arthur e Nicolau caminharam até o jardim.

— Vai ver ela foi castrada em sua espontaneidade — comentou Arthur. — Digo, numa outra vida.

— Você é espírita? — quis saber Nicolau.

— Sou, embora tenha sido criado em família católica. Fiz comunhão e crisma. Mas passei por uns perrengues afetivos e, como dizem, geralmente abraçamos o espiritismo quando estamos no fundo do poço. Foi o meu caso.

— Algo grave?

— Não necessariamente. Na verdade, eu levei um pé na bunda. — Os dois riram. Arthur prosseguiu: — Eu me apaixonei por um crápula, um homem sem escrúpulos, barra-pesada.

— Uau! — surpreendeu-se Nicolau. — Não tem medo de ele se arrepender e tentar uma reaproximação?

— Sem condições. Ele morreu de forma trágica há alguns anos — revelou Arthur.

— Nossa!

— É. Dessa experiência dolorosa, aprendi a ficar do meu lado, fortalecer minha autoestima e acreditar que sou responsável por tudo o que me acontece, não importando se classifico como bom ou ruim.

— Minha família é espírita. Eu fui criado com os livros da doutrina, contudo, não sou muito de frequentar um centro espírita.

— Célia me disse que sua cunhada dirige um centro espírita.

— É. Rosana tem muita sensibilidade e, quando os dirigentes do centro ficaram bem velhinhos, os filhos não quiseram assumir. Então, o casal ofereceu o imóvel e o centro para minha cunhada. Meu primo Marcílio facilitou a compra do imóvel e, depois de algumas reformas estruturais, o centro segue firme no propósito de orientar e ajudar os necessitados, encarnados e desencarnados.

— Marcílio! — exclamou Arthur. — Um anjo em nossas vidas.

— É. Ele é pessoa adorável. Tem um coração bondoso.

— Ele muito nos ajudou com a confecção. Quer dizer, nos ajuda até hoje.

— Soube que você e Célia vão inaugurar uma loja.

— É. Nossa marca de roupas é voltada para o público jovem. Nossas peças podem ser adquiridas em muitas lojas do ramo. Acontece que sentimos a necessidade de termos uma loja própria, a fim de mostrar ao público os valores que estão embutidos na compra de uma roupa nossa. Somos uma empresa que procura não maltratar o meio ambiente. Nossos funcionários são tratados como parceiros. Temos uma mentalidade diferente em relação a outros profissionais da área.

— Interessante.

Arthur adorava falar sobre a fábrica, a maneira de conduzir os empregados, discorrer sobre compras de material etc. Os olhos chegavam a brilhar, tamanho era o amor que nutria pelo negócio. Nicolau ouvia tudo com atenção. Sentira-se bem ao lado de Arthur. Depois de muito papearem, voltaram ao assunto do centro espírita.

— Puxa! — suspirou Arthur. — Adoraria conhecer esse centro. Fica longe daqui?

— Não muito. Fica próximo à Federação Espírita, numa travessinha da Rua Passos.

— Não conheço muito o Rio de Janeiro.

— Quando você vai voltar para São Paulo?

— A festa é amanhã, sábado. Eu pretendo visitar um amigo querido, que se mudou de São Paulo para cá há algum tempo. O nome dele é Cláudio Beneducci[1]. Conhece?

— Não.

— Ele é um amor de pessoa!

— Você e ele... — Nicolau não sabia como perguntar.

— Se eu e ele temos alguma coisa? — Nicolau fez sim com a cabeça. Arthur riu com gosto. — Não. De forma alguma. Somos amigos, mesmo. Além do mais, Cláudio jura que o seu amor não é deste mundo.

---

1 Cláudio Beneducci, outro amigo de Arthur, é um dos personagens centrais de *A última chance*, um dos romances psicografados pelo autor e publicado pela Lúmen Editorial.

— Talvez porque não tenha conhecido a sua cara-metade.

— Não sei ao certo. Ele sempre foi convicto em relação a isso. É um rapaz bonitão, bem resolvido sexualmente. Apenas acredita que só vai ser feliz ao lado de alguém quando partir para uma outra dimensão.

— Interessante a forma de pensamento dele — comentou Nicolau.

— Também acho.

— E você? — quis saber Nicolau.

— Eu o quê?

— Você namora?

— Namorei bastante. Mas cansei de relacionamentos fúteis e sem base de sustentação. Além do mais, depois que essa doença terrível surgiu...

— Você se refere à aids, né? — disse Nicolau.

— Sim. É uma doença ainda nova; recentemente ficamos sabendo como ela é transmitida. Eu prefiro me manter *solo* por ora.

Que pena, pensou Nicolau. Mas disse:

— É bom mesmo precaver-se.

— E você e sua namorada?

— O que tem ela?

— Estão juntos há muito tempo?

— Vai completar um ano — disse Nicolau, sem muito interesse.

Arthur percebeu a falta de entusiasmo na voz de Nicolau, mas preferiu não dizer nada. Estava se sentindo meio constrangido com esse final de conversa. Foi salvo por Célia, que tinha acabado de chegar a casa. Ele se levantou rápido e a abraçou. Sussurrou em seu ouvido:

— Ainda bem que chegou. Estava aqui sem jeito.

Ela fez sim com a cabeça e cumprimentou Nicolau. Abraçaram-se e Arthur aproveitou o momento para se distanciar. Encontrou Alfredo na sala e sentou-se ao lado dele. Passaram a conversar sobre a situação do país, sobre o processo de redemocratização e outros assuntos no campo da política.

Enquanto papeava com Alfredo, Arthur não conseguia deixar de pensar em Nicolau.

Isso não pode acontecer. Ele namora. E namora uma mulher, ainda por cima...

CAPÍTULO 30

O dia da festa chegou. Antonieta olhou-se no espelho e gostou do que viu. Reclamou um pouco com a cabeleireira porque não queria manter o coque.

— Isso é cafona. Eu queria fazer permanente.
— O estilo do vestido pede cabelos presos. Em coque — foi a palavra de Célia.
— Se você diz, já que entende de moda e tem estilo, eu aceito.
— Obrigada pela preferência — riu Célia.

Antonieta sentiu leve tontura.

— Você tomou café da manhã?
— Tomei uma xícara de café. Não posso engordar.

— O vestido não vai explodir no seu corpo caso coma uma fruta, um pãozinho. Precisa se alimentar. Como vai ter pique para estar bem, receber seus amigos, dançar, divertir-se...

— E namorar! — completou Antonieta.

— Hum, já tem namorado?

— Namorado, namorado de verdade, não. Tem uns dois meninos do colégio que dão em cima de mim. Talvez eu fique com um deles, ou com os dois.

— Você ainda é adolescente, Antonieta. Vai devagar.

— E você não me enche, Célia. Não faz o que quer da vida? Então, deixa eu fazer o mesmo com a minha.

— Não está mais aqui quem falou. — Ela consultou o relógio, levantou-se e foi espiar na janela. — Vamos, está na hora. O motorista que papai contratou já chegou.

— Vou comer uma maçã. E prometo que vou me alimentar quando chegar ao salão. Palavra de Antonieta.

Célia riu e desceram as escadas. No saguão estavam Dirce, Alfredo e Nicolau. Arthur estava no jardim.

— Filha, como está linda! — foram as palavras de Alfredo.

— Obrigada, papai.

— Verdade — assentiu Nicolau. — Muito bonita.

— Eu sei. Eu me acho linda. Eu me sinto linda. Eu sou linda!

— Menos — fez Dirce com a mão. — Excesso de autoconfiança pode não ser um bom conselheiro.

Antonieta deu de ombros. Passou por ela e estendeu o braço ao pai.

— Vamos?

Alfredo assentiu. Ele, Antonieta e Dirce foram no carrão alugado que os conduziria até o salão.

Célia foi chamar Arthur, que andava de um lado para outro do jardim.

— Nós mal nos vimos ou nos falamos. O dia hoje foi dedicado a Antonieta. Você está bem?

— Estou.

— Não me parece — observou Célia.

— Nada de mais.

— Arthur, eu o conheço há anos. O que foi? Vai, desembucha.

Ele baixou o tom de voz:

— Eu não paro de pensar no seu irmão.

Célia abriu largo sorriso.

— Que boa notícia! Fazia tempo que eu não via você se interessar por alguém.

— Celinha... não brinque com isso. Seu irmão namora. Uma mulher!

— E daí? Quer saber? — Ela aproximou-se de Arthur e falou baixinho: — Esse namoro não vai dar em nada. Pelo que ouvi, a Iara, namorada do Nicolau, sai mais com a Cleonice do que com ele. Esse namoro já está com o prazo de validade vencido.

— Jura?

— Pode acreditar.

Arthur ia falar, mas Nicolau apareceu:

— Quem vai com quem?

— Eu preciso passar na casa da vó Angelina. Fiquei de levá-la à festa, já que tia Estelinha e tio Sérgio não vão. — Ela encarou Nicolau e indagou: — Importa-se de levar o Arthur?

Arthur mordiscou os lábios e quase disse não, mas Nicolau foi rápido e revelou:

— Vou buscar a Iara. Será um prazer levá-lo conosco.

— Não vou atrapalhar?

— De forma alguma. A Iara mora na Tijuca. Venha comigo. No caminho, vou lhe mostrando alguns pontos turísticos, lugares famosos da cidade.

— Tudo certo — disse Célia. — A gente se vê na festa.

Ela deu beijinhos neles e partiu. Arthur entrou no carro e afastou o banco da frente para se sentar no de trás.

— Você senta na frente — ordenou Nicolau.

— Mas a Iara...

— Quando chegarmos na casa dela, você muda de lugar. Mas agora vai na frente.

Arthur concordou. Um tanto envergonhado, sentou-se no banco do passageiro. Nicolau deu partida e ligou o rádio.

— Qual tipo de música gosta de ouvir?

— As músicas da atualidade.

— Eu também. — Nicolau sintonizou numa estação de música pop.

Foram na direção da Tijuca. Nicolau era um bom guia. Com prazer, mostrava a Arthur os pontos interessantes ao longo do trajeto, como a Lagoa Rodrigo de Freitas. Engenheiro apaixonado pelo ofício, narrou a Arthur sobre a história do Túnel Rebouças e como fora projetado e executado. Arthur encantava-se com as explanações. Houve um momento em que, ao trocar de marcha, a mão de Nicolau encostou na perna de Arthur. Ele sentiu um calor tomar-lhe o corpo. Nicolau sentiu o mesmo, mas disfarçou.

Logo chegaram à casa de Iara. Era um sobradinho antigo mas bem conservado. Ela era uma moça comum. De estatura mediana, tinha os cabelos curtos, cortados à moda. Trajava um conjunto em tons de verde-limão, a cor da estação. Ela foi apresentada a Arthur e, em seguida, reclamou:

— Por que demorou tanto?

— Vim mais devagar. Queria mostrar alguns pontos turísticos da cidade, endereços conhecidos. Arthur nunca esteve no Rio.

— Você é de São Paulo? — Iara quis saber.

— Sou. Mas estou adorando a cidade.

— O Rio é encantador. — Ele concordou. — Entretanto, eu adoraria ir embora, mudar de cidade, de ares.

— Iara agora deu para isso — comentou Nicolau. — Quer se mudar do Rio.

— Sou muito nova. Quero aproveitar mais a vida.

Eles se acomodaram no veículo e Nicolau deu partida. Assim que dobraram a rua de Iara, Arthur perguntou, de forma natural:

— Você também gostaria de mudar de cidade, Nicolau?

— Não. Eu adoro o Rio.

— Se a Iara quer mudar, então... — Ele não concluiu.

Foi Iara quem disse:

— Por enquanto, estou só na vontade.

— Mais ou menos — interveio Nicolau. — A Cleonice comentou comigo que você enviou currículo para empresas de Vitória, no Espírito Santo.

— Cleonice tem a língua do tamanho do mundo — ela reclamou. — Eu só enviei os currículos. Não há nada de concreto.

— Por que escolheu enviar seu currículo para o Espírito Santo? — quis saber Arthur.

— Minha família toda mora lá. Apenas meus pais estão aqui. E pensam em retornar a Vitória. Enfim...

Sem mais assuntos entre eles, Nicolau aumentou o volume do rádio e os três permaneceram quietos até a chegada ao salão.

CAPÍTULO 31

 O salão de festas alugado por Alfredo era espaçoso e ficava numa região nobre da cidade. A decoração era um primor e a mesa de doces, que fora posicionada próxima à entrada, era um luxo só. Antonieta gostou do que viu, mas não deu o braço a torcer. Não agradeceu Cleonice pelo presente.
 Cleonice não estava nem aí com Antonieta. Estava amuada, pensando em Celso. Depois que eles haviam terminado o relacionamento, ela raramente saía com um rapaz. Preferia a companhia de Iara. Com ela, Cleonice permitia se abrir e confidenciar-lhe seus pensamentos mais loucos. Elas se davam muito bem. Tanto que, assim que Iara entrou no salão, Cleonice foi correndo abraçá-la.

— Ainda bem que chegou! — exclamou Cleonice. — Seria insuportável aturar esse bando de adolescentes sozinha.

Iara riu.

— Bom estarmos juntas. Viu que tem filme novo do Fellini nos cinemas?

— Li no jornal, Iara. *E la nave va*. Vamos amanhã?

— Ótimo.

Nicolau aproximou-se com Arthur. Apresentou-o a Cleonice.

— Ele é o sócio da Célia.

— Ah! — fez Cleonice. — Você é famoso. Sempre ouvi seu nome, mas não tinha um rosto definido. Agora tem!

Conversaram de forma animada. Cleonice gostou de Arthur. E ele, dela. Trocaram ideias e, como ele adorava cinema, comentou:

— Estreou filme novo do Federico Fellini.

Cleonice levou a mão à boca.

— Estávamos falando desse filme agora há pouco.

— Jura? — Ela fez sim com a cabeça. — Pena que vou embora amanhã.

— Eu e Iara estávamos combinando de assistir ao filme amanhã à tarde. Quem sabe você poderá ir conosco!

— Não vai dar, Cleonice — disse Arthur, entristecido. — Eu vou visitar um amigo querido que não vejo há tempos. De lá, volto para me despedir de seus pais e vou para o aeroporto.

— Então, quando voltar ao Rio, vamos nos encontrar e ir ao cinema. Promete?

— Prometo.

— Vou anotar meu número de telefone. — Cleonice pegou um guardanapo. Pediu uma caneta ao garçom e anotou o número. — Pronto, agora, quando vier ao Rio, também poderá me visitar. Meu apartamento tem um bom tamanho e quarto de hóspedes. Poderá se hospedar em casa.

— Obrigado, Cleonice. Você é muito gentil.

Nicolau gargalhou. Os três olharam para ele e Iara indagou:

— Por que essa gargalhada?

— Nunca pensei nesta vida ouvir alguém dizendo que Cleonice é gentil.

— Ora...

Ela ia falar, mas Nicolau a interrompeu e confidenciou a Arthur:

— A Cleonice sempre foi ranzinza.

— Não a imagino assim — confessou Arthur.

— Eu era ranzinza — enfatizou. — Agora mudei. Faço terapia.

— Não é só isso — interveio Nicolau. — Cleonice se apaixonou. Foi depois de conhecer o Celso que ela mudou o jeito de ser.

— É verdade — ela concordou.

— E cadê ele? — Arthur quis saber.

— Ele mudou-se para Zurique. Até tentamos manter o namoro por meio de cartas e raros telefonemas. Não deu certo.

— Você vai encontrar outro que vai fazer você esquecer o Celso.

— Será? — ela indagou, insegura. — Não creio.

— Nunca se sabe — comentou Nicolau, mirando Arthur. — De repente, a vida a surpreende. E tudo pode mudar.

Arthur sentiu um frio na barriga e Iara nada percebeu. O garçom passou com as bebidas e cada um deles apanhou uma taça de vinho. Brindaram à vida e à amizade.

As músicas eram boas e atuais. Eles se animaram a dançar e, depois de beberem, foram para a pista de dança. Às vezes, de forma proposital, Nicolau esbarrava o braço em Arthur. Iara puxou Cleonice para o centro da pista e começaram uma coreografia. Num movimento brusco, Cleonice deu uma cotovelada no rapaz que dançava ao seu lado.

— Desculpe! — ela disse, sincera.

— Imagine. Você dança bem. Gostei da sua coreografia.

Era preciso falar bem próximo do ouvido em razão do alto volume da música. Cleonice sentiu o hálito quente do rapaz na sua orelha e teve um frêmito de emoção.

A música acabou e o DJ anunciou que dali a pouco a pista deveria ser esvaziada para receber a debutante. Iara e Nicolau voltaram à mesa. Arthur foi atrás de Célia. Viu-a sentada numa mesa com algumas pessoas. Foi até elas. Conheceu Marcílio e Rosana. Sentou-se na cadeira ao lado de Angelina e com ela permaneceu num gostoso bate-papo até o fim da festa. Evitava a todo custo ficar próximo de Nicolau. Estava com medo de dar bandeira e causar algum tipo de atrito com Iara. Gostara da moça e não achava justo paquerar o namorado dela... na cara dela!

O rapaz que falara ao ouvido de Cleonice se apresentou:

— Prazer, Eurico.

— Meu nome é Cleonice. Sou irm... — Ainda era difícil de ela pronunciar a palavra *irmã* ao se referir a Antonieta, mas as sessões de terapia a estavam ajudando nesse intento. Ela mudou o rumo da conversa e indagou: — Antonieta não tem amigos muito mais velhos que ela.

Ele abriu um sorriso de canto a canto.

— Está me chamando de velho!

— Não é isso — ela riu. — Os amigos de Antonieta têm entre quinze e dezoito anos. Acho que você tem um pouquinho mais que dezoito anos...

— É verdade. Tenho bem mais que dezoito.

— Coincidência! Eu também.

— Não parece. Pensei que fosse uma das amiguinhas da debutante.

Cleonice corou. Eurico era o tipo de homem que falava sem tirar os olhos do interlocutor.

— Você veio com alguém?

Eurico apontou um rapaz que deveria ter não mais que dezesseis anos.

— Estou acompanhando um amigo. Ele não é de sair muito, não frequenta a zona sul. Os pais pediram que eu ficasse de olho nele.

Entabularam conversa e Cleonice nem prestou atenção quando Antonieta caminhou até o centro da pista ao lado do pai. Dançaram a valsa. Ela estava interessada naquele moço bonito e musculoso. Era a primeira vez que alguém a fazia esquecer Celso. Cleonice passou o resto da festa na companhia de Eurico. E o convidou para saírem. E depois ele dormiu na casa dela...

CAPÍTULO 32

A festa foi um sucesso. Antonieta chegou à casa satisfeitíssima. Estava excitada e não parava de falar.

— Vou lhe fazer um chá de cidreira. Precisa dormir.

— Mãe — ela estava empolgada —, você viu como elogiaram a festa? E o vestido? A Tati e a Júlia me parabenizaram. E olha que elas são lindas, chiques, elegantes...

— O vestido que sua irmã lhe fez é muito bonito.

— Vou guardar e usar no meu casamento.

— Não tem nada a ver — disse Célia, que acabara de chegar, acompanhada de Arthur.

— Como não? — revidou Antonieta. — Você pode fazer uns ajustes nele. É lindo. Vou me casar com ele.

Célia riu.

— Já arrumou pretendente?

— Claro que não. Mas quando o encontrar...

Alfredo sentia-se cansado e foi dormir. Dirce voltou da cozinha com o chá e entregou a caneca fumegante para Antonieta. Em seguida, despediu-se e também foi para o quarto. Antonieta tagarelou um pouco mais e, depois de tomar todo o chá, começou a demonstrar sinais de cansaço. Despediu-se e, contente, foi dormir.

A sós com Arthur, Célia foi logo dizendo:

— Bom, já que o Nicolau foi dormir na casa da Iara, estamos livres para conversar.

— Conversar? Agora não! — protestou Arthur. — Estou cansado. Vou dormir. Quero estar bem-disposto quando me encontrar com meu amigo Cláudio.

— Eu o conheço, Arthur — deu sequência Célia. — Ficou mexido com meu irmão.

— Você sabe que sim. Por que pergunta?

— Eu conheço o Nicolau. Ele se interessou por você.

— Imagine, Célia. Ele namora a Iara, que, por sinal, é um encanto de pessoa.

— Algo me diz que as coisas vão mudar.

— Se depender de mim, nada vai mudar. Eu não sou do tipo que destrói relações.

— Não estou dizendo isso.

— Além do mais, amanhã à noite voltaremos para casa. Moramos em cidades diferentes. Não creio que vou reencontrar seu irmão tão cedo.

— Não vou discutir — foram as palavras de Célia. — Também estou cansada. Vamos dormir. Mas saiba que essa conversa não acabou aqui. Amanhã vamos falar mais sobre Nicolau.

Despediram-se e cada um foi para seu quarto.

Na manhã seguinte, Arthur despertou cansado. Demorara para conciliar o sono. Não tirava Nicolau do pensamento. Na cozinha, Célia percebeu seu estado, mas nada disse. Preferiu esperar para conversarem no aeroporto. Ela aproveitaria o dia para visitar, mais uma vez, Estelinha e Sérgio.

Antonieta acordou e passou o dia curtindo os presentes que ganhara. Dirce e Alfredo foram almoçar na casa de Alberto e Rosana.

Nicolau dormiu na casa de Iara, mas apenas... dormiu. Não namoraram, por assim dizer. Iara já estava acostumada com a falta de intimidade entre ambos. Na cabeça dela, Nicolau não era muito afeito às coisas de sexo. Além do mais, estava mais interessada em conseguir um bom emprego em Vitória. Não botava muita fé nesse namoro. Nicolau era boa companhia e assim ela ia levando essa relação morna.

Ele dormiu no sofá da sala. Quando despertou, Iara tinha acabado de fazer café. Ela o serviu em uma caneca fumegante e sondou:

— Vai passar o dia comigo?

— Não vai ao cinema com a Cleonice?

— Não mais. Cleonice conheceu um moço na festa. Não reparou que ela ficou numa mesa bem longe de todos, trocando uns amassos?

— É? Cleonice? Então ela esqueceu o Celso.

— Não sei se esqueceu, mas aposto que se divertiu.

— Não reparei.

De fato, Nicolau não tinha reparado na irmã ou em quem quer que fosse. Sempre que podia, seus olhos procuravam por Arthur. Ele até tentou aproximar-se da mesa em que ele estava sentado. Entretanto, Arthur mal o encarava e entabulara uma longa conversação com Angelina. Sem graça e sem jeito para abordá-lo, Nicolau pegou um drinque e foi se esbaldar na pista de dança. Viu quando Arthur foi embora com Célia e teve uma vontade louca de ir com eles. Mesmo que estivesse confuso em seus sentimentos, tinha carinho e respeito por Iara. Era melhor irem para a casa dela. Era melhor dormir. Era melhor esquecer Arthur por ora...

No trajeto até a casa da tia, Célia deixou Arthur numa esquina da Barata Ribeiro, em Copacabana.

— Que horas você volta? — ela quis saber.

— É só um almoço. Lá pelas cinco, eu tomo um táxi até a casa de seus pais. A gente se despede deles e vai para o aeroporto.

— Combinado. Bom almoço.

— Obrigado.

Arthur caminhou até a outra esquina e viu Cláudio encostado num poste. Assim que o viu, Cláudio abriu os braços. Cumprimentaram-se com efusividade. Entraram no restaurante, pediram uma entrada e chopes. Colocaram as conversas em dia e, obviamente, mais para o fim do almoço, Arthur considerou:

— Sei que você acredita que seu amor não é desta vida.

— Sim.

— Eu acho que estou apaixonado.

— Como assim? — perguntou Cláudio. — Da última vez que conversamos, você estava sozinho. É o Clóvis?

— Não! — Arthur fez um gesto engraçado com a mão. — Clóvis é como um irmão, assim como você. De mais a mais, deixa eu te contar. — Arthur animou-se e revelou: — O Clóvis está namorando um rapaz que acabou de se separar. Da esposa!

— Sério?

Arthur fez sim com a cabeça e contou a história para Cláudio.

— Não tive muita amizade com o Clóvis, mas fico feliz em saber que ele saiu das garras do Henrique. Não gosto desse rapaz. Ele é da turma daquele outro insuportável, o Vicente.

— Sei de quem está falando. Não gosto dessa turminha do mal. São sarcásticos, arrogantes, prepotentes. Tratam mal as pessoas. Prefiro ficar longe deles.

— Voltemos a falar de coisas boas — convidou Cláudio. — Me fale de sua paixão.

Arthur suspirou e contou sobre Nicolau. Revelou ao amigo que, desde que o conhecera, dois dias atrás, estava extremamente mexido. Disse também que Nicolau tinha uma namorada, mas dera todos os indícios de que o namoro não vingaria.

— Espere o tempo passar — tornou Cláudio.

— É o que penso. Logo mais voltarei para São Paulo. Não sei se vou encontrar esse homem de novo. Melhor nem pensar... eu gostei muito da namorada dele. Não sou do tipo que dá em cima de gente comprometida.

— Eu conheço você há anos. Sei que é um cara correto, gente boa. Já disse, Arthur, deixe o tempo fazer sua parte.

— Não consigo tirá-lo da minha cabeça. Que inferno!

Cláudio sorriu:

— A gente pode escolher como quer ficar. Você pode entrar na aflição ou escolher a alegria, o amor. Concentre-se no amor, tanto no amor que sente por si como esse que começa a brotar por esse rapaz. Nada é capaz de nos atrapalhar quando estamos totalmente sintonizados nesse nobre sentimento.

Cláudio não percebera, mas estava sendo intuído por Gina, espírito que por ele nutria muito amor. Arthur se comoveu com as palavras. Despediu-se do amigo com o peito leve, carregando nele mais amor e menos ansiedade.

Infelizmente, esse seria o último encontro deles. A vida corrida os afastaria e cada um mergulharia no trabalho. Dali a algum tempo, Cláudio morreria num grave acidente de automóvel. Arthur sentiria profundamente esse desencarne. E seria necessário tomar muitos passes e estudar mais a fundo as obras de Kardec. Dona Alzira, dirigente do centro espírita que ele frequentava na capital paulista, o ajudava com palavras de conforto. Afirmava, com convicção, que o tempo de Cláudio no planeta era esse e que ele cumprira muito bem os propósitos de encarnação. E confirmara a Arthur que o amor de Cláudio, definitivamente, não era deste, mas de outro mundo.

CAPÍTULO 33

Cleonice despertou com um leve sorriso. Espreguiçou-se, olhou para o lado e viu que Eurico dormia a sono solto. Ela observou o corpo dele nu, todo trabalhado no fisiculturismo. Apreciou aquele corpo e o tocou com delicadeza. Eurico era mesmo um homem forte.

Ele se revirou na cama, abriu os olhos e sorriu:

— E aí, gata? Bom dia.

— Bom dia.

Eurico a beijou e sentou-se na cama.

— Tem café?

— Tenho. E tem pão de forma, manteiga, geleia...

— Uau! Você tem tudo isso em casa? Do jeito que trabalha, como arruma tempo para manter a casa abastecida? Tem outro?

Eles riram. Cleonice bateu de leve no ombro dele.

— Bobo. Imagina. Eu tenho uma empregada que mora em casa. Conheço a Inês desde que era adolescente. A bem da verdade, eu a roubei da minha mãe.

— Ela está no apartamento?

— Não. Hoje é folga dela. Nos domingos, ela sai bem cedinho. Vai à missa no Mosteiro de São Bento e depois vai almoçar na casa de alguma amiga.

— Legal.

— Por que está perguntando?

— Porque quero ficar à vontade. — Ele se levantou e caminhou nu pelo quarto.

Cleonice observou-o atentamente. *Que corpo, meu Deus!*, pensou, mas disse:

— Quer que eu vá fazer café?

— Não, gata. Eu vou. Você vai ficar na cama. Deixa que eu me viro. Vou fazer o melhor café da manhã que já lhe ofereceram. Melhor que de hotel cinco estrelas.

Ele caminhou até a porta do quarto, saiu nu pelo corredor e foi até a cozinha. Dali a uns quarenta minutos voltou, de avental, carregando uma bandeja com ovos mexidos, pão saído da torradeira, suco de laranja, geleia, manteiga... um verdadeiro banquete.

Comeram e se amaram de novo. Depois do banho, Eurico quis levar Cleonice até a Pedra do Sal. Ela adorou o passeio e percebeu que ele flertava com outras mulheres. A carga de sedução que dele emanava era fortíssima. E Cleonice não se importava com isso. Simpatizara com Eurico e queria apenas uma boa companhia. Quando estava com ele, facilmente esquecia-se de Celso. E eles se deram bem na cama. Eurico era carinhoso, amoroso, paciente... um verdadeiro *gentleman*. E assim ela foi levando esse relacionamento que lhe trazia um pouco de contentamento além do trabalho, que ela adorava de paixão.

Nos meses seguintes, em São Paulo, tudo corria às mil maravilhas. Marcílio ajudara Célia e Arthur na compra da futura loja da marca, situada na Oscar Freire, uma das ruas mais sofisticadas do país. O escritório de Alfredo e Sérgio seria responsável pela administração da reforma. Isso implicaria a visita de um funcionário que viria do Rio uma vez por semana para acompanhar a execução do projeto de reforma.

— Sabe quem virá vistoriar a obra? — indagou Célia a Arthur, já sabendo da resposta.

— Um funcionário lá do Rio.

— Hum...

Arthur a encarou sério.

— Não. Não pode ser. Seu irmão é praticamente o dono do negócio. Ele não vai se dar ao luxo de vir a São Paulo só para...

Célia o cortou com graça:

— Bobinho. Esqueci de lhe dizer que Iara arrumou emprego em Vitória. Mudou-se faz mais de um mês. Ela achou por bem romper definitivamente com meu irmão.

— É? — Arthur sentiu um frio na barriga.

— É. Já conversei com Nicolau sobre se ele se prontificaria a vistoriar a obra. Afinal, é a loja da irmã dele. Nicolau não me faria essa desfeita.

— Você sabia de tudo! — Ele a encarou de forma engraçada. — Fez tudo pelas minhas costas.

— Confesso que fiz. Aliás — Célia consultou o relógio —, o Nicolau vai chegar hoje à noite. Vem para passar o fim de semana. Vai ficar hospedado lá em casa...

— O que vou dizer a ele? — indagou, inseguro.

— Sei lá. Na hora você vai saber o que falar.

Arthur passou as mãos pelos cabelos. Estava nervoso.

— Ai, ai, Célia. Não sei nada de seu irmão. Nada. A única informação que tenho é de que gosta de ficar em casa.

— Ele gosta de filmes de ficção científica, tipo *O exterminador do futuro* — tornou Célia.

— Hum. — Arthur fez um muxoxo. — Não sou muito fã.

— Nem tudo é perfeito. Mas, se quiser almoçar — ela fez um ar de mistério —, eu lhe conto tudo o que sei sobre o Nicolau. Vamos?

Ele fez sim com a cabeça e caminharam na direção de um agradável restaurante ali na redondeza.

CAPÍTULO 34

 Nicolau veio a São Paulo e decidiu que iria, pessoalmente, vistoriar a obra da loja. Montou um esquema com seus funcionários e resolveu que trabalharia na capital paulista até que as obras terminassem. Lá no Rio, ele estava cercado de pessoas bem competentes. O pai e o tio, por ora, afastavam-se do trabalho. Na verdade, estavam passando o negócio em definitivo para Nicolau. Sérgio, mesmo se esquecendo das coisas, preocupava-se com o estado de saúde de Estelinha e desejava ficar mais tempo ao seu lado. Alfredo sentia o peso da idade e também queria ficar mais tempo ao lado de Dirce.
 Assim sendo, Nicolau, aos poucos, foi assumindo a empresa. Já estava num ponto em que ele absorvera quase

todo o trabalho do pai e do tio. Além do mais, adorava o que fazia. Trabalhava mais horas do que o convencional porque não gostava de ter tempo ocioso. Depois que Iara terminara com ele, não conheceu mais ninguém porque não deixava de pensar em Arthur.

Era algo estranho... Nicolau nunca se interessara por homens. Desde a adolescência tinha namorado apenas três garotas, contando com Iara. Era como se tivesse entrado no "automático", ou seja, namorava meninas porque ao seu redor o normal era que assim fosse. Seu pai era casado com uma mulher; seu irmão casara-se com mulher. Os amigos de colégio e de faculdade também. Não havia caso na família de homem que tivesse namorado homem. Crescera ouvindo — dos amigos e jamais dos pais, cabe salientar — que dois homens afetivamente juntos era algo nojento, repugnante. As novelas mostravam isso, os programas humorísticos escrachavam com os gays, levando o público a assimilar todo gay como afeminado e toda lésbica como um ser masculinizado. Era um tempo em que não havia leis a favor de gays e lésbicas. Estes eram tão e somente uma minoria tratada à margem da sociedade. Se um indivíduo se descobrisse gay, ele teria três saídas: assumir a sua orientação sexual e saber que seria execrado pela família e pela sociedade; ser expulso de casa e, às vezes, abraçar a prostituição para sobreviver; a terceira e mais triste das possibilidades seria matar-se, infelizmente. Era uma saída desesperadora para aqueles que se culpavam ou se envergonhavam de sentir o que sentiam.

Era um tempo também em que determinados centros espíritas — não todos —, por meio de dirigentes imbuídos de rígidos padrões de comportamento, alegavam que a homossexualidade indicava que o indivíduo que assim reencarnasse deveria manter-se casto por toda a vida. Havia dirigentes que afirmavam receber ensinamentos dos espíritos para que um homossexual jamais se envolvesse sexualmente com outro homem, visto que, se agisse dessa forma, fatalmente iria purgar no umbral.

Ledo engano! Quem se dispuser a ler as obras básicas do espiritismo, ou seja, os livros codificados por Allan Kardec, perceberá que essas interpretações errôneas apenas atrapalham aqueles que necessitam de acolhimento e atenção. O alicerce da doutrina espírita são os ensinamentos de Jesus. Ora, o Mestre era amigo de todas as pessoas, sem as discriminar. Jesus fora amigo de mendigos, de gente rica e de gente pobre; tinha em uma prostituta uma grande amiga. Pregava o amor, indiscutivelmente. Daí que o espiritismo repudia qualquer tipo de discriminação ou preconceito, seja em relação à cor da pele, posição social, econômica, nacionalidade, deficiência física ou intelectual, orientação sexual... A real doutrina espírita abraça e acolhe toda e qualquer pessoa.

Alguns centros espíritas ainda insistem em bater na tecla do preconceito. Faz parte da evolução do planeta, afinal, vale lembrar que um centro é dirigido por encarnados. Como ainda vivemos numa transição entre um mundo de provas e expiações e um mundo de regeneração, é aceitável que haja confusão na cabeça de determinados grupos de pessoas. E, para finalizar o assunto, convidamos você a ler *O Livro dos Espíritos*, em especial as perguntas 200, 201 e 202. Reproduzimos aqui o comentário de Kardec acerca dessas três questões:

> Os espíritos encarnam como homens ou como mulheres porque não têm sexo. Como devem progredir em tudo, cada sexo, assim como cada posição social, lhes oferece a oportunidade de adquirir novas experiências. Aquele que encarnasse sempre como homem, por exemplo, apenas saberia o que os homens sabem.

A sorte de Nicolau, assim como de Arthur, é que ambos frequentavam centros espíritas que não discriminavam quem quer que fosse. No Rio de Janeiro, Rosana afirmava com frequência que seu centro era um ambiente para todas... todas as pessoas! Em São Paulo, dona Alzira, a dirigente do centro espírita que Arthur frequentava, era categórica em afirmar que devemos nos amar incondicionalmente e, por essa razão, respeitar o próximo, seja ele — ou ela — quem for.

Antes de vir a São Paulo, portanto, Nicolau procurou Rosana para uma conversa acerca dos seus sentimentos.

— O que sente é natural.

— Mesmo? Não vou purgar no umbral pelo fato de me relacionar com outro homem?

— Acredita nisso?

— Não, mas...

Ela o cortou com amabilidade na voz:

— Mas... não gosto de "mas". Como conjunção adversativa, ela estabelece relação de oposição entre as palavras, ou seja, gera dúvida. Como sempre acato o que os mentores da casa me transmitem, aprendi com um deles que, "na dúvida, diga não". Isso posto, eu lhe pergunto: tem dúvida do que sente ou de como se sente?

— Dúvida do que sinto, não. O que me atormenta, de vez em quando, é saber que a minha orientação sexual me coloca numa posição assim ou assado na sociedade.

— E você tem algo a dever à sociedade? Ela paga suas contas, sente suas angústias, medos e frustrações? — Ele fez não com a cabeça e Rosana prosseguiu: — Portanto, se não tem dúvida do que sente, siga em frente. Ame, indiscriminadamente.

Nicolau voou a São Paulo mais seguro em relação a si e acerca do sentimento que nutria por Arthur. A bem da verdade, gostara dele logo que o conhecera. Ele tivera a impressão de que já tinham se visto antes. Arthur lhe era familiar. E esse pensamento deixava Nicolau maluco.

Como posso tê-lo conhecido se sempre viveu em outra cidade?, perguntava-se mentalmente.

Assim que saiu do aeroporto, tomou um táxi com destino ao apartamento de Célia. Lá chegando, foi recebido calorosamente pela irmã. Conversaram sobre um monte de coisas, até que Célia quis saber:

— Agora que está solteiro, sente-se livre para amar de verdade?

— Sim. Antes de vir, tive uma conversa com Rosana. Ela me acalmou. Confesso que conversar com ela me trouxe calma.

— Também gosto dela. Alberto foi abençoado pelos céus por ter uma companheira assim, tão amiga, compreensiva, de boa cabeça. Resumindo, Rosana é um amor de pessoa. Um espírito, digamos, mais evoluído que a gente.

— Pode crer, maninha — concordou Nicolau.

— Vai se declarar ao Arthur?

Ele sentiu um friozinho no estômago.

— Acho que sim. Vou chamá-lo para jantarmos fora. Tem alguma indicação?

— Marque com ele no Spazio Pirandello, um charmoso restaurante na Rua Augusta, na área mais próximo do centro da cidade. É um restaurante frequentado por artistas, gente descolada. Lá, vocês vão se sentir bem à vontade. Além do mais, como Arthur gosta de filmes clássicos... os pratos levam nomes de artistas como Marilyn Monroe, James Dean. Ele vai gostar. — Célia anotou o endereço num bloquinho e o entregou ao irmão: — Aqui está.

— Obrigado pela dica. Bom — ele pigarreou —, tem certeza de que Arthur também se ligou em mim?

Ela riu à beça.

— Desde que o viu pela primeira vez.

Nicolau sentiu alívio. Depois de muita conversa, ele encarou Célia e sondou:

— E você?

— Eu o quê?

— Nunca a vi namorando ninguém.

— O trabalho me toma tempo demais. Como sabe, quando a loja ficar pronta, eu e Arthur vamos dividir as tarefas: eu vou assumir toda a gestão da fábrica, e ele vai administrar a loja. Portanto...

— Entendo que tenha muito trabalho pela frente. Poderá contratar assistentes, rodear-se de bons profissionais. Eu lhe digo isso por experiência própria. Assim que papai e tio Sérgio saíram da empresa, eu assumi tudo sozinho. Era um tempo em que estava refletindo sobre o namoro com Iara e sobre meus reais desejos. Agora que decidi permanecer mais tempo em São Paulo, acerquei-me de bons profissionais. Não tenho do que reclamar.

— Pode ser que eu siga esse caminho, o da contratação de gente experiente.

— Pois tente. Tenho certeza de que vai se surpreender com a quantidade de boa mão de obra no mercado.

— Você tem razão.

Nicolau voltou à questão:

— Nada de flerte? Nem um caso, nada?

— Nada.

— Célia — ele a encarou sério —, nem uma moça...

Ela corou por instantes. Depois confidenciou:

— Conversei com tia Estelinha e vó Angelina a respeito. Diferentemente de você, nunca me incomodou o fato de ser lésbica. Sou uma mulher como qualquer outra, apenas o meu desejo sexual é diferente de outros tantos que existem por aí. Ocorre que até o momento não encontrei ninguém que me tenha despertado interesse.

— Você vai de casa para o trabalho, e do trabalho para casa. Não sai, não frequenta um bar, nada. Como acha que vai encontrar alguém?

— Encontrando — ela disse rindo. — Posso esbarrar em alguém na banca de jornal, no supermercado, na fila da farmácia. Até no trânsito. De uma coisa você pode ter certeza:

estou aberta para um relacionamento amoroso. Portanto, quando tiver de acontecer, vai acontecer. Simples assim.

— Você está coberta de razão, devo admitir.

Nicolau tomou a iniciativa e ligou para Arthur. Combinaram de se encontrar no Spazio Pirandello. Nicolau chegou primeiro, pouco antes do horário marcado. Estava um tanto ansioso. Embora o restaurante estivesse praticamente lotado — e sempre estava —, conseguiu uma mesa discreta, próximo de um corredor pelo qual dificilmente alguém passava. Pediu um drinque e acendeu um cigarro. Arthur chegou no horário marcado. Cumprimentaram-se com um abraço afetuoso.

— Vai beber o quê? — quis saber Nicolau.
— O mesmo que você.
— Não sabe o que pedi.

Arthur deu de ombros.

— Você tem bom gosto. Vou beber o mesmo que você.

Nicolau gostou da resposta. E conversaram a noite toda, entre bifes e massas com nomes de artistas que são reverenciados até hoje. Ambos foram sinceros no sentimento verdadeiro que nutriam um pelo outro. Já era madrugada quando deixaram o restaurante com destino à casa de Arthur.

Depois desta noite, os dois não se desgrudaram mais. Aos poucos, Nicolau montou a filial do escritório de engenharia num sobradinho charmoso que ficava a dois quarteirões de distância da loja de Arthur e Célia, na Melo Alves. Dali a três anos, ele se mudaria definitivamente para São Paulo. Comprou um apartamento antigo e espaçoso, num prédio charmoso, pertinho de onde Célia morava. Arthur alugou o seu apartamento e mudou-se para viver ao lado de Nicolau.

É sabido que, quando o Supremo Tribunal Federal (STF) reconheceu o direito à união estável por casais homoafetivos, ou seja, alterou o entendimento do Código Civil de que uma família é formada apenas por um homem e uma mulher, Nicolau e Arthur se casaram. Fizeram uma celebração com poucos convidados, apenas familiares e alguns amigos. Dirce, Alfredo e os pais de Arthur, assim como Estelinha, Sérgio e Angelina, não estavam mais vivos quando o evento ocorreu. Mas quem disse que não tiveram a chance de assistir à linda cerimônia do outro lado da vida? Apostamos que sim. E afirmamos que a união de ambos apenas ratifica que o amor é maior que tudo. O amor sempre vence.

CAPÍTULO 35

Depois que se aposentou do escritório de engenharia, Sérgio só vivia para a esposa. Embora tivesse episódios de esquecimento, estava preocupadíssimo com a saúde de Estelinha. Ela sofrera uma piora e pouco saía da cama. Angelina, vinte anos mais velha, era quem mantinha a rotina da casa. Extremamente ativa, cuidava de tudo, e ainda dedicava tempo para trabalhar voluntariamente no centro espírita presidido por Rosana. O trabalho espiritual a enchia de prazer e muita satisfação. Aos poucos, Angelina foi abraçando outras atividades do centro e tornou-se, por exemplo, a responsável pelo curso básico de espiritismo. Ela tinha uma didática invejável e transmitia a doutrina de Kardec com extrema facilidade. No começo, o curso era aberto para dez pessoas. Um ano depois, havia três turmas com cinquenta alunos cada. Ela ministrava o curso às segundas, quartas e sextas.

De vez em quando, tentava levar Estelinha para tomar um passe, reequilibrar as energias do corpo emocional e espiritual. Era muito difícil tirá-la de casa. Assim sendo, Rosana ia até a casa deles e fazia sessões de cromoterapia em Estelinha.

Sérgio, que vinha de uma educação religiosa batista, passou a frequentar os cultos semanais e, diariamente, lia os textos de Charles Spurgeon em voz alta. A fé lhe dava forças para reequilibrar seu emocional e auxiliar a esposa enferma a enfrentar melhor o dia a dia.

Marcílio também tentava alegrar a mãe. Nos fins de semana, quando não tinha aulas para dar ou encontros para mediar, ele e Dalila visitavam Estelinha. Levavam as crianças. Corina e Lucas adoravam ir à casa da avó. A bisa Angelina, como carinhosamente a chamavam, esperava-os com bolos, doces, chocolates, sorvetes... Angelina interagia muito bem com as crianças. Houve um dia que, fuçando nos armários, encontrou o Banco Imobiliário, presente que Marcílio ganhara quando completara sete anos.

Quando Lucas completou sete anos, ele pediu que sua festinha fosse feita no apartamento da avó. Marcílio e Dalila concordaram e ele vibrou de felicidade. Estelinha até que animou-se. Passou a tarde interagindo com o filho, a nora e os netos. Só voltou para o quarto depois de cantarem os parabéns. Gostava muito de Lucas, mas tinha afeição especial por Corina. Ela era simpática, inteligente, falante, conversava como adulta. Era excelente aluna — adorava biologia — e enchia Estelinha de orgulho. Além do mais, herdara da avó — e do pai — o gosto por álbuns de figurinhas. Corina adorava preencher, assim como Estelinha, todo o tipo de álbuns, desde flora e fauna, passando por personagens históricos e artistas de cinema.

Depois que Estelinha se retirou, Corina ficou brincando com o pacote de figurinhas que ganhara da avó. Angelina cortou o bolo e, na sequência, presenteou Lucas com uma versão moderna do mesmo jogo. E entregou o jogo antigo ao verdadeiro dono, Marcílio. A atitude de Angelina o levou às lágrimas.

— Pensei que tivessem jogado fora — ele disse, emocionado.

— Imagina — tornou ela. — Não sou acumuladora e não gosto de guardar muitas coisas do passado, mas me lembro de quando você abriu o tabuleiro desse jogo pela primeira vez. Aliás, foi comprando esse jogo que sua mãe conheceu seu pai.

— Verdade! — A mente de Marcílio voou longe. — Foi a primeira vez que vi o Sérgio. Nunca poderia imaginar que aquele homem se tornaria meu paizão.

Sérgio escutou o fim da conversa. Emocionou-se com o relato. Pigarreou para disfarçar a emoção e comentou:

— Pena que não temos mais a bola que lhe dei de presente.

— Eu a destruí em poucos meses, não lembra? — Sérgio fez não com a cabeça. — Poxa, pai, eu descia todos os dias para jogar pelada com amigos.

— É mesmo? — Sérgio esqueceu-se do que conversavam. — Do que é que estávamos falando?

Marcílio sorriu paciente. Em vez de chamar a atenção, emendou:

— De quando ainda dava para nadar na praia do Flamengo... — Marcílio disse de forma saudosa.

— Verdade — concordou Sérgio.

Angelina ajuntou:

— Felisberto adorava jogar Banco Imobiliário com você.

— Sinto tanta saudades dele. Muitas.

Marcílio foi tomado de uma emoção sem igual. Angelina percebeu leve modificação positiva no ambiente e sentiu a presença do espírito do marido. Acompanhado por Magda, Felisberto matava a saudade da família. Comovera-se ao ver

Angelina, Sérgio e Marcílio. No entanto, estava ali porque Estelinha piorava a cada dia. Logo em seguida, ele e Magda deixaram a sala e estavam no quarto dela.

— O que eu poderia fazer para ajudar Estelinha a sair dessa depressão? — indagou Felisberto.

— Não se trata de depressão tão e somente — Magda observou. — Estelinha está doente do corpo. Não vai demorar muito quando ela for ao médico e descobrir um câncer em estado avançado. Prepare-se, porque logo ela estará aqui conosco.

— Fico feliz de que vou poder estar ao lado de minha amada filha; contudo, me dói saber que ela vai desencarnar sem ter se perdoado e perdoado o Décio.

— Eu inspirei Angelina a conversar com ela sobre perdão.

— Por que não a tiramos do corpo para conversar? Não surtirá efeito?

— Infelizmente, não, Felisberto. Estelinha fechou-se numa concha. Neste momento, ela não teria condições de nos ver, tampouco conversar. Espero que as palavras de Angelina a tenham encorajado a olhar para dentro de si e tentar se libertar desse peso angustiante que é a falta de perdão.

— Onde houver mágoa, não há perdão.

— Isso mesmo, Felisberto. Um dia, quem sabe, Estelinha vai perceber que o perdão renova o espírito e o ajuda a trilhar o verdadeiro caminho que o conduza à felicidade.

Estelinha adormeceu e das mãos de Magda e Felisberto saíram faíscas num tom violeta que energizaram a sua região cardíaca. Felisberto aproximou-se de Estelinha e a beijou na testa. Em seguida, ele e Magda foram embora, deixando um rastro de luz e de energias revigorantes no ambiente.

Na manhã seguinte, Estelinha acordou mais bem-disposta. Fez a higiene e saiu do quarto. A empregada já havia chegado e limpava a sala. Ela a cumprimentou e seguiu até a copa. Angelina fizera o café e terminava de pôr a mesa. Alegrou-se quando a viu:

— Bom dia!

— Bom dia, tia. Onde está o Sérgio?

— Desceu para comprar o jornal.

— Essa mania de comprar jornal. Não seria mais fácil assinar um periódico?

— É uma maneira de ele sair um pouco de casa. E a leitura faz bem para a cabeça dele.

— Tem razão.

— Você se retirou cedo. As crianças reclamaram sua falta.

— Estava muito cansada.

— Dormiu bem?

— Muito bem. Acordei me sentindo revigorada.

Angelina pensou no marido e mentalmente o agradeceu por ali ter passado na noite anterior. Tinha certeza de que Felisberto energizara a filha. Ela serviu Estelinha com uma xícara de café com leite e cortou um pãozinho ao meio. Passou manteiga e o entregou a Estelinha.

Ela aceitou e comeu com vagar. Angelina aproveitou que ela estava bem-disposta e comentou:

— O tema da sessão mediúnica de hoje será o perdão. Faz uma semana que eu e Rosana lemos o capítulo dez de *O Evangelho segundo o Espiritismo* e discutimos alguns pontos que levaremos à reflexão[1].

— Não sei se ainda consigo praticar o perdão, tia.

— Claro que consegue. De mais a mais, troquemos o "não consigo" por "não quero". É isso mesmo que deseja? Não quer perdoar?

— Não se trata disso.

— Então se trata de quê?

---

1 Angelina se refere à leitura de *O Evangelho segundo o Espiritismo*, Capítulo X, "Bem-aventurados os que são misericordiosos"; Instruções dos Espíritos: O perdão das ofensas, item 15.

— Não sei ao certo. Confesso que não sinto mais raiva do Décio. Isso é verdade.

— Se não sente raiva, por que a dificuldade em perdoá-lo?

— Estelinha nada disse e mastigou um pedaço de pão com manteiga. — Sabia que onde há mágoa não há espaço para o perdão? — Ela captava o que Magda lhe transmitia.

Estelinha refletiu por instantes. Angelina foi até o escritório e voltou com o Evangelho debaixo do braço. Abriu no capítulo dez, "Bem-aventurados os que são misericordiosos", e folheou até a página em que constava o item quinze das Instruções dos Espíritos, intitulado *O perdão das ofensas*. Leu um trecho que considerou significativo:

— "Há duas maneiras bem diferentes de perdoar: há o perdão dos lábios e o perdão do coração. Muitas pessoas dizem, com referência ao seu adversário: 'Eu lhe perdoo', mas, interiormente, alegram-se com o mal que lhe venha a calhar, comentando que ele tem o que merece. Quantos não dizem: 'Perdoo' e acrescentam: 'mas, não me reconciliarei nunca; não quero tornar a vê-lo em toda a minha vida'. Será esse o perdão, segundo o Evangelho? Não; o perdão verdadeiro, o perdão cristão é aquele que lança um véu sobre o passado; esse o único que lhe será levado em conta, visto que Deus não se satisfaz com as aparências. Ele analisa o coração e os mais secretos pensamentos. Ninguém se lhe impõe por meio de vãs palavras e das aparências. O esquecimento completo e absoluto das ofensas é peculiar às grandes almas; o rancor é sempre sinal de baixeza e de inferioridade. Não se esqueça de que o verdadeiro perdão se reconhece muito mais pelos atos do que pelas palavras".

Estelinha deixou uma lágrima escapulir pelo canto do olho. A partir daquele dia, esforçou-se para ir ao centro espírita, pelo menos uma vez na semana. Tomava passe, participava das leituras edificantes sobre temas que a levavam a uma profunda reflexão da vida e de si mesma. Angelina e

Sérgio alegraram-se com essa atitude mais positiva. E assim seguiram o tempo de vida que ainda lhes restava.

Infelizmente, a família seria abatida por momentos de profunda tristeza. Logo depois da morte de Alfredo, foi a vez de Estelinha sucumbir à doença. Marcílio e Sérgio estavam ao seu lado quando ela partiu para as Terras Altas. Seu desencarne ocorreu de forma parecida com a de Décio. Além do filho e do marido, Dirce e Rosana também ali estavam. Do lado espiritual, estavam Felisberto e Magda, que substituíram Corina e Deodato, na época, já reencarnados. Décio preferiu não comparecer. Aguardaria Estelinha recompor-se no mundo espiritual para, só depois, tentar uma reaproximação.

CAPÍTULO 36

Célia decidira levar adiante a ideia de Nicolau. Era preciso contratar uma gerente que fosse capaz de ajudá-la. A fábrica se expandira e a loja fizera tanto sucesso que logo havia filial no Rio, em Porto Alegre, Belo Horizonte e Recife. A meta dali para a frente seria abrir uma loja em cada capital do país. E, durante uma viagem para o exterior, Arthur quis visitar e, por que não dizer, conhecer de fato Raimundo, o famoso artesão que tinha fama por confeccionar lindos chapéus. Raimundo batizara o irmão mais velho dele. Quando Arthur nasceu, ele já tinha partido para a Europa. Embora com bastante idade, Raimundo ainda dava as ordens. Os filhos tocavam a sua empresa, mas a palavra final era sempre dele. Arthur fez parceria com Raimundo e comercializava com exclusividade seus chapéus.

O fluxo de trabalho crescera sobremaneira e, depois de uma exaustiva bateria de entrevistas e testes, Célia finalmente escolheu a profissional que seria seu braço direito. Seu nome era Claudete, moça que nascera numa família humilde do interior paulista e vencera na vida à custa de muito estudo e muito trabalho. Acometida de asma desde a mais tenra idade, Claudete não se deixava abater. Sabia se cuidar, principalmente nos momentos de crise.

Claudete se mostrara excelente funcionária. Era do tipo "pau para toda obra" e muito parecida com Célia no tocante ao trabalho e também no jeito de ser. Uma já tinha notado a outra, mas, por questões profissionais, mantinham a educação, a discrição e a polidez. Jamais flertaram no trabalho ou algo do tipo. Havia respeito entre as duas, embora Claudete procurasse ocultar o que sentia pela patroa.

Certa vez, ela estava num bar só para meninas. A dona do bar tivera ideia genial: às quartas-feiras, promovia a noite do correio-elegante. Quem estava sentada numa mesa podia escrever um bilhete para sua paquera e o garçom fazia a entrega ao destinatário. Nem sempre quem escrevia se identificava, temendo ser rejeitada. Claudete tinha sempre a tiracolo a sua bombinha. Procurava sentar-se na mesa mais próximo à saída, porque havia uma boa corrente de ar que circulava por lá e a ajudava a respirar um ar menos carregado, sem a fumaça de cigarro.

Ela bebericava seu chopinho e recebeu um correio-elegante. Olhou para os lados para ver se a pessoa se identificava, e nada. Dali a pouco, avistou Célia. Sentiu pânico.

A amiga perguntou:

— O que foi, Claudete? Sente-se mal?

— Não.

— Está com falta de ar?

— Um pouco. Mas nada que vá evoluir para uma crise.

— Então, o que é? Parece que viu um espírito.

— É a minha chefe.

— Onde?

Ela apontou. A amiga seguiu a direção que Claudete indicara e fez um elogio:

— Uau! Que mulher! Aquele monumento é sua chefe?

— É.

— Nossa, eu tomava ela pra mim.

— Menos, Val. Menos.

— Ela está vindo na sua direção. E agora?

— Agora é respirar com calma, usar a bombinha e evitar uma crise.

Claudete fechou os olhos e respirou devagar. Colocou a bombinha na boca. Foi se acalmando. Abriu os olhos e não viu Célia.

— Cadê ela? — quis saber.

— Passou reto por nós. Foi embora.

Claudete sentiu um aperto no peito.

— Tinha certeza de que ela viria conversar comigo, dar um oi. Aliás, achei que ela tivesse escrito o meu correio-elegante. A letra é muito parecida.

— Pergunte a ela, ora.

— Como assim, Val? Ela foi embora. Está na cara que não sente nada por mim.

— Você já sabia dela? Que ela era lésbica? — Claudete fez que sim. A amiga prosseguiu: — Fale com ela no trabalho.

— Imagine. Não misturo as estações. A minha vida privada é uma coisa, e a vida profissional é outra.

— Grande besteira, Claudete. Você é a mesma que sai de casa e entra na empresa. É a mesma pessoa. Não dá para sumir com o que sente na hora em que bate o ponto. Você acha mesmo que deixa as suas emoções do lado de fora da empresa e transforma-se num robô?

— É o que especialistas dizem.

— Danem-se eles. Você precisa ter postura, isso sim! Precisa saber se comportar, ter atitudes nobres, dignas. Você não vai entrar na empresa e dar um beijo na boca da sua chefe. Isso seria uma postura inadequada. Do mesmo modo, caso sinta raiva de uma colega no trabalho, também não vai xingar ou avançar sobre ela. É disso que estamos falando aqui. Ocorre que sua chefe é lésbica. Você também é. Uma sabe da outra. Não há nada de errado falarem sobre isso. Ambas são adultas. Tenha postura adequada e assim caminhará com passos firmes rumo a um bom convívio em sociedade.

— Gostei, Val. Quer preencher ficha para trabalhar no Recursos Humanos? Abriu vaga.

— Obrigada, mas estou bem no meu trabalho.

— O que eu faço, meu Deus?

— Amanhã, procure conversar com sua chefe.

Ela fez sim com a cabeça e voltou a bebericar seu chopinho.

No dia seguinte, logo que chegou ao trabalho, Claudete procurou Célia.

— Bom dia.

— Bom dia, Claudete.

— Eu queria falar com você sobre...

Célia a cortou:

— Hoje teremos a reunião com o grupo escocês. Como anda o inglês?

— Está bem afiado, Célia. Tenho praticado bastante.

— Que bom. Vou deixá-la conduzir sozinha a reunião.

— Você não vai participar?

— Infelizmente, não. Questões familiares. Minha irmã, Antonieta, acabou de ter suas bebês. Vou pegar uma ponte aérea para saber se está tudo bem. Minha mãe tem idade e minha irmã é meio fora da casinha, sabe?

Claudete riu.

— Está bem. Pode deixar que vou cuidar da reunião. Depois lhe farei um relatório.

Passaram juntas a agenda do dia. Nessa altura, Claudete perdera completamente a vontade de falar sobre a noite anterior. Ela pediu licença e, quando estava com um pé fora da sala, Célia disse:

— Fui eu.

— O quê? — Claudete não entendeu.

Da cadeira do escritório, Célia a mirou nos olhos e confessou:

— Fui eu que lhe mandei o correio-elegante.

Claudete sentiu um pouquinho de falta de ar. Apanhou a bombinha no bolso da calça e aspirou.

Célia assustou-se:

— O que foi? Está passando mal?

Claudete fez não com a mão. Terminou de usar o aparelho e, refeita, comentou:

— Desculpe. Eu ia tocar nesse assunto logo de manhã, mas...

— Tudo bem. Só quero que saiba que fui eu quem escreveu o bilhete. Você leu? — Claudete fez que sim. Célia prosseguiu: — E o que estava escrito nele?

Claudete pigarreou e disse baixinho:

— Estava escrito "Quer namorar comigo?".

— Você tem a resposta?

Claudete mordiscou os lábios e disse:

— Sim.

— Qual é? Posso saber?

— Eu quero — disse baixinho.

— Não escutei. Pode repetir?

— Eu quero. — A voz de Claudete soou normal.

— Ah, entendi. — Célia apanhou a bolsa, os óculos escuros e, ao passar por Claudete, sussurrou em seu ouvido: — Eu voltarei no fim do dia. — Abriu a bolsa e dela tirou um molho de chaves. Pegou uma das chaves e a colocou na mão de Claudete. — É a chave de casa. Você sabe o endereço. Já esteve lá a trabalho. Pois bem, quando eu chegar, quero que esteja na minha casa. Vamos jantar juntas e conversar.

Célia passou a língua pelos lábios e saiu. Claudete tremeu um pouquinho. Só um pouquinho. Mas adorou a abordagem direta de Célia.

Ao longo do dia, ela conduziu a reunião com o grupo estrangeiro e saiu um pouco mais cedo do trabalho. Comprou flores numa floricultura. Chegou à casa, tomou banho, arrumou-se, perfumou-se. Gostou da imagem refletida no espelho.

Uma hora depois, quando já estava no apartamento, Célia entrou. Viu o buquê de rosas sobre a mesa e indagou, surpresa:

— São para mim?

— Sim.

— Como sabe que eu gosto de rosas? — Célia levou a mão à cabeça. — Claro, você trabalha comigo. Sabe de meus gostos e preferências.

— De alguns.

— Quer conhecer todos?

Claudete abriu um sorrisão e fez sim com a cabeça.

Célia pediu comida japonesa para festejarem o encontro. Conversaram e se entregaram ao amor. Dali por diante, assumiriam o namoro para as famílias e para os funcionários da empresa. O fato triste é que o pai de Claudete não a aceitava como era. Paciência. Deixou de ter contato com uma filha sensível, inteligente, amiga, trabalhadora, ética. Claudete, que anteriormente desistira de viver, agora tinha sede de vida. Deixou de se relacionar com o pai e, por meio dessa experiência, passou a conviver apenas com pessoas que a amassem e aceitassem. Ganhara de presente de um amigo terapeuta o livro *Você pode curar sua vida*, de Louise Hay. Encantada com os ensinamentos de uma das maiores orientadoras espirituais de todos os tempos, que ajudavam a pessoa a afastar pensamentos tóxicos e exercitar a mente e o espírito com doses diárias de autoestima, Claudete passou a praticá-los diariamente. Entendeu a causa metafísica relacionada à asma e, ao longo dos anos, teve significativa melhora. As crises diminuíram e ela pôde ter uma vida normal, como qualquer outra pessoa saudável.

Célia levou Claudete para conhecer sua mãe. Dirce encantou-se com a nora. Naquele mesmo dia, Célia quis visitar o tio Sérgio, que já estava bem esquecidinho, vivendo num mundo à parte da realidade, e apresentar a namorada para Angelina. Afinal, fora Angelina quem lhe dera força para ser quem era.

Assim que viu Claudete, Angelina teve um estremecimento. Simpatizou-se com ela sobremaneira. E vice-versa. Devido à distância, Angelina não receberia a visita de Claudete, mas conversariam por telefone pelo menos uma vez por semana, já que se tratavam como grandes amigas. Essa amizade só se encerraria com a morte de Angelina, muitos anos lá na frente.

Célia pediu Claudete em casamento por meio de um bilhetinho ao estilo do correio-elegante que usara para pedi-la em namoro. Infelizmente, o bar que frequentavam, o Feitiço's, não mais existia. Mas valeu a ideia. Claudete entendeu o recado e respondeu com um sonoro sim. Casaram-se dois meses depois que Arthur e Nicolau. Em seguida, resolveram que o melhor era curtirem a vida longe do burburinho da cidade grande. Compraram um sítio em Visconde de Mauá, região do município de Resende, no estado do Rio de Janeiro, e passaram a direção da empresa para uma das filhas de Antonieta. Mas isso será comentado, devidamente, mais à frente...

CAPÍTULO 37

Passado pouco mais de um ano da morte do pai, Antonieta completou dezoito anos. Entrara na faculdade de direito não porque gostasse, mas porque achava bonito dizer que cursava direito. Bonita e voluntariosa, mandona e por vezes arrogante, ela estava sempre trocando de namoradinhos.

Num determinado e insuportável dia de verão, com o sol castigando os cariocas, Antonieta acordou, decidiu tomar um café frugal e aproveitar a piscina. Vestiu um biquíni minúsculo, lambuzou-se de bronzeador, apanhou os óculos escuros e carregou consigo um rádio portátil. Deitou-se na espreguiçadeira e cantarolava as músicas do rádio, geralmente, sambas-enredos, até porque o Carnaval se aproximava.

Nesse mesmo dia, Cleonice convidou Eurico para um banho de piscina. Era a primeira vez que o levava, pois Cleonice era quem ia encontrá-lo, lá para os lados do bairro da Saúde. De mais a mais, Antonieta e Eurico haviam se visto, talvez, duas vezes: na sua festa de debutante, na qual ela mal tinha reparado nele, e na missa de um ano da morte do pai, em que mal trocaram uma palavra. Ocorre que agora, conforme Eurico se aproximava da piscina, Antonieta não pôde deixar de notar seu corpo musculoso.

Nossa, que peixão! Cleonice, quem diria... pegou um homão. Que delícia, pensou, mas disse, voz melíflua:

— Bom dia.

Eurico também não havia dado atenção a Antonieta. Agora, porém, encantara-se com o que via. De óculos escuros, medindo cada centímetro de seu corpo, devolveu:

— Bom dia.

Antonieta levantou-se e, de forma ensaiada, puxou a alça da calcinha para cima. Seu bumbum ficou quase todo à mostra. Eurico estava hipnotizado. Não conseguia deixar de apreciar aquele corpo tão sensual. Antonieta apanhou o tubo de Rayito de Sol e pediu, fazendo biquinho:

— Pode passar nas minhas costas? Eu não alcanço.

— Claro.

Ele passou o creme nas costas dela e não pôde deixar de sentir o aroma doce e delicado de seu perfume. Eurico, namorador e altamente sedutor, percebeu que Antonieta estava dando mole para ele. Ia abrir a boca quando Cleonice apareceu.

— O que está fazendo?

Foi Antonieta quem disse:

— Nada. Apenas pedi para ele passar o bronzeador em mim. Eu não alcanço as costas, né?

Eurico não perdeu a linha. Acostumado a flertar e a disfarçar, nada disse e continuou a passar o creme nas costas de Antonieta. A fim de provocar a irmã, ela mordiscou os lábios e disse:

— Esqueci de me apresentar. Prazer, eu sou a Antonieta, a irmã caçula da Cleo.

— Oi. Eu sou o Eurico. O namorado da...

— Sei. Você é o namorado da minha irmã Cleo.

Cleonice queria explodir. Antonieta nunca a chamara daquele jeito. E a voz? Que voz era aquela, toda afetada, quase infantil?

— Deixa que eu passo — ela bufou.

Afastou Eurico e dele pegou o tubo de creme. Apertou com força e deixou Antonieta toda besuntada. Antonieta forçou a língua no céu da boca para não gritar ou esbofetear a irmã. Controlou-se porque não queria ser deselegante na frente de Eurico ou se passar por desequilibrada. Soltinha e namoradeira do jeito que era, Antonieta percebeu que Eurico, desde que chegara, não tirava os olhos dela, e que eles estavam cheios de cobiça.

Com o mesmo tom de voz melífluo, agradeceu Cleonice:

— Obrigada, Cleo.

Cleonice enfureceu-se e perdeu as estribeiras. Puxou os longos cabelos de Antonieta e a empurrou para a piscina.

— Vaca! — bramiu.

Antonieta riu internamente e fingiu afogar-se. Eurico correu e se jogou na água. Ele a pegou com as duas mãos. Seus rostos ficaram tão próximos que um sentia o hálito quente do outro. Eurico ficou excitado. Aproveitou que estava dentro d'água, deitou Antonieta sobre a beirada da piscina e lá dentro permaneceu, rezando para *tudo* voltar ao normal.

Dirce ouviu a gritaria e veio ao encontro deles.

— O que está acontecendo?

— Nada — foi Antonieta quem falou. — A Cleonice teve um ataque. Do nada, me jogou na piscina. Quase me afoguei. Se não fosse o Eurico, acho que... — Ela fingiu estar abalada e chorosa.

Cleonice estava irritadíssima. Somente agora se dera conta de que caíra no truque de Antonieta. A irmãzinha a provocara a ponto de ela, Cleonice, demonstrar desequilíbrio. Respirou fundo e confessou a Dirce:

— Eu a joguei na água porque estava cheia de creme. Uma abelha tentou picá-la. Eu só defendi a Antonieta.

Antonieta mordeu os lábios com tanta força, que logo sentiu o gosto amargo de sangue.

Vagabunda, ordinária, pensou, mas disse:

— Foi isso, mãezinha. A Cleonice me salvou. Eu fiz alarde porque a senhora me conhece. Sou meio dramática e espevitada, mesmo.

Cleonice aproveitou e fez a apresentação:

— Mãe, esse é o Eurico, o *meu* namorado — ressaltou. — Foi ele quem me acompanhou na missa de um ano do papai.

Dirce o cumprimentou com simpatia e tornou:

— Seja bem-vindo, meu filho. — Ele agradeceu e Dirce prosseguiu: — Estou fazendo macarrão. — Ela dirigiu-se a Cleonice e pediu: — Já que sua irmã e seu namorado estão molhados, você poderia sair e comprar um frango na padaria? Não sabia que vinham almoçar. Fui pega desprevenida.

— Imagine, mamãe, eu vou...

Eurico viu ali uma saída para baixar a testosterona.

— Pode deixar, dona Dirce. Eu vou. É só me enxugar. Rapidinho.

Saiu da piscina, enrolou-se numa toalha e foi se trocar no quartinho da edícula. Voltou, apanhou a chave do carro de Cleonice.

— Quer alguma coisa, amor? — Ela fez não com a cabeça.

Eurico entrou no carro. Dirce aproximou-se do portão e acionou o controle remoto.

Antonieta já sabia que Cleonice iria tirar satisfações. Aproveitou que Dirce fora até a garagem e a seguiu. Antes, porém, passou por Cleonice e sussurrou:

— Desgraçada. Você me paga.

Sorriu maliciosa e caminhou até Dirce. Cleonice sentiu o sangue subir. Intimamente dizia para si: *Calma, Cleonice. Calma. A vaca da sua irmã só a está provocando. Não entre no jogo dela. Não entre...*

CAPÍTULO 38

O almoço transcorreu sem maiores confusões. Dirce pôs a mesa e houve muito mais silêncio do que conversa. Eurico elogiou o molho do macarrão, a salada bem-feita.
Dirce agradeceu. Para quebrar o silêncio, Cleonice indagou a mãe:
— Quando vai me fazer o empadão de frango? Estou com desejo.
— Posso fazer nesta semana.
Ela olhou para o namorado e comentou:
— Pode ser para sexta-feira? Eurico vai passar o fim de semana em casa.

— E a sua escrava, a Inês? — perguntou Antonieta, de forma irônica. — Ela não pode cozinhar para você, irmã?

— Em primeiro lugar, a Inês não é minha escrava. É meu braço direito, minha colaboradora. É muito bem paga e tem regalias, porque ela não é considerada uma empregada. Em segundo, ela está de férias.

— Ah... — foi a resposta de Antonieta.

Enquanto Cleonice combinava com a mãe quando pegaria o empadão, Antonieta piscou para Eurico. Ele sorriu e devolveu a piscadela. No entanto, percebendo que havia se instaurado um climão entre as irmãs, ele terminou a refeição, pretextou um compromisso e despediu-se de Dirce com um beijo na mão dela. Em seguida, acenou para Antonieta, que fez uma mesura com a cabeça, e dirigiu-se à garagem.

Cleonice despediu-se da mãe e passou reto por Antonieta, sem a encarar. Entrou no carro e ia dizer alguma coisa, mas Eurico, esperto, deu-lhe um tremendo beijo. Ela ficou até tonta. Perdeu-se no que iria falar e deu partida no carro. Conversaram pouco e Cleonice o deixou nos arredores da Praça Mauá.

— A gente se vê mais tarde? — ela quis saber.

— Hoje não vai dar, gata. Eu tenho ensaio na escola logo mais.

— Sabe que durante a semana eu não consigo vê-lo. Eu me envolvo no trabalho e o tempo se torna escasso.

— Cleonice, minha gata, fica tranquila. Eu também vou trabalhar bastante. O Carnaval se aproxima, e quase todas as noites teremos ensaio. Faremos assim... — Ele pensou e emendou: — Não consegue sair mais cedo do trabalho na sexta-feira?

— Na sexta? — Ele fez sim com a cabeça. — Vou me programar. Conversarei com meu chefe. Acho que consigo. Por quê?

— Pra gente aproveitar, se amar...

Ela sorriu meio sem graça. Estava esperando o momento de tirar satisfações em relação ao comportamento dele em relação a Antonieta. Mas Eurico, malandro que só, beijou-a novamente com ardor, abriu a porta do carro e despediu-se num tom amoroso:

— Boa semana pra você, gata. Obrigado pela carona.

Saiu e logo parou numa rodinha com outros rapazes. Ele os cumprimentou e por ali ficou.

Ao menos, não tem mulher na roda, pensou Cleonice. Ela deu partida no carro e tinha a intenção de retornar à casa da mãe e conversar com Antonieta. Conversar? Cleonice sabia que conversar seria algo impossível. Era melhor evitar o confronto, esfriar a cabeça. Pensando dessa forma, ela fez o caminho de casa. No trajeto, encontrou uma locadora de vídeos aberta e alugou duas comédias românticas.

Ainda vamos conversar, pensou, enquanto Antonieta lhe vinha à mente. *O que é seu está guardado.*

A semana passou de forma rápida. Antonieta voltou a estudar na faculdade. Dirce mergulhou na rotina e nas idas ao centro espírita. Cleonice mergulhou no trabalho.

Na sexta-feira, Dirce ligou para ela no serviço:

— Só liguei para avisar que o empadão de frango está pronto.

— Obrigada, mãe. Eu vou sair mais cedo e passo para pegar. Você vai ao centro espírita?

— Hoje, não. Pode passar em casa. Estarei por aqui.

Despediram-se e o dia seguiu. No meio da tarde, um probleminha numa das máquinas de processamento dos chocolates fez Cleonice atrasar-se. Ela ligou para a mãe apenas para tranquilizá-la.

— Vou me atrasar.

— Não tem problema. Não vou sair.

Novamente se despediram e Cleonice foi à fábrica para resolverem o problema. Tudo acertado, ela consultou o relógio e viu que estava saindo do trabalho praticamente no horário de sempre. Saiu correndo, mas o trânsito pesado de fim de sexta-feira a fez demorar-se. Assim que entrou na garagem da casa de Dirce, lembrou-se de que tinha combinado de encontrar Eurico mais cedo. Levou a mão à cabeça.

Preciso ligar para ele. Esqueci de avisar que vou me atrasar.

Entrou e cumprimentou Dirce. Foi ao banheiro e, na volta, nem cumprimentou Antonieta, que estava deitada no sofá, de calcinha e sutiã, assistindo a um filme no videocassete. Antes de apanhar o empadão, ligou para o bar onde Eurico disse que estaria. Cleonice torceu para ele estar lá. O dono atendeu e chamou Eurico. Antonieta diminuiu o som da tevê e prestou atenção na conversa:

— Então... Esqueci, meu amor. Vou me atrasar. Sei. Que horas começa o ensaio? Sei. Hum. Então nem tem como você ir para casa hoje. Sei. O ensaio. Onde? — Eurico lhe deu o endereço e ela tentou memorizá-lo repetindo em voz alta. — Bom ensaio. A gente se vê amanhã. Beijo.

Cleonice desligou o telefone, pegou a travessa de empadão, que Dirce acabara de embalar, e saiu, sem se despedir de Antonieta. Foi para casa. Tomou uma ducha reconfortante, abriu uma garrafa de vinho, serviu-se de uma taça. Esquentou o empadão e o comeu acompanhado do vinho. Depois, deitou-se confortavelmente no sofá da sala. Apertou o botão do controle remoto e ligou o aparelho de videocassete. Começou a assistir a uma comédia romântica e, antes do fim do filme, adormeceu.

Mais tarde, Cleonice despertou e olhou ao redor. Parecia estar em casa, mas não era sua casa. Era um local bem parecido com o seu lar, mas ela tinha certeza de que estava em outro ambiente. Mais consciente, abriu e fechou os olhos. Magda sorriu e lhe disse:

— Cleonice. Quanto tempo!

Ela demorou a se lembrar de quem se tratava. Espremeu os olhos e, ao ver mais nitidamente o espírito, sorriu.

— Eu me lembrei. Você me ajudou... mas não lembro ao certo quando e por quê...

— Eu ajudei a resgatá-la quando desencarnou.

— Eu morri? — Ela levou a mão ao peito.

— Várias vezes — sorriu Magda. — Eu me refiro à sua última experiência terrena, há mais de cem anos. — Cleonice estava confusa. Magda prosseguiu: — Você desencarnou em péssimas condições. Demorou muito para reequilibrar-se emocionalmente.

Alguns flashes surgiram por meio do inconsciente de Cleonice. Ela viu um rosto conhecido de homem tentar sufocá-la. Em seguida, viu-se em trajes de uma época antiga. Ela digladiava com outra mulher. Uma delas rolou ribanceira abaixo. De repente, tudo ficou claro demais e Cleonice deu um grito:

— Eu matei a Antonieta!

— Não, meu bem. Essa é a cena que ficou represada no seu inconsciente. Não foi assim que aconteceu o acidente.

— Por isso eu e ela nos odiamos.

— "Ódio" é uma palavra muito forte. Eu ficaria mais confortável se utilizássemos "desentendimentos". Você e Antonieta tiveram sérios desentendimentos no passado. Não só nesta vida passada específica, mas em outras. Digamos que ambas viveram, até o momento, uma espécie de briga de cão e gato.

— Eu senti muita raiva quando ela veio para casa. No entanto, conforme os anos passaram, graças a Inês, mudei meu jeito de ser. Passei a aceitar Antonieta como irmã. No seu aniversário de quinze anos, inclusive, quis lhe presentear com os doces. Tentei limpar o rancor, a mágoa, ou algo do tipo. Mas ela me provoca. É difícil lidar com essa garota.

— Eu sei — concordou Magda —, mas é preciso entender que uma das duas, num primeiro instante, precisará ceder. Você, no momento, tem mais equilíbrio para perdoar e seguir em frente. Contudo... — Ela pausou a fala.

— O quê?

— Acontecimentos um tanto desagradáveis vão abraçá-las novamente.

— Grande novidade.

— Eu lhe peço, Cleonice, que você não tome nenhum tipo de ação precipitada. Sei que a prova pela qual vai passar será terrível, mas, se superar essa adversidade, sua vida será abençoada.

— Fala de modo como se eu estivesse condenada à morte.

— Não é isso. São situações que se apresentam. É por meio delas que nosso espírito consegue ressignificar o verdadeiro sentido da existência. Afinal, se encarnamos várias e várias vezes, para que serve tudo isso? — Cleonice não respondeu e Magda deu sequência: — Para nosso espírito atingir um novo grau de lucidez, ter condições de entender que somos únicos e, portanto, merecedores de muito amor-próprio. Lembra-se de quando era mais mocinha? Você tinha restrições em aceitar-se negra.

— Sei disso. Aprendi muito sobre preconceito e, acima de tudo, sobre o autopreconceito. Hoje eu tenho orgulho da minha cor, da minha família, de minha ancestralidade. Aprendi e tive consciência de que o racismo foi estruturado em nossa sociedade de forma a não o percebermos e, por isso mesmo, mantermos níveis de desigualdade social, falta de respeito... Quanto mais me aceito, mais fica claro que essa autoestima positiva é que me faz ser forte para me bancar e para lutar contra ideias equivocadas que estão arraigadas na sociedade.

— Fico feliz que esteja trilhando esse caminho.

De repente, de trás de Magda apareceu um rapaz jovem. Cleonice o reconheceu:

— Você!

Ele assentiu e Magda tornou:

— Você se lembra do Aurélio, não? — Ela fez que sim e Magda prosseguiu: — Ele está aqui para lhe pedir perdão.

Cleonice deu um passo para trás e Aurélio a encarou:

— Eu sempre fui louco por você, posso afirmar que era uma paixão enlouquecedora. Depois de meu desencarne, não quis aceitar ajuda e decidi que iria ficar ao seu lado. Foi assim que me grudei em você durante alguns anos. Entretanto, depois de muito tempo, recebi ajuda de entidades espirituais de alto grau. Aprendi o valor da amizade, do respeito. Também aprendi que a paixão nos leva a cometer verdadeiras loucuras e fui convidado a transformar esse sentimento desvairado em amor. Aceitei ajuda e agora me sinto pronto para retornar ao mundo.

— Vamos nos reencontrar? — Cleonice ainda tinha dificuldades de se lembrar de Aurélio. A mente se embaralhou um pouco, e, embora não tivesse ideia certa de como tinham se conhecido, ela sentia um tiquinho de carinho por ele.

— Talvez. Ainda não sei. Tudo é possível, nesse vai e vem de reencarnes e desencarnes. Apenas vim com Magda para lhe dizer que poderá contar comigo no que precisar.

Cleonice comoveu-se. Em seguida, Magda aplicou nela um passe calmante. Despediram-se dela e sumiram, deixando no ar um rastro de luz.

No dia seguinte, Cleonice despertou no sofá. Espreguiçou-se e teve a impressão de que sonhara. De que tivera um bom sonho, mas não se recordava dele. Apenas sentiu as boas sensações daquele encontro.

CAPÍTULO 39

Depois que Cleonice desligara o telefone, pegara seu empadão de frango e fora embora para casa, Antonieta mordiscou os lábios e teve um pensamento ousado. Subiu, tomou banho, arrumou-se. Colocou um vestido curto e meio colado ao corpo, saltos altos, maquiou-se e perfumou-se. Bastante. Pegou a bolsinha sobre a penteadeira e nela colocou um batom, dinheiro e uma cópia da identidade. Ela ainda não dirigia, portanto, ligou para uma empresa de táxi. Marcou com o motorista para buscá-la às oito da noite.

— Aonde vai tão arrumada? — Dirce quis saber.
— Sair.
— Com quem?

— Vou encontrar minhas amigas da faculdade — mentiu.

Desconfiada, Dirce ia perguntar mais alguma coisa, mas o telefone tocou e Antonieta correu para atender.

— É o meu táxi. Acabou de chegar.

Ela beijou Dirce e saiu. Entrou no carro, deu o endereço ao motorista.

A noite de hoje promete, disse para si, enquanto observava o brilho da lua refletido sobre a lagoa.

Dirce preocupou-se. A sua sensibilidade lhe indicava que Antonieta saíra para arrumar confusão. E que algo iria acontecer a ponto de azedar, de vez, a relação entre ela e Cleonice.

Ela foi até a sala e sentou-se na poltrona que era usada por Alfredo. Fez uma sentida prece e veio o arrepio pelo corpo. Assustou-se a princípio. Sentiu uma presença amiga. Era Magda, que, antes de encontrar-se com Cleonice, passara ali para inspirá-la.

— É preciso força, coragem e fé — disse numa voz conciliadora. — Você é um espírito à frente de seu tempo, Dirce. Tem alto grau de consciência de si e de consciência espiritual. É uma mulher de fibra. Saiba que agradecemos por ter criado Antonieta como sua filha. Sabemos do amor e dos valores que você e Alfredo tentaram incutir numa cabecinha tão sonhadora. Nunca se esqueça de que você sempre fez o melhor que pôde. Daqui por diante, todo o desenrolar dos acontecimentos será de inteira responsabilidade de Antonieta. E de Eurico. Apenas viemos para que serene o coração.

Dirce assentiu, como se estivesse escutando tudo aquilo.

Antes de partir, Magda sussurrou:

— Alfredo está se recuperando. Ainda não tem condições de vê-la ou visitá-la. Prometo que em breve terão um reencontro.

Ela beijou Dirce e partiu. Dirce abriu os olhos. Emocionou-se e fez uma prece voltada para o bem-estar das filhas, dela e, principalmente, de Alfredo.

Antonieta chegou ao endereço anotado. Pagou o táxi e saiu do carro, ajustando o vestido. Havia bastante gente no barracão. O ensaio começaria logo mais. Ela ajeitou o vestido mais uma vez e passou a mão na nuca. Embora estivesse usando rabo de cavalo, a noite estava abafada. O calor aumentava à medida que ela passava por aquele aglomerado de gente. Os homens a olhavam com cobiça. Antonieta sabia chamar a atenção. Rebolava mais que o normal, mas sem ser vulgar. Procurou aqui e ali e avistou Eurico conversando com uma passista.

Chegou no momento em que a moça lhe dizia:

— Não tenho como me recuperar até o dia do desfile. Ainda sinto dores da torção no calcanhar.

— Só teremos você como destaque dessa ala. — Eurico demonstrava preocupação. — Não temos como colocar outra no seu lugar. Estamos em cima da hora.

— Sinto muito. Nada posso fazer.

A moça tirou o ornamento da cabeça e o entregou a Eurico. Antonieta aproximou-se e perguntou:

— Precisando de uma substituta, gatinho?

Eurico virou-se e, quando a viu, seus olhos encheram-se de cobiça.

— Antonieta! O que faz aqui?

Ela primeiro o cumprimentou. Beijou-lhe a face bem pertinho do lábio. Eurico sentiu o hálito doce e o perfume... aquele perfume o inebriava.

— A Jussara — apontou para um bando de gente mais à frente.

— Que Jussara?

— Minha amiga — apontou novamente. Era óbvio que estava mentindo. Não havia Jussara nenhuma. Antonieta inventou um nome para não demonstrar que tinha ido ali para

O TEMPO NUNCA ESQUECE | 251

encontrá-lo. — A Jussara é lá da faculdade. Adora sambar. Estava acompanhando ela aqui no ensaio e mal acreditei quando o vi. É muita coincidência.

— É verdade. Muita coincidência. — Ele estava a ponto de babar.

Antonieta percebeu que seu charme estava gerando bons frutos. Sorriu, voz melíflua:

— Precisa de substituta para a ala?

— Pois é. Pensamos que a Beth iria se recuperar de uma torção a tempo...

— Eu posso me oferecer para suprir a falta da Beth?

— Faltam poucos dias para o desfile. É preciso acertar a coreografia, marcar a localização...

Ela o interrompeu com o dedo no lábio dele.

— Gatinho, eu posso.

A bateria fez um pequeno ensaio e Antonieta sambou. Com gosto. Eurico adorou.

— Vai ter de vir todas as noites até o dia do desfile.

— Fechado! — Ela esticou a mão e, quando Eurico a apertou, sentiu um choquinho.

Beijaram-se ali mesmo. Depois, mais controlado, Eurico a ajudou no ensaio. Antonieta comportou-se maravilhosamente bem. Interagiu com os demais componentes da ala da qual faria parte. Incorporou a simpática, e logo fez amizade. Após o término do ensaio, ela convidou Eurico:

— Vai fazer o quê?

— Ia sair com uns amigos.

— Ah... — A voz dela denotava frustração.

— Nós vamos até a Pedra do Sal. Conhece?

— Não.

— Quer ir comigo?

— Não sei se Cleonice vai gostar. Não quero confusão com minha irmã.

— O que pode acontecer?

— Você já me beijou.

— Vai contar para a Cleonice?

— Claro que não. Por que contaria? Sou jovem, mas não sou de vingancinhas. Cleonice que cuide do que é dela. Estou aqui cuidando do que é, ou pode ser, meu — ela falou, acariciando-o de forma provocante.

Resultado desse bate-papo? Não houve Pedra do Sal, nada. Eurico pediu carona para um amigo e ele os deixou na frente de um hotelzinho meio ordinário na Lapa.

— É aqui a Pedra do Sal? — ela quis saber.

— Não. É que gostaria de ficar mais tempo contigo, falar da coreografia, da marcação... — disse, jeito sedutor. — Além do mais, pode confiar em mim. O hotel não tem boa aparência, mas é limpinho. A dona é minha amiga.

— Sei.

Antonieta deixou-se conduzir. Entraram no hotelzinho e, na recepção, uma mocinha veio dar as boas-vindas. Quando percebeu que se tratava de Eurico, atirou-se em seus braços.

— Quanto tempo! — Ela viu Antonieta logo atrás e desgrudou-se dele. Apanhou uma chave numa prateleira detrás do balcão. Enquanto entregava-lhe a chave, disse, ar provocativo: — O melhor quarto. Tem água quente.

Ele apanhou a chave e puxou delicadamente Antonieta para o corredor. Entraram no quarto e amaram-se feito dois selvagens. A química sexual entre ambos era algo irresistível. E olha que, em última existência, eles mal tiveram contato. Eurico fora pai de Antonieta, mas ela ficara órfã muito cedo. Claro que a encarnação em questão servira para que a atração sexual entre ambos fosse amenizada. Foi por esse motivo que renasceram pai e filha, porque ambos vinham de um passado cheio de encontros e desencontros, principalmente sexuais. Nessa nova etapa, porém, as reminiscências vieram fortes à mente e os dois, mais uma vez, caíram em tentação.

Os encontros eram marcados nesse hotelzinho. Em vez de ir à faculdade, Antonieta encontrava-se com Eurico. Eles transavam, depois iam para o ensaio da escola de samba.

Após o ensaio, retornavam ao hotelzinho. E assim seguiam. Haviam feito um trato de que não se encontrariam nos fins de semana. Era quando ele se encontrava com Cleonice.

Olhe que fato interessante... Eurico desejava ardentemente estar com Antonieta. Com ela, era capaz de fazer coisas inimagináveis relativas ao amor. Mas ele gostava de estar com Cleonice. Era uma mulher cujo sexo acontecia de maneira mais suave, contudo, Cleonice tinha boa conversa, era excelente companhia. Ele a achava muita areia para o seu caminhão, visto que Cleonice era um mulherão e tinha um alto cargo numa empresa de renome.

Às vezes, ele lhe perguntava:

— Por que está comigo?

— Porque vale a pena, Eurico. Quando não valer, a gente se separa.

— Sabe que eu tenho muitas amigas. — Foi a forma elegante de ele dizer a Cleonice que não lhe era fiel.

— Não tenho nada a ver com isso. Se você me dá o que preciso, não me interessa com quem sai.

— Por isso acho você o máximo. Nunca conheci mulher assim.

E não tinha conhecido, mesmo. Cleonice tinha um olhar diferente acerca de uma relação afetiva. Aprendera, a duras penas, que exigências não fazem parte de uma relação afetiva saudável, visto que cada um dá apenas o que tem. Se ela tivesse sido menos exigente com Celso, talvez estivessem juntos até hoje.

E os encontros com Antonieta seguiam. O Carnaval passou, a Páscoa também. As datas foram se sucedendo e, quase no fim do ano, veio a bomba.

— Estou grávida.

— De quem?

— Ora, Eurico. Claro que estou grávida de você.

— Não me interprete mal, gata. É que eu tomo todas as precauções com você. Uso camisinha.

— Lembra-se da noite de quinze de novembro?

— O que tem, Antonieta? E eu sou de me prender a datas?

— É que foi o dia da eleição municipal. Votei no Macaco Tião e acreditávamos que ele poderia vencer — ela riu.

— Tem razão — ele se recordou. — Mas... — Num instante, Eurico lembrou-se de tudo. Transara com Antonieta sob os Arcos da Lapa. Uma loucura. E não usara preservativo. — Foi naquela noite...

Antonieta fez que sim.

— E agora? — ela quis saber.

— O que pretende fazer?

— Eu vou ter essa criança — ela disse convicta. — Com ou sem você ao meu lado.

— Posso ser boêmio e coisa e tal, mas sou responsável. Trabalho, ganho meu honrado e suado salário. Ainda vivo com minha mãe porque é conveniente. Eu vou me casar contigo e vamos ter esse filho juntos.

— Jura?

— Claro. Acha que sou homem de fugir da raia? Jamais.

— Temos um problema.

— Qual?

— Cleonice.

Eurico levou a mão aos cabelos, num gesto desesperador.

— Meu Deus! Sua irmã!

— É.

— Precisamos conversar com ela.

— Eu não vou conversar nada com ela. — O tom de Antonieta era ríspido. — Ela não tem nada a ver com a minha vida.

— É sua irmã, Antonieta. Pega leve.

— Não. Cleonice nunca pegou leve comigo. Quero que ela se dane. Nós vamos conversar com minha mãe, isso sim. E anunciar a data do casamento antes que essa barriga cresça.

Ele concordou, um tanto desanimado. Não gostava desse lado irritadiço de Antonieta. Era o tipo de atitude que, segundo o próprio Nicolau, o brochava.

— Vamos nos casar depois do Natal, pode ser?

O TEMPO NUNCA ESQUECE | 255

— Não é bem assim. Moro com minha mãe e meus irmãos. Não vai dar para vivermos ali. Não tenho o que lhe oferecer por ora.

— Vamos morar na minha casa.

— Acha que sua mãe vai permitir?

— Claro. Só eu e ela vivemos naquele casarão. Ali vai ter espaço para mim, você e o nosso filho.

Eurico nada mais disse. Sua cabeça estava a mil. Ele só queria ver a maneira menos horrível de contar a novidade para Cleonice.

CAPÍTULO 40

A conversa em casa não foi nada confortável. Antonieta, embora impulsiva e estouvada, tinha amor e consideração por Dirce. Mas deixara-se levar pelas loucuras da paixão e não podia — nem desejava — voltar atrás.

— O que está feito, está feito — tornou Dirce, desgostosa. — O que mais posso dizer?

— Eu e Eurico queremos nos casar o mais breve possível.

— Conversou com Cleonice? — Antonieta fez que não. Ela prosseguiu: — Sim, porque você precisa conversar com ela.

— Não tenho coragem.

— Entretanto, teve coragem suficiente para trair sua irmã. Deu em cima do namorado dela e — Dirce levou as mãos para o alto — dele engravidou! O mínimo que a senhorita pode fazer é lhe dizer o que aconteceu.

— Eu sei, mas...

— Mas o que, Antonieta? O que quer que eu fale? Estou extremamente desapontada com você. Eu a criei como filha legítima, como se tivesse saído de dentro de mim. Eu e seu pai fizemos de tudo para que você jamais se sentisse diminuída ou inferiorizada pelo fato de ter sido adotada. Seus irmãos sempre a trataram com carinho. Tudo bem, entendo que o relacionamento entre você e Cleonice nunca foi dos melhores; se não havia amor, ao menos havia um pouquinho de respeito. Pelo fato de ser espírita, tenho a plena convicção de que ambas travaram longas batalhas ao longo de séculos. Sei que Cleonice não é fácil, contudo, você não é flor que se cheire. — Dirce cobriu o rosto com as mãos e chorou.

— Não fique assim, mãe — pediu Antonieta.

— Quer que fique como? Eu dei o meu melhor, tentei levá-la ao centro espírita, sonhei com a possibilidade de você se dedicar ao trabalho voluntário, aos estudos de Kardec, de tentar enxergar a vida por outro ângulo. Mas não. Você se tornou uma adolescente fútil. Depois dos quinze anos, parece que tem levado uma vida cheia de desacertos. Após a morte do seu pai, então — novamente o pranto a invadiu —, parece que se tornou um carro que desce a ladeira sem freio. Você me desrespeitou, traiu os valores que eu e seu pai tentamos lhe transmitir.

O desabafo fora sincero e Dirce estava, de fato, bastante abalada. Antonieta apenas chorava. Cada palavra da mãe lhe feria feito flecha no peito.

— Mãe, quer que eu vá embora? Não quero mais machucar a senhora. Não quero mais que chore porque eu fiz algo que a magoou profundamente. Eu é que não sou digna do seu amor, do seu carinho. Melhor eu fazer as malas e partir com Eurico. A senhora tem razão. Ninguém me obrigou a nada. Fui eu que escolhi viver assim. Só posso, humildemente, lhe pedir perdão.

Antonieta não se julgava má pessoa, apenas voluntariosa. Não desejava o mal aos outros. Sentia, sim, que tinha um relacionamento nada saudável com Cleonice, mas nunca brigaram a ponto de se machucarem fisicamente. Elas respeitavam a autoridade de Alfredo. E também a de Dirce. Ela renunciou ao emprego, do qual gostava muito, para dedicar-se à criação dos cinco filhos. Abraçara o espiritismo e procurava transmitir a partir dele os bons valores espirituais para seus filhos. Acreditava na união, na harmonia, na alegria, no respeito. Sofrera na pele a discriminação por viver numa época em que uma pessoa negra era tratada como um ser inferior. Em vez de se revoltar, aprendera que o amor é capaz de nos blindar contra o ataque vil de pessoas que ainda terão, infelizmente, que se esforçar muito na vida para entender que todo e qualquer ser humano deste planeta merece amor, carinho e respeito. Ninguém "nasce" ruim. Pode reencarnar com determinados padrões de comportamento que atrapalham o seu desenvolvimento emocional e espiritual. No entanto, todas, repetimos, todas as pessoas são dignas de amor, respeito e, claro, de uma segunda chance. Afinal, se estamos aqui, vivos mais uma vez, e acreditamos no processo eterno de nascer, viver, morrer e renascer, isso implica que não tivemos apenas uma segunda chance, mas milhares delas ao longo de incontáveis encarnações. Se acreditamos nisso, por que deveríamos negar a alguém a possibilidade de se redimir por meio de uma segunda, ou, quem sabe, de uma terceira ou uma quarta chance?

Por mais ferida que se sentisse, Dirce acreditava que Antonieta merecia uma nova chance. A filha acabara de cometer um grave deslize, mas não podia deixar de lhe estender a mão e resgatá-la do poço de orgulhos e vaidades no qual se atirara, voluntariamente, nublando sua consciência e impedindo sua alma de brilhar.

Ela pousou suas mãos sobre as de Antonieta. Disse, sincera:

— Não vou expulsar você de casa. Se fizesse isso, estaria indo contra meus princípios. Eu vou reformar a edícula e você, Eurico e o bebê terão um lugar digno para viverem.

— Tem certeza? E meus irmãos?

— O que tem eles?

— Não podem reclamar?

— De quê? Ora, Antonieta, a casa é minha. Quando eu morrer, vocês poderão decidir o que fazer.

— Sim, senhora.

— Apenas lhe peço...

— O que, mãe? Pode pedir.

— Quero que converse com Cleonice. Que lhe conte sobre o relacionamento com Eurico e sobre a gravidez. É o mínimo que você pode fazer.

— Vou fazer o que me pede. Agora preciso subir e tomar uma ducha. Estou cansada, enjoada.

— Vá descansar. Se precisar de algo, é só me chamar.

Antonieta subiu os degraus com vagar. Quando virou no corredor e sumiu na curva, Dirce deixou que as lágrimas novamente lavassem seu rosto. Orou com fé e pensou muito em Alfredo. *Quanta falta você me faz, querido...*

De onde estava, Alfredo recebeu a mensagem. Seu espírito ainda estava em recuperação pós-desencarne. Mas o pedido de Dirce chegou e tocou seu coração. Ele simplesmente chorou.

Magda aproximou-se do leito e passou delicadamente a mão em seus cabelos.

— Está tudo bem, Alfredo. Dirce é um espírito forte, lúcido, sabe que a conquista da evolução espiritual é responsabilidade nossa, quer dizer, de cada um de nós. É por esse motivo que temos o livre-arbítrio. Antonieta está fazendo uso dela. De outra parte, Dirce também faz suas escolhas. Você não tem condições de auxiliá-la por ora, mas pode concentrar-se na imagem de rosto dela, alegre, feliz. Consegue imaginá-la assim? — Ele fez que sim. — Pois então faça isso.

Mentalize-a bem, sorridente. Dessa forma, nossas energias vão tocar seu coração, e Dirce vai se sentir mais reconfortada e em paz.

Alfredo nada disse. Apenas concordou com a cabeça e deixou que as lágrimas escorressem livremente.

CAPÍTULO 41

Até aqui, temos uma ideia firme e consistente de que Cleonice não estivesse preparada para perdoar a irmã. A conversa entre as duas se deu na casa da mãe. O que havia acontecido até então?

Bom, o fato é que havia um desejo de Dirce em juntar os familiares para a ceia de Natal. Nos últimos anos, as mortes de Alfredo, Estelinha e Sérgio tinham mexido muito com ela. Em vez de crescer e expandir-se, sua família diminuía. Ela sempre acreditara que, quando estivesse bem velhinha, teria a casa rodeada de netos. De muitos netos. Não era fantasia, visto que uma mulher que fosse mãe de cinco filhos ao menos imaginaria ter um punhado de netos rondando sua saia.

No caso de Dirce, a configuração familiar se dera de maneira distinta. Alberto, o primogênito, encontrara em Rosana a sua cara-metade. Eram apaixonadíssimos um pelo outro. De comum acordo, decidiram que não teriam filhos. Alberto queria se dedicar à universidade. Rosana, por sua vez, cursara serviço social e abraçara com amor e total dedicação o trabalho que realizava no centro espírita. Com a ajuda de Marcílio, como sabemos, o centro aumentara três vezes de tamanho. Além dos cursos, passes e demais tratamentos espirituais pertinentes a um bom centro espírita, Rosana fundara uma creche e, atualmente, em parceria com a prefeitura, atendiam cinquenta crianças por dia. A título de curiosidade, enquanto escrevemos estas linhas, Alberto e Rosana continuam encarnados e trilhando o caminho da evolução com amor, respeito e o forte intuito de propagarem o bem, não importa a quem.

Nicolau e Arthur não quiseram ser pais. Mesmo amparados pelas leis que lhes davam o direito à adoção, decidiram que a paternidade não era para eles. Ao menos nesta encarnação. Célia e Claudete seguiram essa mesma linha de raciocínio.

Por incrível que possa parecer, dos filhos de Dirce, portanto, apenas Antonieta é quem estava lhe dando a chance de ser avó. Claro que Corina e Lucas, os adoráveis filhos de Marcílio, a chamavam de vó. Também chamavam Angelina de bisa. E estava tudo bem. Porque o que valia entre eles eram os verdadeiros laços de afeto, que a cada encarnação tornavam-se mais fortes e consistentes.

Neste Natal em particular, a família de Dirce eram apenas Alberto e Rosana, Nicolau e Arthur, Célia e Claudete, Antonieta e Eurico e, quem sabe, Cleonice. Além deles, havia Marcílio, Dalila, Corina, Lucas e Angelina. Eram poucas pessoas. Com exceção das crianças, as duas mesas do jardim davam conta do número reduzido de convidados. Dirce ainda não sabia se Cleonice, ou mesmo Eurico, iriam participar da ceia.

— Conversou com Cleonice? — quis saber Dirce.

— Deixei recado na secretária eletrônica — tornou Antonieta. — Ela não me retornou.

— Quantos recados?

— Uns cinco. Antes que me critique, saiba que liguei na empresa. Mas aquilo parece uma cidade. A telefonista passa para um ramal, depois para outro e para outro.

— Sabe se Eurico a tem visto?

— Bom, ele disse que não a procurou. Não criou coragem suficiente para encará-la.

— Eu vou ligar.

Dirce foi até a mesinha, apanhou o telefone sem fio e teclou. Em seguida, voltou com ele à cozinha. Cleonice atendeu e ela pôde dizer:

— Filha! Como está?

— Tudo bem, mamãe, por que pergunta?

— Nada. Queria saber se está bem. E o namoro?

— O Eurico desapareceu. Deve estar metido em meio a ensaios da escola de samba. Se quer saber, acho bom ele ter sumido. Estou com um problemão aqui no trabalho. Tive de retirar das lojas um lote inteiro de chocolates. Mas confesso, mãe, se eu resolver esse pepino, vou ganhar uma promoção.

— Sério? Que maravilha.

— Também acho. É tão bom não ter de depender de ninguém. Imagine se eu dependesse do Eurico! Um homem que dá as caras num dia, some duas semanas...

— Por que está com ele?

Dirce falou sem pensar. Queria sondar a filha sobre a profundidade da relação dela com Eurico. Sentiu que havia perguntado demais.

— E por que tanta pergunta sobre meu namoro? Por acaso sabe de algo que não sei?

— Nada disso. A sua irmã tem ligado. Você não responde.

— Como não?

— Ela me disse que você não deu retorno.

— Imagine. Tenho falado com Célia quase todos os dias. Ela tem me passado umas dicas preciosas de administração de chão de fábrica. Temos trocado muitas figurinhas. Inclusive, tenho conversado bastante com o Nicolau. Depois que passou a namorar, nossa, ele se transformou em outra pessoa. Sabia que estou até com vontade de ir a São Paulo para passarmos um fim de semana juntos?

— Estou falando de Antonieta.

— O que tem ela, mãe?

— Ela me disse que deixou recado na sua secretária eletrônica.

Cleonice olhou para o aparelho e viu que a luz indicadora de mensagens piscava.

— Nem prestei atenção, mãe. Quando a senhora quer falar comigo, com urgência, tem o telefone direto da minha sala. Eu chego em casa tão cansada, que nem presto atenção se tenho recados ou não a receber. Ninguém liga aqui em casa.

— Sei... — Ela pigarreou e prosseguiu: — Então, Antonieta quer falar com você. Está aqui do lado. — Antes de Cleonice dizer algo, Dirce passou o telefone para Antonieta. Disse baixinho: — Converse com ela.

Cleonice bufou. Não estava com a mínima vontade de falar com Antonieta. Dirce insistia; fazer o quê?

Antonieta pegou o telefone das mãos da mãe e disse:

— Oi.

— Oi, Antonieta.

O silêncio era perturbador. Três segundos de pausa equivaliam a uma eternidade de silêncio.

— É... — ela engasgou.

— O que foi, criatura? O que tem pra falar comigo?

— Preciso muito conversar com você. Pessoalmente.

Antonieta fez sinal para a mãe de que a ligação não ia dar em nada. Dirce apanhou novamente o telefone e foi firme:

— Cleonice. Sou eu.

— Fala, mãe. — Cleonice revirou os olhos, impaciente.

— Quero que venha aqui em casa hoje, de preferência.

— Hoje não dá.

— Então amanhã.

— Amanhã eu...

Cleonice não estava com a mínima vontade de sair do trabalho, atravessar a cidade e ver Antonieta. Mas Dirce firmou a voz:

— Chega de desculpas. Amanhã, aqui em casa. Que horas está bom para você?

Cleonice mordiscou os lábios.

— Se me enrolar, pode apostar que eu e sua irmã vamos até sua casa.

— Isso não! — Antonieta nunca pisara no apartamento de Cleonice. Não era agora que isso iria acontecer. Ela pensou, pensou e, por fim, cedeu: — Está bem. Amanhã, quando sair da empresa, dou uma passadinha.

— Ótimo. Vou fazer um empadão de frango.

— Está bem, dona Dirce. Amanhã a gente se vê. Beijo.

Cleonice desligou o telefone e bufou. Não gostava de ser pressionada. A mãe a estava obrigando a conversar com Antonieta. Por quê? O que seria? Cleonice pensou em um monte de coisas.

Será que vai querer fazer estágio na empresa? Não vou facilitar. Será que vem me pedir dinheiro? Acho que não, porque a caçulinha ganha mesada. Conheço minha mãe... vai fazer empadão, um de meus pratos preferidos... Aí tem.

Cleonice passou um bom tempo pensando nas inúmeras possibilidades por que Dirce tanto queria que ela tivesse uma conversa cara a cara com Antonieta. Depois de alguns minutos, esqueceu-se de pensar no assunto. Queria falar com Eurico, mas na casa dele não havia telefone. Também era noite e ele não estaria mais no trabalho. Era preciso que ele ligasse para ela. Mas, a bem da verdade, Cleonice só o namorava porque ele era atraente e bom de cama. Era gentil, atencioso, mas não era de confiança em termos afetivos. Ela sabia que ele flertava e até devia sair com outras mulheres. Ela só queria ter prazer e era cômodo não ter de sair, frequentar um bar para encontrar alguém. A bem da verdade, acostumara-se com essa, digamos, facilidade.

De mais a mais, havia Celso.

Diabos! Por que ele não sai do meu pensamento? Já casou e tem um filho. Vive num outro país, numa outra realidade. A gente nunca mais vai se ver na vida. Por que não o esqueço?

Cleonice não encontrava resposta. Foi até o banheiro, despiu-se, tomou um banho reconfortante. Vestiu o pijama e deitou-se. Queria dormir, esquecer que um dia amara alguém de verdade.

De que vale a pena amar? A vida nos separou..., pensou. Instantes depois, Cleonice adormeceu.

CAPÍTULO 42

No comecinho da noite seguinte, Cleonice apertou o controle remoto e o portão se abriu. Estacionou o carro e entrou pela cozinha. Dirce terminava de tirar o empadão de frango do forno.

— Que cheiro bom! — Cleonice exclamou. — Saudades desse empadão.

— É só pedir que eu faço — respondeu Dirce. Ela apoiou a travessa em um descanso sobre a mesa e a cumprimentou.

— Oi, mãe — tornou Cleonice.

— Desde aquele empadão que eu lhe fiz, não veio mais.

— Muito trabalho. De verdade. Olha, estou combinando com Célia e Nicolau para visitá-los em São Paulo. Sempre aparece um pepino enorme para descascar. A empresa me consome.

— Não acha que está trabalhando muito?

— E fazer o quê? Eu ganho muito bem, trabalho no que gosto. Nem tudo é um mar de rosas. Talvez seja esse o preço da minha independência. Mas não reclamo.

— E como fica a sua vida afetiva? A gente não vive só de trabalho.

— Não encontrei alguém que me faça repensar ou ressignificar meu trabalho.

— E o Eurico?

— O que tem ele?

— Não pretendem se casar? — arriscou Dirce.

— Imagina! — Cleonice riu. — Eu? Casar-me com Eurico? Nunca.

— Não entendo.

— Não entende o que, mãe?

— Por que está com ele, então?

— Porque é uma boa companhia. Não tem pegação no pé.

— Não é sério?

— De certa maneira, é, afinal, estamos juntos. No entanto, pensando bem, se ele ganhasse mais, fosse mais estável, acho que poderíamos ter uma chance. Mínima, mas poderíamos.

— Estável em que sentido, Cleonice?

— Não sinto que Eurico seja um homem talhado para o casamento. Ele é um pássaro, precisa viver solto, caso contrário, vai adoecer e morrer triste na gaiola.

— Não entendo a sua geração. Namoram sem objetivo.

— Claro que temos objetivo! — protestou Cleonice. — No seu tempo, dona Dirce, vocês namoravam com um único objetivo: casar. Tão e somente. Nos dias de hoje, namoramos para trocar experiências, exercer o afeto, nos divertir, nos satisfazer. Isso pode dar em casamento? Pode. Mas *tem que* dar em casamento? Nem sempre.

Antonieta apareceu na cozinha. Cumprimentou Cleonice à distância.

— Tudo bem? — ela perguntou e foi se sentando na cadeira que ficava na outra ponta da mesa.

— Tudo. E a faculdade, como vai?

— Indo.

— Nossa, Antonieta, que ânimo.

— Nunca fui muito de estudar.

— Se procurasse um curso do qual gostasse...

— Não sei o que fazer. Ainda sou muito nova.

— Aproveite essa juventude. Depois dos vinte, tudo passa bem rápido.

— Tem razão.

— Que apatia é essa? Acaso me ligou porque está doente?

Dirce tomou o prato dela e a serviu.

— Coma, Cleonice. Aproveite que está quente e coma.

Ela pegou o prato e Dirce fez o mesmo para Antonieta. Serviu-a com uma generosa porção de empadão. Assim que pegou o prato, Antonieta aspirou o aroma da comida e sentiu enjoo. Saiu correndo em direção ao banheirinho próximo da cozinha.

Cleonice espantou-se.

— Ela está doente?

— Não, propriamente.

— Mãe! — Cleonice exasperou-se. — Estou farta desse segredinho. O que é que Antonieta tem? Por que me chamaram? O que ela tem que conversar comigo?

Antonieta voltou do banheiro, lívida. Sentindo-se fraca, sentou-se na cadeira com vagar e disse, voz lacônica:

— Estou grávida.

Cleonice espremeu os olhos. Encarou Antonieta e perguntou:

— O que foi que disse?

— Grávida, Cleonice. Estou grávida.

— De quanto tempo? — Ela estava tão pasmada que foi a pergunta que lhe veio à cabeça.

— Quatro semanas.

— Vai ficar com ele?

— Com o bebê? — Cleonice fez sim com a cabeça. Antonieta foi enfática: — Pois claro! Quero ter esse filho.

— E quem é o pai?

O silêncio se fez. Cleonice repetiu a pergunta e Antonieta cobriu o rosto com as mãos. Começou a chorar.

— Calma, Antonieta — pediu Dirce, entregando à filha um lencinho de papel.

Antonieta assoou o nariz e Cleonice repetiu a pergunta:

— Quem é o pai da futura criança, Antonieta?

Ela respirou fundo. Encarou Dirce e seu olhar lhe transmitiu força. Finalmente disse, bem baixinho:

— Eurico.

— Falou muito baixo. Quem é o pai, Antonieta?

— Eurico. O pai do bebê é o Eurico.

Cleonice levou uns segundos para concatenar as ideias. Encarou a mãe e Dirce fez sim com a cabeça. Ela cravou os olhos em Antonieta:

— O *meu* namorado — enfatizou — engravidou você? É isso?

Antonieta concordou com a cabeça. Dirce interveio:

— É por isso que ela queria tanto conversar com você, Cleonice.

— Ah! — Cleonice quase explodiu. — Então era por isso que a senhora queria saber como andava meu relacionamento com o Eurico? Era por causa disso?

— Apenas estava sondando para saber se vocês estão firmes, pensam em se casar...

Cleonice a cortou, seca:

— E como eu não tenho intenções de me casar com ele, então tudo bem, certo? A galinha da família pode meter um belo chifre em mim.

— Não xingue sua irmã — pediu encarecidamente Dirce.

— Mas eu não xinguei.

— Você a chamou de galinha.

Antonieta a tudo escutava e apenas choramingava. Cleonice prosseguiu:

— Mãe, galinha, neste caso, soa como adjetivo. Irmã galinha. Não estou xingando a Antonieta. Aliás, nem tem como xingar...

— Aconteceu — finalmente disse Antonieta.

— Aconteceu! — exclamou Cleonice. — Simplesmente aconteceu. Você pensou no Eurico ou sonhou com ele e pronto, engravidou. Porque, pelo que eu saiba, a única vez que vocês se viram foi quando viemos tomar banho de piscina. Isso faz meses! — Ela contou nos dedos e corrigiu: — Praticamente um ano atrás.

— Confesso que eu fui atrás dele. Queria apenas me divertir. Depois a gente foi se vendo cada vez mais. Eu gosto dele.

— Deixa eu ver se entendi. Então, se eu me casar com Eurico, vou ser, ao mesmo tempo, tia e madrasta da criança. Que beleza!

— Desculpe. — A voz de Antonieta era quase inaudível.

Cleonice levantou-se da mesa. Caminhou até a sala, apanhou a bolsa e dela retirou a chave do carro. Dirce foi logo atrás:

— Por favor. Vamos conversar.

Os olhos de Cleonice estavam marejados.

— Conversar o que, mãe? Que essa bisca da Antonieta me traiu com meu namorado e vai ter um filho dele? Devo conversar com calma, como uma pessoa civilizada, escutar esse blá-blá-blá a troco de quê? Me diga? Acha que nossa relação vai continuar a mesma?

— Eu sou sua mãe e a amo muito.

— Só que fez todo esse teatrinho, me ligou, sondou sobre minha vida afetiva, chamou-me para comer seu empadão de frango. Tudo armação. Acha que você ganhou meu respeito ou consideração depois dessa armação? Esqueça. Não vou dizer que não sou mais sua filha, contudo, não vou procurá-la. Não quero mais saber de conviver com essa... essa imbecil! Pronto. É isso. Antonieta é uma imbecil. Quero ela longe da minha vida.

— Não fale assim, Cleonice. Está nervosa. Eu compreendo.

— Compreende? Sério mesmo, mãe? Compreende a minha raiva? É pouco. Compreende o que se passa dentro de mim? Como estão os meus sentimentos? Compreende que essa vaca criou uma celeuma em nossas vidas? Como vamos conviver daqui pra frente?

Antonieta veio da cozinha e postou-se atrás de Dirce.

— Tudo isso está mexendo comigo, Cleonice. Eu não quero mais criar desavenças na família. Quero que a gente passe uma borracha nisso e vamos tentar ser irmãs, de verdade.

Cleonice a encarou por um tempo indefinido. Respirou fundo, mordiscou os lábios. Mirou Antonieta com olhos injetados de fúria:

— Sabe, enquanto estou processando as informações, a minha cabeça não para de pensar. São cenas de agora há pouco, de ontem, de lá atrás... me veio agora à mente um dia em que você, bem pequenininha, caiu na piscina. Eu pulei na água, de roupa e tudo, e a salvei. Sabe do que me arrependo? — Antonieta fez não com a cabeça e Cleonice deu sequência: — Eu me arrependo de ter salvado você, Antonieta.

— Não diga uma coisa dessas! — implorou Dirce.

— Não é mais para mentir, certo, mamãe? Chega de mentiras. A fofa não pediu para passarmos uma borracha em tudo? Estou fazendo isso. Estou apagando você — apontou Antonieta — da minha vida. Mas, antes, queria reviver a cena do afogamento, imaginando você morrendo afogada. Hoje, eu estaria com meu namorado e, quem sabe, até poderia pensar em me casar com ele. Ou, melhor ainda... Damaris poderia ter sobrevivido ao parto e você poderia ter morrido. Mas a vida quis que uma maçã podre e adotada contaminasse a família e fosse capaz de nos causar um punhado de dissabores.

— Perdão. Eu te peço perdão — Antonieta implorava e chorava.

— É tarde demais — observou Cleonice. — Pretendo nunca mais vê-la na minha frente, na minha vida. — Cleonice abraçou a mãe e finalizou: — Adeus, mamãe. Só peço a gentileza de — ela mexeu na bolsa e tirou um aparelhinho, entregando-o a Dirce — apertar o botão que abre o portão.

— Cada filho meu tem um controle remoto — disse Dirce, sentida. — Esse é seu.

Cleonice fez não com a cabeça.

— Mãe, me ouve! Eu não estou rompendo com a senhora, apenas não quero e não vou mais botar os pés na sua casa. A gente até vai poder se falar ao telefone, mas, vir aqui, nunca mais.

— Vamos conversar com calma, numa outra hora — pediu Antonieta. — Eu, você, Eurico.

— Conversar o quê? Fique com Eurico. Aliás, case-se com ele. Vocês são afins, se completam.

— O Natal... — murmurou Dirce.

— Acha que vamos passar o Natal juntas? Abraçadas, trocando presentinhos? Ah, mãe, faça-me o favor!

Cleonice estugou o passo e logo alcançou a garagem.

— Mãe, por favor, venha abrir o portão.

Ela entrou no carro, deu partida. Dirce apertou o controle remoto e o portão se abriu. Cleonice acelerou e logo o carro sumiu. Dirce sentiu uma dor no peito sem igual. Sabia que Cleonice não pisaria mais em sua casa. E não pisaria mesmo. Nunca mais.

CAPÍTULO 43

Eurico sentira-se demasiadamente constrangido com os acontecimentos. Gostava de Cleonice e gostaria de conversar com ela. Mas não tinha coragem. Faltava-lhe estrutura. Ele não tinha forças para encará-la e lhe pedir desculpas. Não tinha.

Antonieta ligou para ele a fim de que fosse na casa dela. Dirce queria conversar com ele. Ele foi. Tímido, tipo enfiando o rabo entre as pernas, mas foi. Dirce teve uma séria conversa com ele.

— Agora é casar — ele disse.

— É o mínimo que pode fazer. Antonieta tem apenas dezoito anos. É uma menina, não sabe se virar.

— Eu ganho um salário razoável, dona Dirce. Não dá para encher a Antonieta de luxo, ainda mais com uma criança a tiracolo, mas tem umas casinhas boas lá perto da minha. O aluguel não é tão caro.

— Eu ofereço a edícula para você e Antonieta. É um bom espaço, depois Antonieta vai lhe mostrar.

— Obrigado.

— Apenas peço que cuide de seu bebê.

— Claro! Eu me sinto aliviado de não ter de pagar aluguel. Pode deixar que farei o possível para dar o mínimo de conforto a Antonieta e nosso filho.

— Assim espero.

Em seguida, Dirce pediu que Antonieta o levasse para conhecer a edícula. Eurico gostou do espaço.

— É grande. Tem dois quartos, um para nós e outro para o bebê. Tem sala, cozinha, banheiro. É praticamente uma casa — elogiou Eurico.

— É uma casa — observou Antonieta.

— Por que essa cara?

— Morar na edícula, Eurico? Olha o tamanho da casa da minha mãe — apontou para fora.

— Disse bem. É a casa da sua mãe.

— Só ela vive lá. Tem quatro quartos. Um absurdo me jogar nesse cubículo.

— Você deve agradecer aos céus! — ele falou e a abraçou.

— Sabe que estou contente? Nunca tinha levado muito a sério esse lance de casar, ter filhos. E estou gostando disso.

— Eu gostava quando a gente ia ensaiar no barracão e depois partíamos para aquele hotelzinho. Era tão bom!

— Tudo mudou, Antonieta. Agora vamos casar, ser marido e mulher, ter filhos...

Ela o cortou:

— Filhos? No plural? Não. Nunca. Vamos ter esse filho. Tão e somente.

— Você é quem sabe.

— Imagino quantos filhos seus não devem estar espalhados por aí.
— O que é isso, Antonieta? Eu sou boêmio mas sou responsável. Nunca engravidei mulher que fosse. Além do mais, você jurou pra mim que tomava pílula.
Ela abaixou a cabeça.
— Devo ter me confundido. Enfim...
— Enfim, vamos nos casar e ser papai e mamãe! — Ele a abraçou e a ergueu para o alto.
Eurico estava, de fato, contente. Antonieta, por outro lado, não estava muito feliz. Nos últimos dias, entre uma ida e outra ao banheiro — os enjoos eram constantes —, passou a refletir sobre sua vida. Tivera de trancar matrícula na faculdade, não tinha mais ânimo para sair com as amigas. Imaginara consertar o vestido dos quinze anos para esse dia. Agora não tinha tempo para isso. Decidida, acertou com Eurico de se casarem logo depois do Carnaval.
— Para não atrapalhar o desfile deste ano — ele pediu.

Ao saberem do ocorrido, os irmãos racharam. Célia e Nicolau ficaram do lado de Cleonice. Alberto deu apoio a Antonieta. Rosana manteve-se neutra. Não cabia a ela julgar se a atitude de uma ou de outra irmã tinha sido certa ou errada. Ela apenas vibrava e pedia aos espíritos amigos que transmitissem boas energias para Antonieta e Cleonice. Marcílio e Dalila também permaneceram neutros, sem pender para uma ou outra irmã. Angelina, assim como Rosana, orava e pedia pelo melhor.
Dessa forma, o casamento ocorreu numa manhã quentíssima em fins de fevereiro, logo após a semana de folia, como pedira Eurico. Os noivos não quiseram convidar amigos, apenas familiares. A mãe dele, sabendo como tudo ocorrera, não quis ir ao enlace. Ele e os irmãos não eram assim tão ligados.

Dirce, Alberto, Rosana, Marcílio, Dalila e as crianças eram os convidados que ali estavam. Depois do sim, cumprimentaram-se e foram almoçar num restaurante nas proximidades da Rua Lopes Quintas.

Os meses passaram e chegamos aos primeiros dois capítulos desta narrativa. Antonieta teve as meninas e elas ganharam nome: Bernarda e Teresa. As duas reencarnaram com a finalidade de dissiparem as mágoas do passado, impedindo que continuassem a maltratar o coração e perturbar a vida uma da outra. Seria preciso que elas aprendessem a perdoar, com o intuito de se libertarem da dor e, com isso, deixarem definitivamente o passado lá atrás.

Bernarda cresceu fisicamente parecida com Antonieta. A pele era bem clarinha e as sardas lhe conferiam um certo charme. Teresa era uma cópia de Eurico. Os olhos, o nariz e o queixo eram idênticos aos do pai. Ambas cresceram com saúde e disputavam o pai, literalmente, a tapa. Os presentes que ele dava tinham de ser os mesmos, a atenção, o carinho. Tudo tinha de ser milimetricamente igual, senão... elas batiam o pé no chão, abriam o berreiro. Eram crianças difíceis.

Interessante observar que, numa vida passada, Eurico fora casado com Bernarda e amante de Teresa. Bernarda nutrira por ele bons sentimentos, ao passo que Teresa o queria para si. Uma talvez tenha pendido mais para os lados do amor; a outra, para os lados da paixão. Dessa forma, quando chegaram à adolescência, Bernarda foi se tornando mais dócil. Mas Teresa, não. Ela não gostava de ver o pai beijando a mãe; do mesmo modo, tratava mal qualquer mulher que se aproximasse de Eurico. Era extremamente possessiva.

Quando as duas estavam com onze anos de idade, Antonieta e Eurico se separaram. Antonieta finalmente pôde ter acesso ao dinheiro que o primo havia lhe depositado anos atrás. Usou parte do dinheiro para fazer uma reforma geral na casa — sob protestos de Dirce. Outra parte, ela torrou em viagens com as meninas. Queria que elas conhecessem a Disney, por exemplo. Eurico declinou o convite. Não trocaria os amigos, os bares e o samba por parques de diversão tão longínquos.

Tão nova e com duas filhas para criar, Antonieta um dia acordou diferente. Sentiu dores terríveis e foi levada imediatamente ao hospital. Precisou operar o apêndice. Depois da cirurgia, pensou nas filhas e, de repente, veio-lhe à mente: e se ela tivesse morrido na sala de cirurgia? O que seria de suas meninas? Será que Eurico daria conta de cuidar delas? E Dirce? Pobrezinha, estava tão velhinha...

Enquanto se recuperava da cirurgia, lembrou-se de orar. Há quanto tempo não fazia isso? Ao adormecer, entre uma e outra troca de soro na veia, sonhou com Corina e Deodato. A bem da verdade, ela sonhou com um encontro que tivera com esses bondosos espíritos pouco antes de se preparar para reencarnar. Quando voltou do sonho, as últimas palavras ainda estavam vivas na mente: "Há inúmeras maneiras de estabelecer conexão com os amigos espirituais", dizia-lhe Deodato. "Há, por exemplo, a possibilidade de encontros durante o seu sono, por meio dos sonhos."

A partir dessa experiência, Antonieta transformou-se em outra pessoa. Rosana lhe abrira as portas do centro espírita. Só que Antonieta preferia ir à igreja. Acendia uma vela em memória do pai, rezava, às vezes assistia a uma missa completa. Decidiu voltar a estudar. Retornou à faculdade de direito. Para alegria de Dirce, formou-se com louvor, tirou a carteirinha de classe, foi convidada por um dos professores do curso para trabalhar com ele em seu escritório de advocacia. Nesse meio-tempo, as meninas cresceram e, naturalmente, atingiram a maioridade.

Bernarda, muito simpática e comunicativa, fez curso de decoração e tornou-se designer de interiores. Teresa, que cresceu bem bonita e com o corpo estilo violão, começou umas três faculdades, mas não concluiu nenhum curso. Num dia, enquanto seu pai, Eurico, ensaiava a ala carnavalesca sob sua responsabilidade, Teresa conheceu um coroa gringo que viera visitar o país e — nada mais clichê — a caipirinha, o samba e o Carnaval. Ele viera fazer negócios. Era casado e tinha três filhos em algum país árabe sobre o qual Teresa não ficou interessada em saber. Na época, Teresa tinha vinte anos e ele, cujo nome era Samir, tinha uns quarenta. Tornou-se para ela seu *sugar daddy* — homem geralmente poderoso que se relaciona com mulheres bem mais jovens por conta de interesses mútuos. Pelos negócios e, acima de tudo, por Teresa, ele passou a vir mais vezes ao Brasil. Sempre que vinha, avisava Teresa com certa antecedência. Isso porque, quando Samir surgia por nossas bandas, Teresa tinha de deixar tudo: o apartamento onde morava, as amizades, a família. Samir queria dedicação exclusiva. Ela tinha de estar disponível vinte e quatro horas. Pretextava à mãe que ia passar uns dias na serra com amigos e sumia. Antonieta acreditava.

Assim, Teresa seguia à risca tudo o que Samir lhe pedia. Alugava o quarto de hotel, providenciava as bebidas e comidas de que ele gostava, usava o perfume que ele exigia que ela usasse, vestia-se de acordo com as orientações dele. Dedicava-se integralmente a Samir, acompanhava-o em eventos, comportava-se na cama como ele desejava. E assim ela foi levando a vida, até se cansar e conhecer Bento...

CAPÍTULO 44

Eurico tornara-se excelente pai e bom marido até o momento em que Antonieta pediu a separação. Foi então que Eurico se deu conta de que não nascera para o casamento. Ele não era homem de uma mulher só. Seu temperamento demonstrara isso desde quando namorara duas irmãs ao mesmo tempo. Ele não fazia por maldade, mas era esse o seu jeito de ser. Eurico precisava viver de forma livre, ter suas namoradas, seus flertes, voltar aos ensaios da escola de samba que tanto amava.

Por falar nisso, quando a sua escola de samba subiu para o grupo "especial", Eurico foi convidado a fazer parte da liga das escolas de samba. Foi então que se juntaram a fome e a vontade de comer: Eurico demitiu-se do emprego e passou a se dedicar única e exclusivamente à escola de samba. A mãe tinha falecido havia pouco e cada um dos irmãos decidira seguir o próprio rumo.

Certa vez, logo depois de se separar de Antonieta, levou as meninas para passarem o fim de semana juntos. Ele as levou para sua casa. O cômodo era muito abafado. O pequeno ventilador mal dava conta de refrescar a todos. Bernarda teve uma crise nos brônquios, pois o mofo cobria uma boa parte das paredes.

Depois desse fim de semana, Antonieta as proibiu de dormirem na casa do pai. Elas bateram o pé. Era difícil dobrar aquelas meninas. Nossa! Era preciso ter muita paciência. Antonieta não tinha tanta paciência assim. E um dia, quando receberam a visita de Dalila e das crianças, Antonieta comentou das péssimas condições de moradia do ex-marido.

Dalila levou a informação a Marcílio, e ele — sempre Marcílio! — comprou uma casa para Eurico na Gamboa.

— Poderia mudar para outro bairro — sugeriu Antonieta, que não gostava da região. — Aproveite que pode escolher morar em qualquer lugar do Rio de Janeiro.

— Aproveitar o que, Antonieta?

— Ora, é Marcílio quem vai lhe dar o imóvel. Pode escolher morar aqui perto, se desejar.

Ele meneou a cabeça para os lados.

— Não gosto de onde você mora. Tudo é longe, tem de usar carro. Sabe que não gosto de dirigir. Além do mais, meus amigos de verdade estão na Saúde, na Gamboa...

Antonieta percebia cada vez mais quanto eles não eram compatíveis em gosto, ideias, em nada. Se a cama era boa quando namoravam, deixou de ser depois do nascimento das meninas. Antonieta perdera o interesse por Eurico e não tinha vontade de se relacionar com ele. Ou com quem quer que fosse. Até o dia em que fora procurar Eurico para assinar um documento que ela precisava anexar ao inventário de Dirce. Era algo raro de acontecer. Mas Eurico prometia ir até o escritório e não ia. Sempre aparecia alguma coisa, um imprevisto, e o processo não andaria enquanto ele não assinasse o tal documento. Um dia, Antonieta cansou-se de esperar e quis tirar esse processo da frente. Embora houvesse amizade entre eles, Antonieta não era de frequentar o bairro em que Eurico morava.

Depois de assinado o documento, ela olhou no relógio e disse:

— Graças a Deus, está tudo resolvido. Segunda-feira eu dou entrada no fórum.

— Vai fazer o quê? — sondou Eurico.

— Vou para casa. Estou com fome, cansada.

— Já que veio até mim — disse ele, empolgado —, vou levar você para jantar. Topa?

— Não sei, Eurico... Aqui?

— Sim. Vamos. A gente pode conversar sobre as meninas.

— Meninas?

Os dois riram.

— Duas cavalonas! — tornou Eurico. — Nossa, como elas cresceram rápido!

— É verdade. Escuta, aonde vamos?

— É surpresa.

Ele levou Antonieta ao pequeno e charmoso restaurante de Raja. Ela estava atrás do balcão e Eurico apresentou:

— Raja, essa é a mãe das minhas filhas.

Raja sorriu e estendeu a mão:

— Prazer. Seja bem-vinda. Se é conhecida de Eurico, é bem-vinda.

— Obrigada.

Antonieta sentou-se na única mesinha vaga. Uma pequena fila formou-se na porta. A comida de Raja era, sem dúvida, disputadíssima.

Eurico fez o pedido e, depois que o garçom serviu as bebidas, Antonieta considerou:

— Lugar mais ou menos. Podia chamar a Bernarda para decorar o ambiente.

— É simples, mas aconchegante. A comida é nota mil. Você vai adorar.

— Simpática, a dona.

— É, a Raja é uma guerreira. Sabia que ela veio fugida da guerra no Líbano?

— Jura? Que triste.

Eurico decidiu contar a Antonieta a história de Raja.

Sua história era a seguinte...

CAPÍTULO 45

De 1975 a 1990, uma guerra civil destruiu o Líbano e deixou um triste rastro de mais de cento e vinte mil mortos. Tão logo o conflito se intensificara, e para fugir de tamanha violência, a jovem Raja Saleh, de dezoito anos, depois de ver praticamente toda a família dizimada, conseguiu fugir com um priminho que ficara órfão, Rami, que na época contava apenas dois anos de idade. Com tremenda dificuldade, cruzaram o Atlântico e chegaram ao Brasil, onde puderam reconstruir a vida longe dos conflitos sangrentos. Foram acolhidos por refugiados que também haviam fugido da mesma guerra.

Aos poucos, Raja, que em vida passada fora fria e não cuidara bem de Rami, passara a tratá-lo agora com zelo extremo. Era como uma mãe para ele. Moravam num cortiço. Tinham um cômodo para eles e dividiam o banheiro com mais um monte de gente. Sem saber com o que trabalhar e com dificuldade de compreender o português, Raja fez o que sabia de melhor, isto é, ela foi trabalhar na cozinha de um boteco, na Saúde. Passou a preparar pratos típicos árabes. O bar, antes visitado por dois ou três pinguços, passou a ser frequentado por outras pessoas. O boca a boca funcionou e Raja passou a oferecer encomendas. Rami cresceu entre quibes e esfihas. Aprendeu a cozinhar com a tia, que na verdade chamava de mãe, e, conforme crescia, tinha ideias para que o negócio prosperasse. Aos vinte anos de idade, Rami fez proposta ao dono do bar e o homem, já cansado, decidiu fechar negócio. Raja e Rami mudaram-se para a parte de cima do bar, reformaram o imóvel e o transformaram numa casa de comidas árabes. Quem acompanhou o crescimento do negócio — e inclusive o crescimento de Rami — foi Eurico. Depois que se separou de Antonieta, foi morar bem próximo ao bar. Fizera amizade com Raja e a ajudara a entender a língua portuguesa. Às vezes, chegava a perder o horário dos ensaios porque passava um bom tempo ensinando Raja a falar português. A amizade dele com Rami foi instantânea. Eles se tratavam como pai e filho, visto que Eurico tinha vontade de ter um filho homem, mas, depois da aventura com Antonieta, decidira parar nas duas filhas. Fez até vasectomia. Queria se divertir, mas não queria mais contribuir para povoar o planeta.

Ao fim da narrativa, Eurico disse a Antonieta:

— É isso. Eu tenho profundo carinho e respeito pela Raja e pelo Rami. Embora eu tenha apenas dez anos a mais que ele, nos tratamos como pai e filho.

— Você é feliz, não? — ela perguntou.

— Sou, Antonieta. Sou feliz porque vivo a vida do jeito que quero, quer dizer, na maior parte do tempo. Há coisas que não tenho como controlar, e tenho de aceitar, às vezes tenho de engolir. Mas sou feliz. A casinha que Marcílio me deu é meu santuário.

— Fiquei sabendo que Bernarda reformou a casa toda, até decorou.

— Foi. Essa menina é um espetáculo. Bonita, inteligente.

— Como é babão — riu Antonieta.

— Sou mesmo — concordou Eurico. — Por isso estou feliz. Tenho duas filhas adoráveis, uma ex-esposa que se dá bem comigo. Tenho minhas namoradas, meus casinhos, meus ensaios na escola de samba. De que mais preciso?

— Tem razão. — Ela mudou o rumo da conversa. — Por falar nisso, soube pela Bernarda que a Teresa avançou sobre uma de suas namoradinhas. Foi mesmo verdade?

— Foi — concordou Eurico. — Sabe como é, né? Teresa sempre foi mais possessiva.

— Isso é. Ela é apaixonada por você.

— Mas sumiu, sabia? Eu a tenho visto muito pouco.

— Eu também a tenho visto bem menos. Bom, depois que saíram de casa e foram dirigir a própria vida, eu as tenho visto muito pouco. Bernarda é a que mais me liga. Já a Teresa... some. Não sei o que essa menina anda aprontando.

O garçom os serviu. O aroma abriu mais ainda o apetite de Antonieta.

— A comida é maravilhosa — ela disse, enquanto mastigava com prazer.

— Eu te disse — ressaltou Eurico. — A comida da Raja é simplesmente divina.

— Ela faz tudo sozinha?

— Não. Ela tem uma boa equipe. E o Rami a ajuda bastante.

— Esse rapaz também cozinha?

— Sim. Ele é braço direito da Raja. Embora cuide do negócio, ele também gosta de colocar a mão na massa.

Terminaram a refeição e o garçom retirou os pratos, perguntando se queriam sobremesa.

— Não sei se devo — comentou Antonieta. — Estou satisfeita.

— Não pode sair daqui sem experimentar os doces. — Ele voltou-se para o garçom e pediu: — Traga um *malabie* para ela e um *ataif* de nozes para mim.

— Conhece bem os doces.

— Antonieta, você vai amar! — Ela baixou os olhos, levemente entristecida, e Eurico quis saber: — Você me perguntou se eu sou feliz. Por quê?

— Queria saber da sua vida. Sabe que não o amo, mas tenho muito carinho por você. Além de ser um cara legal, é um ótimo pai.

— Obrigado. Mas, confesso, eu gostaria muito de conversar com Cleonice. Nunca tive essa oportunidade, de explicar a ela o que aconteceu.

— Ela sumiu de nossas vidas, Eurico. Desde que ela soube que eu estava grávida de você, ela desapareceu. Nem ao funeral da mamãe ela compareceu.

— Ela mora longe — ele tentou justificar.

Antonieta deu de ombros.

— Cleonice desligou-se de todos nós. Quer dizer, parece-me que ainda tem amizade com Célia e Nicolau.

— Quem sabe um dia, né? — Eurico deixou a pergunta no ar e ela fez que sim. Ele insistiu: — E você, Antonieta. É feliz?

Ela olhou para cima, para baixo, refletiu.

— Acho que tive meus momentos... quando saía com você, quando as meninas nasceram, ou quando tirei minha carteirinha da Ordem. Foram momentos de felicidade. Duraram pouco tempo.

— Nunca mais namorou?

— Não. Saí com um ou outro homem, mas nada de mais. Foram encontros fortuitos. Decidi mergulhar na carreira.

— Você ainda é tão nova, Antonieta. Merece encontrar um cara que lhe desperte o amor.

— Nova, sei. Duas filhas com vinte e cinco anos de idade!

— Porque você foi mãe bem jovenzinha. Ainda tem muita lenha para queimar.

— Não, Eurico. Não sou como você. Você tem fogo, tem paixão por tudo o que faz. Teresa tem esse jeito meio parecido com o seu. A Bernarda puxou mais a mim.

— Não mude o assunto. Vamos tratar de arrumar alguém para você.

— Não preciso de ninguém. Estou bem assim.

— Com essa cara morna? — eles riram.

O garçom trouxe os doces. Antonieta saboreou cada pedaço com extremo prazer. Ao finalizar, ela confessou:

— Acho que nunca comi doces tão bons!

— É assim que gosto de ver você — tornou Eurico. — Com essa cara de satisfeita. Você não está totalmente realizada. — Ela nada disse. Ele quis saber: — Por que vive sozinha naquele casarão?

— Costume. Hábito. Passei a vida toda lá.

— Não acha que está na hora de mudar de casa, de bairro, respirar novos ares...

— Não tenho muita vontade. Sabe — ela revelou —, se eu estivesse com alguém, talvez mudasse de casa. Talvez. Estou tão atolada no trabalho, nem tenho tempo de me divertir.

A conversa fluía agradável até que Raja aproximou-se da mesa.

— Gostou?

Antonieta foi quem disse:

— Se gostei? Eu amei! A sua comida é impecável. Deliciosa. O doce, então, é dos deuses, literalmente!

— Obrigada. Nós preparamos nossa comida com muito amor.

— Raja é como uma irmã — confidenciou Eurico.

— E é — Raja se interpôs. — Eurico me ensinou português, cuidou do meu Rami quando eu tinha de trabalhar sozinha até tarde e varar a madrugada. Quantas noites aquele menino dormiu na sua casa, não? — perguntou enquanto encarava Eurico com gratidão.

— É verdade. Mas eu amo você. Adoro seu menino. Rami é como um filho para mim.

— Vou lá dentro avisar que você está aqui. Se ele souber que você veio aqui e não avisei, vai brigar comigo.

Raja saiu e voltou com Rami atrás dela. Ele estava de uniforme, avental, touca. Estava suando, cheirando a gordura. Mas, quando Eurico o viu, levantou-se e abraçaram-se efusivamente.

— Quanta saudade, Eurico! — Rami fora sincero.

— Eu também, querido. Deixe eu lhe apresentar a mãe das minhas meninas. Rami, esta é Antonieta. Antonieta, este é Rami.

A troca de olhares entre ambos foi significativa. Mesmo depois de muitos anos, Antonieta não saberia descrever em palavras o que sentira no momento em que ela e Rami se olharam pela primeira vez. Rami também diria o mesmo. Ambos ficaram hipnotizados. Era como se o burburinho em volta deles tivesse desaparecido por completo, como se nada nem ninguém ali estivesse. Esse momento foi rápido, mas suficiente para mudar a vida deles. Depois dessa apresentação, Antonieta e Rami não seriam mais os mesmos.

CAPÍTULO 46

Antonieta jamais poderia supor que, depois dos quarenta e cinco anos de idade, sua vida teria novo rumo. Nem em seus sonhos mais mirabolantes poderia imaginar que sua vida pudesse seguir um caminho tão inusitado.

Depois de serem apresentados naquela noite, Antonieta foi para casa e, no trajeto, não parava de pensar em Rami. Era um misto de emoções e sentimentos. Ela não teve flashes do passado. Mas a sensação boa de tudo o que já vivera com Rami brotou novamente. Ela nunca sentira nada parecido por nenhum namorado. Nem mesmo por Eurico. O lance deles se iniciara daquele jeito porque Antonieta queria provocar a ira de Cleonice. Sim, Eurico era um homem forte, bonito, sensual, contudo, Antonieta nunca se apaixonara por ele. Era apenas uma química sexual, um "troço" que dava nela todas as vezes que se encontravam. Quando decidiu fazer terapia, descobriu que ela desejava se sentir superior a Cleonice. Percebera que o fato de ter sido adotada inconscientemente a incomodava. Queria ser irmã de sangue, não adotiva. Embora nunca tivesse verbalizado isso, durante as sessões, seu inconsciente se abria e expunha seus desejos mais inconfessáveis.

Antonieta aceitara que se sentia diminuída por não ser filha natural de Dirce e de Alfredo. O difícil era aceitar que ela era capaz de amar e de ser amada. Ela não acreditava muito nisso, mesmo quando sua analista lhe dizia o contrário.

Rami, por seu turno, ficou fascinado por Antonieta. Não era de se relacionar. Era um homem que trabalhava muito, que concentrava todas as suas forças no restaurante. Tivera uma namoradinha quando jovem. Ele era um tipo nem bonito nem feio. Estatura mediana, cabelos pretos jogados para trás, barba preta, olhos escuros. A pele era bem alva e, se cuidasse melhor da aparência, era um tipo que poderia chamar mais a atenção. Mas ele não ligava muito para a aparência.

Até Raja o encorajava a encontrar alguém.

— Um dia eu morro. Você vai ficar sozinho. Isso não pode acontecer.

— Claro que pode, mãe. Mas esse dia vai demorar a chegar.

— Por que diz isso com tanta convicção?

— Porque você sobreviveu a uma guerra e veio parar num país estranho, com uma língua diferente da sua, com uma cultura diversa. E olhe para nós hoje!

— Tem razão. Entretanto, adoraria se você casasse, tivesse filhos...

Era o sonho de Raja. Mas Rami não queria saber de casamento. Preferia se dedicar ao negócio que sua tia — considerada sua mãe — construíra com tanto suor e trabalho. Tudo mudou a partir do dia em que conheceu Antonieta. Para se ter uma ideia, ele não dormiu naquela noite. Virava a cabeça de um lado para o outro do travesseiro. Não conseguia parar de pensar nela. Até que tomou coragem e foi pedir o telefone dela para Eurico.

Embora jamais confessasse isso, Eurico sentiu uma pontinha de ciúme quando percebeu que Rami se interessara por Antonieta. Entretanto, lembrou-se de quando perguntara a ela se era feliz. Antonieta não era. Ele sentia. Nem precisaria ter perguntado. Ele pensou bastante e passou o número do telefone para o rapaz.

Rami ligou, Antonieta atendeu como se o coração fosse explodir ou saltar pela boca. Houve um encontro, depois outro. No terceiro, Rami já procurava uma maneira de dormir ao menos uma noite na casa de Antonieta. Os meses se passaram e, por fim, ele a pediu em casamento.

— Você é mais novo que eu, tudo bem?

— Já discutimos sobre isso. Qual o problema? Não basta o amor que sinto por você?

— Tem razão.

Antonieta aceitou o pedido. As filhas comemoraram, porque achavam que a mãe tinha de ter uma vida afetiva saudável e feliz. Afinal de contas, era a mãe delas que estava se casando. Elas pouco se importavam com quem Antonieta namorava. No entanto, em relação ao pai... bem, Eurico evitava apresentar uma namorada para elas. Bernarda torcia o nariz e Teresa provocava, batia boca, um horror.

Raja também ficou muito contente com a união, porque simpatizara com Antonieta, pois fora esposa de Eurico, por quem ela tinha muita gratidão. Raja desejava, de coração, que eles fossem felizes.

Logo depois da cerimônia, Antonieta sentiu doerem os mamilos. E veio o enjoo.

— Já passei por isso antes...

Ela comprou o teste de farmácia. Estava grávida.

— Eu tenho mais de quarenta e cinco anos — disse aflita para Rami.

— Qual o problema? Você é saudável. Vamos ao médico. Vai dar tudo certo.

Rami tinha um jeito especial de acalmar Antonieta. Ela assentiu e levou a gravidez com menos trabalho e bastante repouso. Fez uma cesárea e nasceu um menino, que Rami pediu que pudesse receber o nome do seu pai, morto na guerra.

Antonieta concordou e o filho deles recebeu o nome de Abdul, um bebê forte e saudável, de cabelos escuros iguais aos do pai. Aliás, conforme crescia, Abdul transformar-se-ia numa réplica de Rami. E daria sequência aos negócios. Inteligente, o menino logo demonstrou facilidade com os números. Graças a ele, a família abriu mais dois restaurantes.

Abdul era o neto que Raja sempre desejou ter. Eram bem grudados e ele cuidou da mulher — que considerava sua avó de verdade — após Raja apresentar os primeiros sinais de demência. Embora tivessem condições financeiras para internar Raja numa excelente clínica para idosos, ele preferiria diminuir a jornada de trabalho e dedicar-se aos cuidados da anciã.

De certa feita, ele agiria da mesma forma com Eurico. Considerava-o seu avô. Eurico despertara em Abdul o gosto pelo samba. O menino o acompanhava desde jovenzinho aos ensaios e, adulto, iria se comportar como Eurico no trato com as mulheres, bem diferente do pai.

Ao mesmo tempo, conforme crescia, seu relacionamento com as meias-irmãs era bem distinto. Abdul mantinha um pé-atrás com Teresa. Não sabia explicar, mas não se sentia confortável ao lado dela. O sentimento era mútuo. Teresa também não era muito fã do irmão caçula.

Já Bernarda... ela apegara-se ao irmão de tal forma, que Abdul, por vezes, sentia-se sufocado. Mas entendia esse sentimento da irmã e por ela se afeiçoara. Do mesmo modo que Raja, Bernarda não se casara e nunca quisera ter filhos. Bem lá na frente, depois da morte de Raja, Abdul convidaria Bernarda para morar com ele. E dela cuidaria. Até a morte.

Como não tivera filhos, Bernarda considerava Abdul seu filho. A diferença de mais de vinte anos entre os dois implicava um relacionamento que era mais ao estilo mãe-filho do que irmã-irmão. Outra pessoa com quem Bernarda tinha bastante afinidade era Corina, filha mais velha de Marcílio. Ela era um pouco mais velha que Bernarda, mas se davam muito bem, a ponto de Bernarda quase adoecer quando Corina, aos dezoito anos, decidiu estudar numa universidade inglesa.

Corina era... a fofura em pessoa. Menina alegre, responsável, amante da natureza e dos animais. Por causa dela, a família mudou-se para uma casa num condomínio na Barra da Tijuca. Eram tantos gatinhos, passarinhos, cachorrinhos, peixinhos... Marcílio e Dalila se deram conta de que o apartamento em que viviam não comportava a quantidade de bichos que a filha trazia para casa. Corina não podia ver um gatinho, um cachorrinho abandonado... que logo levava para casa.

Aluna aplicada, Corina adorava biologia, química... Com o passar do tempo, desejou cursar medicina veterinária fora do país. Tinha um carinho muito grande pelo Reino Unido. E conseguiu entrar numa das melhores universidades da área, a Royal Veterinary College, da Universidade de Londres. Já no início do curso, Corina apaixonou-se por um colega de sala, Deodato. O namoro evoluiu e, depois de receberem o canudo, decidiram que a vida deles seguiria na Inglaterra. Casaram-se e, surpresa, Corina deu à luz gêmeos. Convidaram Lucas, irmão de Corina, mais Bernarda para serem padrinhos da menina. E os pais de Deodato para serem padrinhos do menino.

CAPÍTULO 47

Nem tudo dura para sempre, e chegou o dia em que Teresa já estava cansada de servir a Samir. Ele era um bom sujeito, levara-a para conhecer lugares nos quais Teresa nunca imaginaria pisar. Certa vez, já no Brasil, ele precisou fazer uma viagem de emergência a Buenos Aires. Levou Teresa com ele. Ali ela experimentou o luxo e a riqueza. Hospedaram-se num dos hotéis mais deslumbrantes da capital argentina. Samir a levou aos mais belos e badalados restaurantes. E ele havia prometido que, se ela continuasse ao lado dele, quem sabe, no futuro, compraria um apartamento na Recoleta, bairro elegante de Buenos Aires.

Voluntariosa e muito dona de si, Teresa já começava a se cansar dessa vida com Samir. Não estava mais lhe agradando ser uma marionete nas mãos dele. O luxo, os lugares, as joias, tudo era divino e maravilhoso, mas ela estava se sentindo presa, sufocada.

Certo dia, Samir teve uma reunião de emergência, e os planos de irem fazer compras fora abortado.

— Não tenho hora para voltar, mas já vou avisando, voltarei bem tarde. Saia e se divirta um pouco — tornou ele, despejando sobre a mesinha de cabeceira um punhado de dinheiro.

— Compre algo para você, *habibti*.

Teresa cismava quando ele a chamava de "minha querida". *Eu não sou sua propriedade*, pensou. Mas disse:

— Adoro quando me chama assim, *habib*. Até me excita.

Ele sorriu e jogou mais um punhado de notas pela cama. Beijou-a na testa e saiu. Teresa suspirou fundo e decidiu tomar um banho. Arrumou-se, escolhendo um vestido acinturado que marcava bem os seios e a cintura. Perfumou-se e saiu. Caminhou até entrar no Patio Bullrich, sofisticado centro de compras no coração da Recoleta. Andava e, de vez em quando, parava defronte a uma vitrine que lhe interessasse. Entrou para comprar um lenço que achara a sua cara. Ao ir pagar, ouviu uma voz atrás de si:

— Não compraria esse lenço.

Teresa virou-se para trás e encarou o homem.

— Como sabe que sou brasileira? — indagou, desconfiada.

— Estamos hospedados no mesmo hotel.

Ela o encarou de cima a baixo. Era um homem bonito. Usava os cabelos trançados. A barba era bem aparada. Os olhos, verdes, contrastando com a pele negra, era charme à parte. Trajava elegante terno e o perfume que de sua pele emanava era doce e delicado.

— No mesmo hotel? — ela repetiu.

Ele fez sim e disse:

— Eu a vi com seu marido, ontem, no saguão. Conversavam em português.

— Ah, sei... mas ele não é meu marido.

— Não?

— Um amigo.

— Fico feliz em saber.

— Por quê?

— Porque, desde que a vi, não consigo pensar em outra mulher.

Ele falou de um jeito que fez Teresa sentir as pernas bambas. Fazia tempo que não se sentia assim. Ela gostava de homem "com pegada", como costumava dizer. Acostumara-se ao amor morno que tinha com Samir porque se beneficiava da relação. Apenas isso. Samir era um bom homem; embora exigente, sempre a tratara com carinho. Jamais fora estúpido ou intransigente.

Ela pensou tudo isso e apenas disse:

— Teresa.

— Prazer. Meu nome é Bento. Sou de São Paulo. Estou aqui a negócios.

— Eu moro no Rio.

— Adoro o Rio de Janeiro.

— O que faz? — ela perguntou, mais querendo saber: *De onde você saiu, delícia?*, porém se conteve.

— Trabalho com tecnologia. Tenho uma startup que desenvolve programas para bancos. E você?

Teresa não fazia nada, quer dizer, até fazia. Como dizer que era *sugar baby*? Precisou mentir:

— Sou consultora de moda.

— Consultora de moda? — ele repetiu. Ela fez sim com a cabeça. — E ia comprar este lenço? Esta cor não a favorece.

Ele foi até uma mesa, no centro da loja, que dispunha de vários modelos de lenços. Ele apanhou um com estampas floridas, em tons de verde-água e amarelo. Passou delicadamente o lenço pelo pescoço dela. E disse:

— Agora, sim, uma mulher linda.

— Tem razão. Obrigada.

Bento sussurrou algo em seu ouvido. O rosto dela avermelhou-se, mas ela deu um sorrisinho maroto. Saíram de lá e foram direto para o hotel. Como eram hóspedes, ninguém notou nada de anormal. Subiram para o andar em que Bento estava hospedado. Passaram a tarde juntos.

CAPÍTULO 48

De volta ao Brasil, na hora de Samir ir para o aeroporto, Teresa foi sincera. Ela terminava de arrumar a mala dele e, ao fechá-la, disse:
— Não estamos bem.
Samir concordou:
— Você não é mais a mesma. Eu já havia notado o comportamento diferente. Tem estado mais fria.
— Perdão, Samir. Não tenho como continuar com você. — Ela caminhou até o cofre e pegou as joias que ele lhe dera. — Tome.
Ele sorriu. Disse sincero:

— Você foi a única mulher que quis me devolver as joias.
— Ele beijou as mãos dela e falou, voz embargada: — Quisera tê-la conhecido antes. Acho que seríamos muito felizes.

Ela o abraçou com força. Gostava dele. E, pensando bem, se tivessem se encontrado numa outra época...

— Oh, Samir. Eu gosto tanto de você!
— Eu sei... mas chegou a hora de dizer adeus.

Ele afastou-se, apanhou a mala e seguiu até a porta. Abriu-a e se foi, sem olhar para trás.

Teresa deitou-se na cama, chorosa. De repente, viu as joias espalhadas pela cama. Abraçou-as.

— Minhas joias! Vou vender algumas para me manter. E vou ligar para o Bento.

No entanto, no dia seguinte, Teresa ligou para Bernarda. Precisava desabafar com alguém. Embora tivessem se alfinetado ao longo da vida, no fundo, elas se gostavam. E Teresa não confiava em ninguém — nem mesmo na mãe — para dizer o que ia em seu íntimo. Combinaram de jantarem juntas.

Teresa chegou à casa da irmã e não gostou do que viu. Abdul estava lá.

— Era para termos uma conversa só entre nós duas — reclamou Teresa. — Não era para ser reunião familiar.

Bernarda considerou:

— Acorda, Teresa. Ele é só um garotinho.
— Mesmo assim.
— Acha que ele vai sair por aí falando de sua intimidade? Ora, essa é boa.

Realmente, ela não precisava se preocupar. Abdul, nessa época, tinha pouco mais de um ano de idade.

— E o que ele está fazendo aqui? Não tem mãe?
— Mamãe está presa numa reunião com um cliente importante.
— E a babá? Ele tem babá.

Era nítido o ciúme. E assim seria sempre. Teresa tinha ciúme da amizade que se estabeleceria entre Bernarda e Abdul.

Bernarda, paciente, respondeu:

— Eu dispensei a babá. Gosto de ficar com nosso irmãozinho.

Teresa girou os olhos nas órbitas.

— Se gosta tanto de criança, por que não arruma um filho?

— Não sei. — Bernarda chegou a estremecer. — Não me sinto com capacidade para ter filhos. Prefiro cuidar do filho dos outros. Veja! — exclamou Bernarda. — Ele dormiu. Silêncio. Vou colocá-lo no berço.

Bernarda saiu carregando o pequeno Abdul e, quando voltou, Teresa já havia aberto uma latinha de cerveja. Acendeu um cigarro.

— Vá para perto da janela — ordenou Bernarda. — Temos um bebê em casa.

— Sim, senhora.

Teresa caminhou para perto da janela. Sentou-se numa banqueta, e contou a história dela com Samir. Não omitiu nenhum detalhe. Por fim, revelou:

— Não me envergonho nem um pouco de ter vivido dessa forma.

— Sabe que não vou julgá-la — disse Bernarda, sincera. — Por isso está aqui.

— Sei disso. Obrigada. Mas estou me sentindo perdida. O dinheiro das joias dá para eu me manter por um tempo. Mas uma hora vai acabar. Eu queria trabalhar e ganhar um bom dinheiro, mas nunca fiz faculdade, nunca me interessei por muita coisa.

— Poderia trabalhar comigo.

— Imagine, Bernarda. Não tenho formação.

— Mas tem bom gosto. Você nasceu com bom gosto. Sempre se vestiu bem. Dava dicas para a mamãe trocar os móveis de casa de lugar...

— Nada a ver. Não tenho paciência com o tipo de cliente que você atende. Eles mandam em você. Prefiro eu mandar!

— riram. Teresa prosseguiu: — Além do mais, você fez curso. Estudou na Escola Panamericana de Arte. Seu trabalho é reconhecido. Eu só tenho o Ensino Médio.

— Por que não faz o mesmo curso que eu?

— Estudar na Panamericana?

— É, Teresa. Qual o problema?

— Não é para mim. É preciso muita dedicação.

— O que lhe apetece?

— Não sei ao certo. Às vezes, penso que gostaria de ser como a tia Célia, sabe? Comandar uma empresa de sucesso, com mãos firmes, mandar num monte de empregados.

— Estude algo voltado a gerência, negócios... Que tal administração de empresas? É um bom curso.

— Pode ser.

— E poderá pedir dicas para a tia Célia. Ela é tão bacana.

— Tem razão. Mas pagar por um bom curso de administração não é barato. O cálculo que fiz para me manter não leva em consideração as mensalidades de uma boa faculdade.

— Quanto você tem guardado? — quis saber Bernarda. A irmã disse o valor e ela considerou: — Por que não aluga seu apartamento? Com o valor do aluguel, poderá pagar o curso.

— E vou viver onde? Debaixo da ponte?

— Não, querida irmã. Poderá viver comigo.

— Fala sério?

— Falo.

— É uma proposta interessante. Tivemos nossos perrengues, mas nos damos bem.

— Eu sou sozinha, não tenho relacionamento sério. Sabe que eu gosto muito de nosso irmãozinho. Vira e mexe, vai encontrá-lo aqui.

Teresa tragou o cigarro e, enquanto soltava a fumaça, considerou:

— Nem tudo é perfeito!

— Deixe de ser ranzinza, Teresa. Vamos, anime-se. Alugue seu apartamento e venha morar comigo. O quarto de hóspedes é todo seu. Precisaremos apenas adaptá-lo para você. Será um prazer reformá-lo.

— Posso ver o espaço? — animou-se Teresa.

— Claro! Mas só depois que Abdul acordar.

Teresa girou os olhos nas órbitas, mas concordou. O interfone tocou e Bernarda foi atender.

— A pizza chegou — disse.

— Ótimo. Estou com fome.

Depois de jantarem, Teresa considerou:

— Conheci um homem lindo.

— Onde?

— Na última viagem que fiz com Samir a Buenos Aires.

— Está mesmo interessada nesse rapaz?

— Muito. Pena que ele vive em São Paulo. Sabemos que são mínimas as chances de um namoro à distância dar certo...

— Nunca se sabe. Por que não vai encontrá-lo?

— Não, Bernarda. Vou atrás dele em São Paulo, do nada? Não. Vai parecer que sou desequilibrada, tipo *stalker*.

— Por que não liga para tia Célia ou tio Nicolau? Vá visitá-los, explique à tia Célia a sua vontade de trabalhar numa empresa, comandar pessoas. Quem sabe ela não lhe dê dicas interessantes? Você aproveita e une duas coisas: tira as dúvidas das questões profissionais com a tia e vai matar as saudades do bofe. Se esse...

— Bento — disse Teresa.

— Isso, se esse Bento perguntar o que está fazendo em São Paulo, diga que veio visitar seus parentes.

— Ele vai querer saber sobre meu trabalho de consultora de moda. — Teresa hesitou por instantes.

— Diga a verdade.

— A verdade? Está louca, Bernarda?

— Se quer mesmo ter algo sério com esse moço, seja sincera. Nada melhor do que começar uma relação alicerçada na verdade.

— Está certa. Vou seguir seus conselhos.

Logo a conversa tomou novo rumo. Bernarda levantou-se da mesa e foi ligar a máquina de café. Voltaram a tecer ideias sobre a reforma no quarto de hóspedes, porque o desejo de Teresa era de se mudar dali a um mês. Só que ela se hospedaria poucos dias na casa de Bernarda, porque, depois da viagem a São Paulo, a sua vida mudaria. Para sempre.

CAPÍTULO 49

Teresa ligou para os tios e combinou de visitá-los na outra semana. Tanto Nicolau como Célia ofereceram-lhe um quarto para se hospedar. Para não desagradar nenhum deles, optou por ficar dois dias na casa do tio e dois dias na casa da tia. Chegou a São Paulo numa manhã ensolarada. Tinha vindo muito pouco à cidade, mas sabia se virar muito bem. Depois de pegar a mala na esteira de bagagens, dirigiu-se à parte externa do aeroporto e tomou um táxi rumo à casa de Nicolau. Ele desmarcou os compromissos do dia apenas para esperar a sobrinha.

Quando ela entrou no apartamento, abraçaram-se com saudades. Colocaram os assuntos familiares em dia.

— Soube que a bisa Angelina está doentinha — comentou ele, triste.

— Não é que esteja doente, tio — corrigiu Teresa. — Ela está cansada. Afinal de contas, está com cento e quatro anos.

— É muita idade, não?

— Sim, tio. Mas ela está bem. O importante é que está lúcida. Tia Rosana e tio Alberto vão quase todos os dias aplicar passes, conversar com as cuidadoras. A minha mãe também vai visitá-la.

— Isso é ótimo.

— Só a Bernarda não vai. Ela nunca se deu bem com a bisa.

— Cada um tem um jeito de ser.

— Na verdade, tio, eu acho que ela ficou bem amuada desde que a vó Dirce morreu.

Uma lágrima escorreu pelo canto do olho de Nicolau. Lembrar-se da mãe o emocionava.

— Às vezes penso que poderia ter ido mais vezes ao Rio, ter visitado mais a mamãe. A vida me empurrou para cá — justificou.

— Faz anos que sua vida é aqui, tio. Por que se culpar? Sei também, agora que sou bem crescidinha, que um dos motivos que afastaram você e tia Célia do convívio com a vovó foi quando minha mãe engravidou... do namorado da irmã.

— Você sabe de toda a história? — indagou Nicolau, surpreso.

— Sim. Mamãe sempre fez questão de nos contar a verdade. E, independentemente da maneira como tudo aconteceu, dessa confusão toda nascemos eu e Bernarda.

— Na época, foi constrangedor. Sua mãe era uma menina bem voluntariosa. Você tem traços da Antonieta.

— Eu? — Ele assentiu. — Acho que não tenho nada a ver com minha mãe. Depois que ela se casou com Rami, então, virou outra mulher.

— Comentei com Arthur que precisamos ir ao Rio visitar sua mãe e seu irmãozinho.

Teresa fez cara de poucos amigos. Nicolau não percebeu. Ela tornou, amorosa:

— Tio, eu já passei da idade de estudar, mas, conversando com Bernarda, cheguei à conclusão de que quero concluir uma faculdade.

— Nunca é tarde demais para estudar. Eu sou a favor de estudarmos sempre, até desencarnar. O estudo gera conhecimento. O conhecimento, por sua vez, nos liberta da ignorância e nos dá poder! Nada como ter o poder de fazer escolhas mais sensatas. Fico feliz que tenha vontade de voltar a estudar.

Conversaram até o momento em que Arthur chegou da loja para almoçar. Ele convidou Teresa para passearem pela Oscar Freire. Teresa adorou o convite e assim passou dias encantadores ao lado dos tios. No dia seguinte à sua chegada, ligou para Bento. Estava ansiosa para encontrá-lo, contudo, ele estava em Porto Alegre e retornaria dali a dois dias. Ela desligou o telefone um tanto frustrada. Mas esperaria. Ainda iria passar dois dias com as tias Célia e Claudete. Estar ao lado das tias a ajudaria a conter a ansiedade. Estava louca para encontrar-se com Bento.

Foi muito bom ter se hospedado na casa de Célia, porque Teresa precisava de alguém que lhe indicasse um norte no campo profissional. Depois da conversa com Célia, ficou claro que queria cursar administração de empresas.

— É um excelente curso. E ideal para quem quer se tornar gerente, comandar uma empresa.

— Penso nisso, tia. Eu gosto de mandar.

— Eu também — tornou Célia.

As duas riram.

— Gostaria de conhecer a fábrica.

— Vai ser um prazer levar você e mostrar como funciona a produção de roupas.

E elas foram. Célia fez um tour com a sobrinha, mostrando as áreas, como tudo funcionava. Teresa encantou-se com tudo. Já de volta ao escritório, encontrou Claudete e a cumprimentou com efusividade. Claudete era muito simpática e tinham se dado muito bem nas poucas vezes que haviam se visto.

Teresa sentiu-se segura e acolhida. Revelou à tia sobre o interesse em Bento. Célia e Claudete torceram muito para que o relacionamento deles engatasse, de verdade.

— E, se não der certo — observou Teresa —, ao menos sei que quero conhecer um homem e com ele viver uma bonita história de amor. Ao mesmo tempo, desejo investir na minha carreira. Quando crescer — brincou —, quero ser igual a vocês.

Foi Claudete quem comentou:

— Atualmente, você mora com sua irmã, certo?

— Sim. Acabei de alugar meu apartamento e me mudei para um quarto que Bernarda ofereceu para mim. Com o valor do aluguel, vou pagar minha faculdade.

— Bem pensado — comentou Célia. — E, quando for estudar, vai estagiar onde?

— Ah, pelo que sei, a faculdade nos oferece uma lista de empresas.

— Por que não começa já a estagiar na nossa empresa? — indagou Célia.

— Como assim, tia?

— Ora, você quer estudar administração. Ainda não prestou vestibular. — Claudete olhou para Célia e fez sim com a cabeça, como a entender o seu raciocínio. — Por que não vem prestar o vestibular em São Paulo e trabalhar conosco?

— Mudar-me para São Paulo? — Teresa sentiu um friozinho na barriga.

— É. Mudar-se para cá. Ao longo dos últimos anos, eu e Claudete investimos em imóveis.

— Temos uma quitinete — Claudete interveio — que está vazia. Nós fizemos uma pequena reforma para ela ficar mais atrativa e também ser alugada por um preço melhor. Não é um palacete, entretanto, você poderia ter seu próprio canto.
— Sim — ajuntou Célia. — Você pode morar lá enquanto fizer o curso.
— Obrigada, tia. É um convite tentador.
— Venha morar aqui e trabalhar conosco.
— Está me convencendo, tia Célia.
— Diga-me — era a voz de Claudete —, o que a prende no Rio?
— Nada. Quer dizer, tem a minha mãe, mas ela agora está envolvida em outro relacionamento, acabou de ter um filho. Sou apaixonada pelo meu pai. Acho que vou sentir muita saudade dele e da Bernarda, também.
— Nada que uma ponte aérea não resolva — observou Célia. — Venha para cá.
— De mais a mais — observou Claudete —, e se esse namoro vingar? Como vai ser?
— É...
— Não percebe que a vida a está forçando a vir para cá? — foi a pergunta de Claudete.
— Farei assim — confessou Teresa —, hoje eu vou jantar com o Bento. Dependendo do andar da carruagem, eu lhes darei uma resposta amanhã.

Às oito em ponto, Bento estava com o carro estacionado em frente ao prédio de Célia. Teresa já estava na recepção. Estava muito bonita em seu vestido preto estilo tubinho. Calçava sapatos de salto e, no pescoço, usava o lenço que Bento lhe sugerira comprar em Buenos Aires.
Depois de se cumprimentarem, ao ver o lenço, ele confessou:
— Tinha certeza de que havia se desfeito do lenço.

— Por quê?

— Ora, você tem o estilo mandona. Depois que me disse o dia de seu aniversário, ficou fácil entender esse temperamento tão mandão. Você é leonina.

Ambos riram.

— Não sabia que gostava de astrologia.

— É meu passatempo. Trabalhar com tecnologia da informação às vezes funde a cuca — apontou para a cabeça. — Minha mãe é astróloga.

— Interessante.

— Um dia vamos marcar. Vou levar você para conhecê-la. Ela vai querer fazer seu mapa astral.

— Nunca fiz um.

— Vai gostar. Tenho certeza.

Entabularam conversação e foram para o restaurante. A conversa fluiu agradabilíssima. Bento contou sobre sua vida, desde que fora adotado por Sara, uma mulher que era tudo para ele. Eles se davam muito bem.

Teresa exultou:

— Minha mãe também foi adotada.

— Jura?

Ela fez sim com a cabeça. E contou a ele a história de Antonieta. Também falou de Dirce e de Alfredo.

— Meus avós enfrentaram o preconceito na própria pele.

— Eu sei o que é isso — comentou Bento. — Eu sofro esse preconceito até hoje. Vira e mexe, há alguém que me olha com desconfiança. Ser negro em nosso país ainda é assunto delicado.

— Precisamos combater o racismo estrutural — Teresa confessou.

— Isso! Você disse tudo.

A conversa foi para vários lados, até que Teresa tomou coragem, respirou fundo e falou a Bento o motivo pelo qual ela estivera em Buenos Aires. Falou de Samir, dos encontros, das joias... não omitiu nada. Ao fim da conversa, sentiu um alívio danado.

Bento pousou sua mão sobre a dela.

— Obrigado por ter sido sincera.

Ele curvou o corpo sobre a mesa e a beijou. Depois desse beijo, nunca mais se desgrudaram. E Teresa tomou atitude: agradeceu Bernarda pelo quarto e mudou-se para São Paulo. Prestou vestibular e passou numa excelente universidade particular. Com o dinheiro do aluguel de seu apartamento no Rio, pagou as prestações do curso. Assim que se formou, Bento a pediu em casamento. Nessa época, Célia e Claudete estavam com vontade de se aposentar; decidiram morar no meio do mato, longe do burburinho da cidade grande, e entregaram a direção da fábrica nas mãos de Teresa.

Sob sua direção, a fábrica continuou a ser uma referência no meio empresarial. Dessa experiência, Teresa aprendeu que a humildade é essencial para o burilamento e crescimento do espírito. Quis se livrar de alguns conceitos e crenças que a impediam de crescer, em todos os sentidos. Bento era espírita, frequentava o mesmo centro que Arthur. Certo dia ela foi conhecer o espaço e por ele se encantou. Na verdade, ela se emocionou assim que pisou no centro espírita.

Na outra dimensão, Zé e Iracema, dirigentes espirituais do centro, sorriram felizes. Foi Iracema quem disse:

— Jamais imaginaria que aquela mulher que exigia serviços espirituais esdrúxulos estaria hoje aqui, em nova roupagem carnal, frequentando o centro espírita que fundamos.

— Pois é, meu bem. Se nós mudamos de lado e abraçamos a luz, por que Teresa não teria a chance de fazer o mesmo? — comentou Zé.

Ambos se aproximaram de Teresa e a envolveram com uma luz brilhante e energizante. Teresa sentiu a energia revigorante e decidiu que seria trabalhadora daquele centro espírita que tanto a encantara. Sem vontade de ter filhos, Teresa exercitou o dom da maternidade na creche do centro espírita. Decidiu que a fábrica ajudaria a patrocinar e, com isso, ajudar o centro a manter crianças bem cuidadas, em todos os aspectos. Foi especificamente nesta encarnação que Teresa abriu-se para um entendimento maior da vida. Dali para frente seria uma mulher mais amorosa e menos pragmática. Até seu relacionamento com Abdul melhoraria, a ponto de ela o ajudar, bem lá na frente, a cuidar de Bernarda. Tal atitude engrandeceria seu espírito. E Teresa terminaria este ciclo de existência sentindo-se vencedora.

Conforme narrado anteriormente, Alfredo faleceu enquanto Antonieta viajava à Disney acompanhada da turma do colégio. Assim que retornou dessa viagem, as coisas mudaram um pouco. Dirce tentava se refazer, aceitar e viver o luto. Por esse motivo, passou a frequentar com mais assiduidade o centro espírita da nora, Rosana, a fim de diminuir o vazio que insistia em brotar no seu coração. Dirce era um espírito forte, lúcido, que entendia e aceitava naturalmente que a morte não é o fim. Tinha plena convicção de que Alfredo se recuperava no mundo espiritual e que não demoraria para eles se reencontrarem. Isso ela aceitava e entendia. O difícil era viver sem a presença do companheiro de jornada.

Ela enfrentou momentos difíceis. Imagine o tamanho da dor: tempos depois da morte do marido, Estelinha também morreu. Mais adiante, Sérgio, em profunda depressão e com fortes sinais de demência, também partia deste mundo. A única que permanecia, firme e forte, era Angelina. A sua lucidez e a maneira como enxergava a vida eram únicas.

Para se ter ideia de tamanha lucidez e autonomia, muitos anos lá na frente, com mais de noventa anos, ainda viveria no mesmo apartamento que dividira havia anos com Felisberto, Estelinha, Sérgio e Marcílio. A empregada que vivia em sua casa pedira demissão e Angelina passou a viver sozinha, o que preocupou a família.

Embora independente, era uma mulher com o corpo físico na faixa dos noventa anos, ou seja, qualquer queda ou escorregão poderia lhe trazer graves consequências. Marcílio fez uma reunião familiar expondo sua preocupação. Decidiram, portanto, que o apartamento de Angelina seria reformado e nele constariam itens de segurança, como barras de apoio nos corredores e banheiros, e ausência de tapetes para que se diminuísse a possibilidade de tropeços e tombos.

Foi mais ou menos na época dessa reforma no apartamento de Angelina que Dirce apresentou cansaço e não dava conta de ajudar a educar duas crianças terríveis como as filhas de Antonieta. Foi ideia de Marcílio convidar a tia para morar com Angelina. Ela aceitou se mudar para o apartamento de Angelina. Antes de providenciar a mudança, porém, Dirce fez uma reunião com os filhos para decidirem sobre o destino do casarão. Antonieta gostava e queria usufruir a casa; além do mais, quando botara a mão na sua gorda poupança, fizera significativa reforma no imóvel. E era espaçoso, arborizado, tinha aquele belo jardim com piscina... ideal para ela e para as gêmeas. Alberto, Nicolau e Célia aprovaram a ideia. Só faltava o aval de Cleonice, mas ela havia cortado relação com todos os irmãos, menos com a cunhada. Rosana era a única que, muito de vez em quando, falava com Cleonice. Numa ligação rápida, ela disse meio sem ânimo:

— O imóvel é da minha mãe, Rosana. Ela decide o que fazer com ele. Eu não tenho de opinar.

Assim, a família decidiu que Antonieta e as gêmeas permaneceriam no casarão. E Dirce instalou-se no apartamento de Angelina.

Ambas viveriam com muita cumplicidade e bastante conforto. Alberto, Rosana e Marcílio sempre as visitavam e não lhes deixavam faltar nada. Nicolau e Célia, de São Paulo, ligavam sempre que possível, além de Claudete, que toda semana, religiosamente, conversava um pouquinho com Angelina.

O tempo foi passando, passando, até que um aneurisma levou Dirce primeiro, aos noventa e dois anos. Meses depois, aos cento e quatro anos, Angelina também deixou o mundo físico. Aqui, cabe informar que Angelina seguiu lúcida até os últimos momentos de sua valiosíssima encarnação. Um dia, ela acordou um tanto cansada, mas cumpriu a rotina diária, que consistia em uma refeição frugal, meditação, leituras edificantes e boas conversas com as cuidadoras. Ao se deitar, sorriu para a cuidadora da noite e agradeceu, de maneira singela:

— Obrigada por tudo.

A moça não entendeu, mas também agradeceu, um tanto tocada, porque gostava muito dela. E quem não gostava? Pois bem. Angelina deitou-se, fez suas orações e logo adormeceu. No meio da madrugada, seus lábios emitiram leve suspiro. E Angelina morreu, de forma tranquila e indolor.

CAPÍTULO 50

  A vida junta afetos e desafetos para que os laços de discórdia se rompam e os de afeto se fortaleçam. Entre idas e vindas, a reencarnação apenas deseja que possamos encerrar um ciclo melhores do que começamos.
  Em termos de graus de parentesco, nessa encarnação específica, Bernarda era filha de Antonieta, que fora prima de Marcílio, e Corina fora filha de Marcílio, que por sua vez fora filho de Estelinha, irmã de Alfredo, pai de Antonieta... Muitas vezes, o grau de parentesco não mede o amor que naturalmente emana entre as pessoas. Percebemos isso ao notarmos a relação amorosa que sempre existiu entre Bernarda e

Corina. Nessa configuração, eram primas um pouco distantes, mas amavam-se como se fossem irmãs.

Ao chegar a Londres, Bernarda surpreendeu-se com a gravidez.

— Não posso acreditar, Corina. Você vai ser mãe!

— Vou. Desde que conheci Deodato e começamos a namorar, queríamos ter filhos. É um desejo mútuo.

— Vai criar a criança aqui? Ou voltarão para o Brasil?

— Não. Vamos viver aqui. A bem da verdade, fomos convidados para trabalhar numa fazenda a duas horas de Edimburgo, na Escócia. Estamos providenciando a mudança.

— Tão longe!

— Nos dias de hoje, a tecnologia fez com que a distância não fosse mais um problema.

— Mesmo assim. Poderei falar e ver você todos os dias, mas como ficam o abraço, os almoços, os bate-papos com café e bolo? — disse Bernarda, chorosa. — Vai ser duro viver longe de você.

— Vamos fazer de tudo para nos ver mais vezes — prometeu Corina.

— E essa barriguinha? Quando vai nascer?

— A surpresa que queria lhe contar ao vivo e em cores é que, nesta barriguinha, não tem só um bebezinho, mas dois.

Bernarda levou a mão à boca.

— Dois! Como eu e Teresa!

— Quem sabe? Dois meninos, duas meninas, dois menines...

Elas riram. Bernarda estava bastante interessada.

— Já sabem o sexo dos bebês?

— Não. Eu e Deodato concordamos em saber somente quando nascerem.

— Parabéns, Corina. — Bernarda estava emocionada. — Essas crianças já são abençoadas. Imagine, serem filhos seu e do fofo do Deodato.

— Serão crianças desejadas e amadas. Muito amadas.

A conversa fluiu agradável e Corina emendou:

— Eu e Deodato chegamos à conclusão de que vamos batizar as crianças. A família de Deodato é ligada à igreja e não abre mão do batismo.

— Vão batizar as crianças aqui?

— Queríamos batizá-las no Brasil, mais por conta da bisa Angelina. Ela estava bem velhinha para enfrentar um voo longo e cansativo. Agora, porém, decidimos que serão batizadas aqui.

— Tem razão. Pena que ela se foi.

— No entanto, teve um desencarne digno — ressaltou Corina. — Ela sabia que iria morrer naquela noite. Que espírito lúcido! Que mulher! Quero pautar minha vida com os valores que ela nos transmitiu. E, se possível, transmitir esses valores para meus filhos.

— Eu bem queria que ela durasse duzentos anos. Eu gostava muito dela. Na verdade, aprendi a amá-la com o tempo.

— Não entendi — tornou Corina.

Bernarda sorriu e disse, sincera:

— Preciso lhe confessar.

— O quê?

— Quando eu era pequena, não me dava muito bem com Angelina. Não sei explicar, mas havia uma animosidade, e era de mim para ela, preciso ressaltar. Porque Angelina sempre foi simpática comigo. Depois que minha mãe se separou do meu pai, ela muito nos apoiou. Preocupava-se com a gente. Sempre ligava para saber se precisávamos de alguma coisa. Passei a admirá-la e gostar dela.

— Pena termos nascido quando ela já era velhinha.

— Como seu pai está lidando com a morte dela? — quis saber Bernarda.

— Até que razoavelmente bem, dentro do possível. Depois que se aposentou, passou a frequentar o centro espírita da Rosana. Ele e mamãe estão muito felizes de terem tempo para se dedicar ao trabalho espiritual. Papai assumiu as aulas antes ministradas pela Angelina. Mamãe tem feito composições belíssimas para ser cantadas na abertura dos trabalhos no centro espírita. Parece que estão firmes no propósito de abraçarem o serviço voluntário.

— Confesso que deveria ir mais ao centro. Estou sempre protelando.

— Não se obrigue a fazer o que não gosta — observou Corina. — Eu sei que você adora ir à igreja, acender uma vela pelos entes queridos que se foram. Você tem a sua própria religiosidade. Está tudo certo.

— Você sempre me conforta, Corina! E quanto a Lucas? Faz tempo que não o vejo.

— Ele decidiu seguir a vocação. Junto com a namorada, montaram uma produtora musical. Particularmente, acho que ele deveria soltar a voz. Lucas herdou da mamãe o talento e o gosto pela música.

— Fico feliz que esteja tudo bem — assentiu Bernarda.

— Eu e Deodato gostaríamos que você e Lucas batizassem uma das crianças.

— Como? — Bernarda foi tomada de grande surpresa.

Corina riu, divertida.

— Aceita ser madrinha de um de meus bebês?

Bernarda não conseguiu segurar as lágrimas. Emocionada, confirmou:

— Claro! Sabe quanto adoro crianças. Dos outros. — Riram. — Que privilégio! Vou adorar ser a dinda de um de seus filhos.

Abraçaram-se verdadeiramente comovidas. Depois que a emoção passou, Corina confidenciou:

— Os pais de Deodato serão padrinhos do outro bebê. E prepare-se para a maior coincidência de todas.

Corina fez suspense e Bernarda não se conteve:

— Conta logo! Qual é a coincidência?

— É sobre os pais de Deodato. Conversa daqui, conversa dali, certa vez Deodato me disse que amava a madrasta a ponto de chamá-la de mãe. Ela é do Rio, casou-se com o pai do Deodato... — Ela fez ar de mistério e sondou: — O nome Cleonice Albuquerque Carvalho lhe soa familiar?

Bernarda levou o dedo ao queixo, pensativa.

— O nome não me soa estranho. Já o sobrenome é nosso, vem da família do vô Alfredo. Não estou juntando o nome à pessoa.

— Lembra-se de que sempre disfarçaram quando o assunto remetia à gravidez da sua mãe?

— Certa vez, mamãe contou para mim e Teresa como engravidara de nós. Meu pai namorava a irmã dela na época, uma confusão...

— Irmã que a gente nunca conheceu porque sumiu do mapa, certo?

O olhar de Corina era instigante. Bernarda arregalou os olhos:

— Então quer dizer que a mãe do Deodato...

Corina fez sim com a cabeça

— É nossa tia também!

— Inacreditável!

— Pois é. Enquanto namorávamos, não nos apresentamos formalmente às famílias. Quando decidimos nos casar, eu e Deodato fomos direto para o cartório. Avisamos nossos pais apenas depois que estávamos com a certidão nas mãos. Ao me descobrir grávida, fiz uma videochamada para dar a boa notícia aos meus pais. O Deodato quis que déssemos pessoalmente a notícia aos pais dele. Fomos até a cidade deles e eu a conheci.

— E como foi esse encontro?

— Foi ótimo. Eu gostei dela. É uma senhora articulada, inteligente, muito simpática. Extremamente discreta, não falou nada da família dela até eu revelar que éramos parentes.

— E como ela reagiu?

— De forma surpreendente — confessou Corina.

CAPÍTULO 51

Faltava falarmos de Cleonice. Afinal, depois de sair da casa da mãe e nunca mais botar os pés lá, o que aconteceu com ela?

Bom, os dias que se seguiram à revelação da gravidez de Antonieta foram extremamente desagradáveis para Cleonice. Ela ficou tão perdida que não sabia, ao certo, o que fazer. Não pensara em besteira alguma. Nada de se vingar de Antonieta ou tirar satisfações com Eurico. Nada disso importava mais. Cleonice queria, de fato, sumir, desaparecer. Pensou em passar uma temporada em São Paulo. Tanto Célia quanto Nicolau lhe abriram as portas de casa. Ela era bem-vinda na hora que quisesse, quando quisesse.

Cleonice agradeceu o carinho e apoio dos irmãos. Num dia, muito angustiada, decidiu tomar um passe no centro espírita de Rosana. Lá chegando, foi atendida por uma simpática senhora que, depois de ouvir o relato de Cleonice, conduziu-a a uma sala especializada em tratamentos emocionais.

Tratava-se de uma sala iluminada por uma luzinha azul reconfortante. A música era suave, com melodia cadenciada, que convidava ao recolhimento e à meditação. No meio da sala havia seis cadeiras colocadas em círculo e atrás de cada cadeira havia um médium postado de pé, trajando roupas brancas.

Cleonice foi convidada a se sentar numa das cadeiras. Assim que começou a receber as energias revigorantes das mãos do médium, ela caiu num pranto sentido. Chorou bastante. Ao terminar o passe, o dirigente da sala lhe ofereceu uma caixa de lencinhos. Ela apanhou alguns, assou o nariz e saiu, sentindo-se mais aliviada.

Em seguida, a senhora que a atendera lhe informou sobre um curso de quatro semanas, voltado para as curas emocionais do indivíduo. Cleonice aceitou o convite e fez o curso, realizado uma vez por semana. Ali, Cleonice aprendeu sobre o ponto de poder que há em nós. Ponto de poder? Sim. O ponto de poder é o que nos move em direção àquilo que verdadeiramente nossa alma almeja. Mas, para nos conectarmos com nosso ponto de poder, é preciso iniciar a reforma íntima, tão bem difundida nos livros de Allan Kardec. E o que seria a reforma íntima? De forma geral, para que ela aconteça, é preciso que você entre em contato com suas emoções. A maioria delas é boa ou não? E como você se sente? Mais bem do que mal ou mais mal do que bem? O que você quer da vida? Com quais óculos enxerga a si e o mundo? São óculos de amor, esperança e fé? Ou são óculos bem escuros, que nublam a visão e o fazem enxergar um mundo distorcido, repleto de medos, inseguranças e aflições? Depois de entender a maneira como você se vê e enxerga a vida, é hora de fazer a reforma íntima. Ela se dá no momento em que você questiona suas crenças, principalmente aquelas que atrapalham sua jornada evolutiva. Onde está o medo? E por que ele se instalou no seu coração? Como isso aconteceu? Foram os valores transmitidos pelos seus pais, parentes, amigos? Tudo bem. Você os absorveu porque não tinha idade para discernir, saber o que valia e o que não valia a pena. Agora você é uma pessoa adulta e pode escolher qual o tipo de sentimento que vai direcionar sua vida. A partir disso, verá que seu ponto de poder naturalmente vai se mostrar. É ligado nele que você consegue direcionar sua vida para o seu bem maior, que é composto de boa saúde, bom trabalho, bons relacionamentos, boas ideias.

Cleonice comprou livros de autoajuda, fez exercícios para limpar a casa mental de toda a negatividade que a cercava. Passou a se nutrir de pensamentos mais positivos acerca de si mesma e da vida em geral.

Certo dia, ao sair do centro espírita, encontrou Rosana. Abraçaram-se com amor e Rosana lhe disse:

— Gostou do tratamento?

— Muito. Tenho aprendido bastante coisa. Confesso — ela sentiu um pouco de vergonha — que nunca gostei de centro espírita. Mamãe me trazia aqui, eu tomava passes, mas não gostava. Não sei explicar. Agora, tenho vontade de vir todos os dias. Se soubesse que este espaço sagrado iria me transmitir tamanho bem-estar...

— Isso acontece — observou Rosana. — Às vezes somos resistentes, outras, somos movidos pela preguiça. Queremos melhorar, mas não fazemos nossa parte, ou seja, desejamos que tudo se transforme de maneira mágica. Esse tipo de mágica acontece apenas com quem se compromete a mudar crenças e atitudes que emperram o crescimento emocional e espiritual. E, confesso, nem sempre é fácil conseguirmos esse intento.

— Se eu começasse antes, Rosana, poderia estar num outro patamar.

— A fruta só cai da árvore quando está madura. Você amadureceu agora. Portanto, é agora que deve acionar seu ponto de poder e perguntar a si mesma, com todo o amor do mundo: o que quero da minha vida daqui para frente? O que meu espírito almeja?

— São as perguntas que tenho me feito ultimamente. Antes, queria fugir, desaparecer. Até considerei viver em São Paulo, mas amo tanto o meu trabalho.

Rosana mirou um ponto indefinido. Ficou assim por alguns segundos, sem nada dizer. De repente, voltou a si. Sorriu e falou:

— Por que não conversa com seu chefe?

— Conversar com meu chefe? — indagou Cleonice, surpresa. — Conversar o quê?

— Sobre trabalhar na matriz.

— Você quer dizer, no exterior?

Rosana meneou a cabeça positivamente.

— Não é isso o que deseja? Sumir? — Ela concordou e Rosana prosseguiu: — Entendo que não queira ver sua irmã por ora. E, se gosta mesmo do trabalho que faz, por que não pede a seu chefe que seja transferida à matriz, para lá ocupar o mesmo cargo? Você é competente, ótima profissional, fala bem o inglês e o francês.

— Nunca pensei nessa possibilidade.

— Agora pode pensar — riu Rosana. — Não vai pagar nada por se alimentar de bons pensamentos acerca de você mesma e dos outros. — Rosana a abraçou com carinho e sussurrou em seu ouvido: — Vá, siga em frente. Não tem ideia de quão boa sua vida vai ser daqui por diante.

Cleonice saiu do centro espírita sentindo agradável sensação de bem-estar. No dia imediato, ela puxou conversa com o chefe. Explicou que gostaria de tentar uma vaga no exterior, caso aparecesse uma. Dali a três meses, a vaga surgiu. Cleonice nem titubeou: desfez-se dos móveis e dos objetos, ficando só com o essencial. Doou tudo para o centro espírita. Em seguida, colocou o apartamento à venda e depositou o valor da venda em uma conta de um banco de Zurique. Não desejava mais retornar ao país.

Logo, estava adaptada à rotina do trabalho e da vida na cidade. Travara amizades com pessoas dos mais variados países. Namorou um rapaz aqui e outro ali, até que, numa conferência da empresa, em Berlim, reviu Celso, o rapaz por quem ela se apaixonara anos atrás.

— O que faz aqui? — indagou ele, surpreso.

— Faz um ano que trabalho na matriz. Decidi mudar de vez para Zurique.

— Por que não me avisou?

— Porque você se casou, Celso. Teve um filho. Como queria que eu me aproximasse?

— Poderíamos ser amigos.

Ela fez um ar triste.

— Não daria para ser sua amiga.

— Por quê? Nós nos dávamos tão bem e...

Cleonice o silenciou pousando o dedo em seus lábios. Sentia-se forte o suficiente para ser sincera:

— Porque eu nunca deixei de te amar.

Celso ficou boquiaberto. Ele fora muito apaixonado por Cleonice. No entanto, quando viera à Europa para fazer o curso pago pela empresa, percebeu que seria praticamente impossível manterem um relacionamento à distância. Mas foi Cleonice quem rompeu o namoro. Em seguida, Celso conheceu Ingrid, que trabalhava na filial de Berlim. Não foi amor à primeira vista, mas Celso queria ter alguém, desejava muito ser pai. Casou-se com Ingrid e tiveram Deodato, um menino incrível, amante dos animais e que, desde cedo, afirmava que seria veterinário. O casamento durou cinco anos, até que Ingrid descobriu um câncer de mama. A doença logo se espalhou e Celso ficou viúvo e com um filho pequeno para criar. Não quis se casar e decidiu ser pai *solo*. Criava Deodato com muito amor, carinho e companheirismo.

Cleonice estava estupefata.

— Está solteiro?

— Sim.

— Gostaria de mudar seu status para casado?

Celso a abraçou e a beijou com ternura. Ainda amava Cleonice. Antes de tomarem qualquer atitude, Celso apresentou o filho a Cleonice. Eles se deram bem logo de cara, visto que Deodato era um doce de criatura. Logo ele passou a chamá-la de mãe.

A palavra ecoou bem em seus ouvidos. E Cleonice desejou ter um filho. Celso adorou a ideia e, quando Deodato estava com sete anos, Cleonice deu à luz um menino, Aurélio. Apegadíssimo à mãe, Aurélio sentia ciúmes do próprio pai. Ele cresceu idolatrando Cleonice. Aurélio cresceria um rapaz bonito, mas inseguro, muito inseguro. Viveria ao lado dos pais e não se casaria. Depois da morte do pai, ele cuidaria de Cleonice até o último suspiro dela.

EPÍLOGO

Ao longo desta narrativa, apresentamos vários sinais indicando que coincidências não existem. Afinal, nada acontece por acaso e a vida une as pessoas para que possam, juntas, aprender uma com a outra.

Demorou para Cleonice processar o parentesco que a unia a Corina. Certo dia, conversando com a moça, ela revelou:

— Nunca poderia imaginar uma coincidência dessas! A esposa do meu adorado Deodato é filha do meu primo Marcílio...

— Nem eu — concordou Corina. Ela refletiu e quis saber: — Você ficou muito magoada com o que aconteceu, não?

— Sim — tornou Cleonice. — Para se ter ideia, de vez em quando eu converso com Rosana, esposa do meu irmão

Alberto. As nossas conversas geralmente são rápidas. Apenas perguntamos uma à outra se está tudo bem. Falo com ela mais por gratidão. Aliás, foi Rosana que me avisou da morte de minha mãe. — Os olhos dela marejaram.

— Não deu para ir ao enterro, né?

— Não conseguimos passagens para o funeral. No entanto, como me tornei católica, mandei rezar uma missa de sétimo dia para a alma da minha mãe. E, a cada ano, o padre reza uma missa para a querida dona Dirce.

Corina achou muito bonita a atitude dela. Cleonice simpatizou com Corina e narrou toda a sua trajetória de vida. Não omitiu nenhum fato. Emocionou-se quando falou de Inês, que fora como uma segunda mãe. Ela bem que tentou levá-la para o exterior, mas Inês preferiu ficar no Brasil e morar com uma sobrinha. Até morrer. Mostrou a Corina o exemplar surrado da Bíblia que ganhara de Inês ainda adolescente.

— Talvez por influência de Inês, abracei o catolicismo.

— Se se sente bem assim...

— Muito. Eu adoro uma missa. — Cleonice suspirou e apontou: — Este livro surrado é meu companheiro de leitura e reflexão. Posso lhe assegurar que li as Escrituras de trás para frente. Sabe, depois que vim para o exterior, passei a frequentar uma igreja. Já casada com Celso, fiz a crisma. Por tudo isso, acho importante que as crianças sejam batizadas. E agradeço você por concordar com o batismo.

— Imagine, dona Cleonice. Fui criada no espiritismo e, por essa razão, me considero cristã. Atualmente, sou espiritualista e respeito a religiosidade de cada um. Tanto você quanto Deodato acham importante batizar as crianças. Tudo bem.

— Obrigada — tornou Cleonice, emocionada.

Depois de mais um pouco de conversa, Corina finalmente perguntou:

— Você a perdoou?

— Primeiramente, eu perdoei a mim mesma — revelou Cleonice. — Eu me julgava uma imbecil. Interessante, porque, quando era pequena, chamava de imbecil a pessoa que não me agradava. Meu pai me repreendia por conta disso. Nunca mais usei a palavra, mas, quando descobri ter sido traída pela minha irmã, eu a xinguei de imbecil e me senti uma imbecil. Frequentei o centro espírita da minha cunhada, Rosana. Fiz um tratamento espiritual que me deu forças para me reerguer. Depois disso, nunca mais peguei no meu pé. Nunca mais me chamei de burra ou de imbecil. Aliás, nunca mais na vida eu me coloquei para baixo. E assim aprendi a me respeitar e, obviamente, respeitar os outros. Hoje, mais madura, eu entendo o que aconteceu. Não aprovo o que Antonieta fez. Mas ela tem o jeito dela, as crenças e valores dela. Soube que mudou muito depois que foi mãe. E me parece que mudou mais ainda quando teve o filho.

— O milagre da maternidade nos faz enxergar a vida por outro ângulo.

— Sem dúvida — concordou Cleonice. — Eu me transformei quando conheci Deodato. Mesmo não sendo meu filho, eu o amei como se tivesse saído de mim. Quando Aurélio nasceu, a transformação foi total. Aprendi o que é o amor incondicional. Porque eu faria qualquer coisa pelos meus filhos. Qualquer coisa...

Marcílio ficou feliz em saber que o marido de Corina era enteado de Cleonice. Certo dia, preparando-se para viajar a Londres em virtude do batizado dos netos, ouviu de Rosana:

— A vida une as pessoas que têm afinidades, raramente as separa. Quando as separa, é porque precisam experienciar vivências que aprimorem o espírito. Mas é algo temporário. Depois, voltam a se reunir.

— Por que está me dizendo isso?

— Porque tenho certeza de que você vai se apaixonar pelos seus netos.

Curioso, Marcílio quis saber:

— Eu os conheço, quer dizer, eu os conheci no passado?

Rosana nada disse. Simplesmente sorriu, um sorriso cúmplice, matreiro, de quem sabia quais eram os espíritos que, novamente, retornavam ao planeta. Ela fez uma prece de agradecimento aos céus e torceu para que trilhassem um bom caminho.

O nascimento dos filhos de Corina correu de forma tranquila. Devido ao tamanho de um dos bebês, foi sugerida uma cesárea. Eles vieram ao mundo fortes e saudáveis. E uma grata surpresa: Corina dera à luz um menino e uma menina. Ela e Deodato estavam felicíssimos com seus bebezinhos.

O batizado das crianças ocorreu dali a seis meses, numa linda manhã de domingo. Estavam habituados a uma Londres nublada e chuvosa. Todavia, naquele domingo de verão londrino, tudo parecia trabalhar a favor, desde o clima até o reencontro familiar.

Depois de anos e anos, já no altar, Cleonice reencontrava o primo Marcílio. Cumprimentaram-se com alegria. Deixariam para colocar os assuntos em dia durante o almoço do batizado. Atrás dele estava Bernarda. Cleonice a encarou e, em seguida, estendeu-lhe os braços.

— Grande prazer conhecer você.

— Digo o mesmo. — Bernarda a abraçou com afetuosidade.

— Você não tem culpa de nada. O que sua mãe fez está no passado. E o passado cuida de tudo...

As duas se emocionaram e logo avistaram os pais com os bebês entrarem na igreja.

Corina entrou sorridente ao lado do marido. Ela segurava o menino e Deodato, a menina. Caminharam na direção da pia batismal. O padre os esperava. E, ao lado dele, estavam

Bernarda e Lucas, os padrinhos da menina. Do outro lado, estavam Cleonice e Celso, os avós que iriam batizar o menino.

A cerimônia foi belíssima. Do outro lado da vida, Dirce e Alfredo estavam ao redor de Cleonice. Angelina, remoçada, belíssima, cujo espírito emitia uma luz cálida e calmante, ao lado de Felisberto, permaneceu perto de Corina. Eles também estavam emocionados.

— Agora que tenho maior consciência sobre os desígnios de Deus, desejo que o amor de Cleonice por Aurélio seja transformador e capaz de desfazer os nós de animosidade entre eles.

— Eles serão muito felizes — constatou Dirce, trajando uma túnica azul-bebê. Também encontrava-se remoçada e belíssima. — E esse bebezinho? Acha que vai dar muito trabalho, meu amor?

— Aposto que sim — tornou Alfredo, risonho. — O Marcílio vai babar por esse menino. Não duvido de que ele e Dalila decidam se mudar de país. Tudo leva a crer que eles vão se despedir do Brasil e optar por viverem mais próximos dos netos.

Ali do lado, Felisberto fazia suas considerações:

— Creio que Corina vai ser muito feliz. Seus filhos vão lhe trazer muitas alegrias.

— Concordo — observou Angelina, trajando uma túnica de cor bem clarinha. — Talvez os irmãos tenham dificuldades de se aceitarem integralmente, por conta do passado. Entretanto, acredito que a educação e os valores que Corina e Deodato irão lhes transmitir serão capazes de os conduzir no caminho da aceitação, do respeito e do perdão.

O padre tomou a jarra de água do coroinha e pediu que os padrinhos pegassem os bebês. Cleonice segurou o menino e Bernarda segurou a menina. Ele derramou água sobre a cabeça do menino e disse:

— Eu te batizo, Décio...

Em seguida, fez o mesmo com a menina:

— Eu te batizo, Maria Estela...

Ao ouvir o nome da bebezinha, Bernarda sentiu-se extremamente tocada e um estremecimento percorreu seu corpo. Sem saber que segurava no colo o espírito que fora sua filha em outra vida, ela encarou a bebê e por ela sentiu um amor imenso, represado havia muito tempo. Terminada a cerimônia, ela beijou a bebê e sussurrou:

— Prometo que o tempo nunca vai me deixar esquecer... Eu a amarei por toda a vida, Estelinha...

POSFÁCIO

Em *O tempo cuida de tudo*, primeiro livro desta trilogia, alegamos que um romance espírita, geralmente, é costurado por tramas, fatos e mensagens que nos tocam profundamente a alma e nos levam à reflexão, com o intuito de nos fortalecer a autoestima, rever crenças e posturas que nos paralisam no caminho da evolução e, por certo, nos ajudar a entender o porquê de determinadas pessoas e situações desagradáveis aparecerem em nosso caminho. Ao fim de tudo, à medida que nos envolvemos com a narrativa, amamos ou desgostamos de determinados personagens. Nosso senso de observação elege os que nos cativam e tenta se esquivar daqueles cujo comportamento reprovamos. Desejamos que os que são "bons", a nossos olhos, tenham um final feliz, e que os "maus"...

Seguindo o estilo de narrativa do primeiro livro da trilogia, *O tempo nunca esquece* também teve começo, meio e fim. Alguns personagens do livro anterior continuaram sua jornada neste planeta; outros desencarnaram ao longo da trama; e os que haviam desencarnado anteriormente tiveram a chance de uma nova experiência terrena em fins do século XX e início do XXI.

No entanto, se acreditamos que a vida é eterna e nos oferece sucessivas idas e vindas, será que, nessa segunda história, houve mesmo começo ou fim? Se parte desses personagens foi abençoada com a chance de nova encarnação, como eles retornaram? Os laços de afeto se estreitaram? E quanto aos laços formados por mágoas e ressentimentos? Eles se mostraram presentes numa nova vida?

Em virtude de tais questionamentos, decidimos narrar a vida dessas pessoas, experienciando novas conquistas, superando antigos e inéditos desafios, em pleno século XXI. Quais dos personagens reencarnaram? Como voltaram? Qual é o novo quadro de parentesco entre eles? O que aconteceu com quem não reencarnou ou com aqueles que ainda permanecem reencarnados?

Essas e outras perguntas foram, em maioria, respondidas nesta espécie de *continuação* de *O tempo cuida de tudo*. Logo mais, você terá em mãos uma história inédita e emocionante, que juntará esses personagens no passado, mais precisamente no século XIX, em que muitos dos acontecimentos, como laços de amor, de ódio, amizades verdadeiras e intrigas, serão ali contextualizados, oferecendo-lhe um panorama de como tudo, de certa forma, começou. Mas será mesmo que tudo começou ali, no século XIX? Ou essas vidas estão entrelaçadas há mais tempo? Tudo indica que sim.

Além do mais, levamos você a refletir: o tempo cuida mesmo de tudo ou há fatos que marcam o espírito de tal modo, que nem mesmo o tempo o deixará esquecer? Aguarde o terceiro livro desta emocionante trilogia: *O poder do tempo...*

O TEMPO CUIDA DE TUDO

TRILOGIA O PODER DO TEMPO - LIVRO 1

MARCELO CEZAR
ROMANCE PELO ESPÍRITO
MARCO AURÉLIO

Romance | 15,5x22,5 cm | 320 páginas

LÚMEN EDITORIAL

Estelinha sofre de insônia desde cedo devido a pesadelos, e vez ou outra desperta sentindo como se tivesse sido tocada por alguém. Diante de situações que a perturbam, ela vive sem ver sentido na vida.

Depois de um período de sofrimento, Estelinha muda seu jeito de encarar a vida e entende que o perdão é o caminho para a paz de espírito. Este romance mostra que um dos objetivos da reencarnação é rever crenças e atitudes que impedem-nos o crescimento espiritual. E para que tenhamos consciência disso, precisamos contar com o tempo, pois o tempo cuida de tudo...

Entre em contato com nossos consultores e confira as condições
Catanduva-SP 17 3531.4444 | boanova@boanova.net | www.boanova.net

Levamos o livro espírita cada vez mais longe!

Av. Porto Ferreira, 1031 | Parque Iracema
CEP 15809-020 | Catanduva-SP

www.**lumeneditorial**.com.br
www.**boanova**.net

atendimento@lumeneditorial.com.br
boanova@boanova.net

17 3531.4444

17 99777.7413

Siga-nos em nossas redes sociais.

@boanovaed   boanovaeditora

CURTA, COMENTE, COMPARTILHE E SALVE.
utilize #boanovaeditora

Acesse nossa loja   Fale pelo whatsapp